Ontdek
Japan

D1730857

Inhoud

Reisinformatie, adressen, websites

Kennismaking – Feiten en cijfers, achtergronden

Onderweg in Japan

Op ontdekkingsreis

Aoiike – Blue Pond, Hokkaido

Kaarten en plattegronden

Stadsplattegronden

Routekaarten

▶ Dit symbool verwijst naar de uitneembare kaart

Japan – veelgestelde vragen

Weinig tijd? Dan eerst naar ...?

Japan is uitgestrekt. Het is een land vol geschiedenis, tempels en rijstvelden. Een land van samoerai en shoguns, maar ook van manga en kawaii. Met een binnenzee vol groene eilandjes en een desolaat vulkaanlandschap. Wilt u de stereotypen? Dan gaat u zeker naar Tokyo, waar ook de gekte van het land samenkomt. Tempels en geisha's? Ga dan naar Kyoto. En Nagasaki heeft bij uitstek Nederlandse vaderlandse geschiedenis. Met een landelijke stop onderweg is uw eerste vakantie al gevuld.

Uw nieuwsgierigheid is dan aangewakkerd, na een eerste kennismaking met een land dat zoveel gezichten heeft. In Japan zit veel onder laagjes en in laatjes verborgen.

Wat zijn de opwindendste steden?

Tokyo is de onbetwiste trendsetter van het land, zowel waar het mode, architectuur als uitgaan betreft. Hier vindt u de levendigste cultuurscene en trekken clubs nieuwsgierige feestgangers uit de hele wereld aan. Shopaholics kunnen terecht voor elektronica, mode en souvenirs, van ultrakitsch tot absoluut uniek.

Zien en gezien worden doet het ook goed in **Kyoto**, vooral in de wijken Gion en Pontocho. Hoewel vaak verguisd is Osaka zeker een stad voor wie van eten en uitgaan houdt. Verrassend verrezen na de grote aardbeving van 1995 is **Kobe**, een aantrekkelijke winkelstad met 's zomers een beetje wenselijke verkoeling vanuit zee. **Fukuoka** is op het eerste oog niet zo aantrekkelijk maar heeft zich als ware festivalstad ontpopt. In **Sapporo** hebt u 's zomers het gevoel in een Oktoberfest beland te zijn.

Welke tempels zijn het bezienswaardigst?

In Japan zijn tal van boeddhistische tempels, maar een nog veel groter aantal aanhangers telt het shinto, dat alleen in Japan voorkomt. Een grote concentratie uitzonderlijke tempels vindt u in Kyoto. Ook in Nara staan – dicht

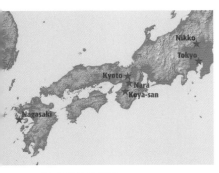

De mooiste tempels

bij elkaar – enkele bijzondere tempels. Indrukwekkend is het bronzen Boeddhabeeld van Kamakura, ten zuiden van Tokyo. Tot de meest gefotografeerde complexen hoort de tempel Itsukushima op Miyajima – en dan vooral de poort die een groot deel van de dag in het water staat. In Nagasaki staan enkele (Chinese) tempels met de langste voorgeschiedenis.

Wat mag ik op cultuurhistorisch gebied niet missen?

Tokyo moet het vooral hebben van de verscheidenheid in wijken. De cultuur zit daar vooral in de hedendaagse mens. De enorme schade die de Tweede Wereldoorlog toebracht, liet weinig authentieke wijken over. Met gemak brengt u er een week door als u de stad goed wilt leren kennen, maar de meeste toeristen kiezen voor een paar highlights en hebben dan aan twee dagen voldoende.

In Kyoto is het moeilijk kiezen uit de bijzondere tempels en u treft er een paar ronduit gezellige wijken, bovendien kunt u er ook goed het groen opzoeken; daar zijn 3-4 dagen aangenaam door te brengen.

Hiroshima en Nagasaki staan uiteraard hoog op de bucket list. Beide steden hebben bijzondere monumenten die verwijzen naar de gruwelijke atoomaanval, maar stralen een opvallende levendigheid en optimisme uit en één grote boodschap: zoiets mag nooit meer gebeuren. In **Nagasaki** schreven Nederlanders geschiedenis als belangrijke – lange tijd de enige buitenlandse – handelspartner in de 17e en 18e eeuw.

Wat mag ik landschappelijk gezien niet missen?

Japan strekt zich over een grote lengte uit en heeft mede daardoor verschillende ecosystemen, van alpien tot subtropisch. Er is laagland en er zijn bergen, met als hoogste de icoon Fuji (3776 m), ten westen van Tokyo. Een belangrijke factor in het landschap is bovendien het vulkanisme. In 2016 roerde de Aso-san op Kyushu zich nog stevig, en ook op Hokkaido zijn vulkanen die de slaap niet kunnen vatten. In de noordelijke en de hooggelegen gebieden valt 's winters een flink pak sneeuw. Op de eilanden van Okinawa komt het nooit onder de 15°C en zijn er prachtige duikgebieden.

Op Honshu valt op dat de verstedelijking zich aan de zuidoostkant concentreert. Ten noorden daarvan liggen beboste bergruggen, met ten noordwesten de Japanse Alpen waarin Nagano een bekende naam is. De kustlijn in het noordwesten is veelal ronduit schilderachtig. Hoewel de industrie daar meestal niet ver weg is, heeft de Japanse Binnenzee heel veel ongerepte eilandjes. Op Shikoku en in het zuiden van Honshu zijn grote dunbevolkte gebieden; daardoorheen gaan fameuze doch zware trekkings over pelgrimspaden.

Sightseeing maar dan anders

Trefwoord: onthaasten. Daarvoor kunt u in Japan uitstekend terecht. Ondanks de op sommige plaatsen zeer grote bevolkingsdichtheid wordt het dagelijks leven niet door gejaagdheid bepaald. Men houdt afstand in rijen – zowel persoonlijk als in het verkeer. Men claxonneert en roept niet (ok, uitgezonderd de clubgangers), waardoor het leven ook in grote steden doorgaans rustig overkomt. Voor het baden onderwerpt u zich aan een haast meditatieve reiniging en stapt dan voor ultieme ontspanning in een heet bad. Eet vervolgens met stokjes, liefst een kaiseki maal: een keur aan kleine hapjes die allemaal aan-

dacht vragen. Men kijkt elkaar zelden rechtstreeks aan maar kijkt 'naar binnen'. Juist het deelnemen aan die dagelijkse rituelen maken een verblijf in Japan anders en onvergetelijk.

Trein of huurauto?

Het openbaar vervoer in Japan is uitstekend. De befaamde Shinkansen-hogesnelheidstreinen rijden vlot en op tijd over grote afstanden. Daarnaast is er een dicht net gewone treinen en heeft

Pagode van de Senjokaku, Miyajima

De beste wandelgebieden

en er ook betrekkelijk weinig verstedelijkte gebieden zijn.

Wat is een goede standplaats?

Door het goede openbaar vervoer zijn vanuit de grote steden ook uitstapjes te maken. Vanuit Tokyo kunt u naar Nikko en Kamakura, vanuit Kyoto naar de rijstvelden van Uji, van Osaka naar Nara en Kyoto is een kortdurende treinrit en het befaamde eiland Miyajima bereikt u gemakkelijk als daguitstap vanuit Hiroshima. Toch zult u niet gauw langer dan een paar dagen op één plek blijven, want er valt zoveel te zien en de afstanden zijn groot.

Wat zijn de beste wandelgebieden?

Bedenk u allereerst dat de zomers vochtig-heet zijn, waardoor de actieradius van wandelen wat kleiner is dan u mogelijk gewend bent. Voor- en najaar lenen zich beter; plaatselijk moet u dan wel rekening houden met soms overvloedige regen (zie reisperiode) of sneeuw. Het populairst is het pad de berg Fuji op. Spectaculair zijn de verschillende vulkaangebieden: op Kyushu de Aso-san en Sakurajima, op Hokkaido het uitgestrekte Daisetsuzan National Park. Op veel bergen en heuvels zijn kabelbanen (ropeways) aangelegd, sommige 's winters als skilift in gebruik, die u comfortabel op weg helpen. De tocht der tochten is de Kumano Kodo langs 88 tempels in Zuidwest-Honshu (blz. 163) en op Shikoku (blz. 209).

Wabi sabi

Japan, het Land van de Rijzende Zon, heeft een magische aantrekkingskracht op Europeanen. Japanse cultuur wordt met veel geheimzinnigheid omgeven: er zijn allerlei rituelen die ver van ons af staan en juist de geslotenheid van Japanners spreekt boekdelen. Het laat

Tokyo een zeer fijnmazig metronetwerk. Voor bezoek aan de steden hebt u meer last dan gemak van een huurauto: de tolwegen zijn duur en in de grote steden bent u voor parkeren louter aangewezen op parkeergarages en kleine parkeerplaatsen waar u helemaal de hoofdprijs betaalt. Voor duurzaam toerisme is het openbaar vervoer ook absoluut aan te raden. Maar wie juist het achterland wil leren kennen, de minder bekende onsen of ryokans (blz. 23) midden in de rijstvelden, is toch op eigen vervoer aangewezen.

Fietsen door Japan?

Het kan zeker. Wie ervaring heeft met fietsvakanties in bergachtige, tropisch warme en natte contreien, ontraden we zeker niet om een fietsvakantie in Japan te plannen. Maar een goede voorbereiding en goed materieel zijn essentieel. Het meest geschikt is Kyushu, omdat daar niet voortdurend grote hoogteverschillen genomen hoeven te worden ruimte voor allerlei interpretaties en fantasieën, die we u zeker niet alle willen ontnemen. Voor het merendeel is men in Japan heel pragmatisch. Grote natuurrampen en vreselijke oorlogsdrama's hebben plaatsgevonden en de dreiging van aardbevingen, vulkaanuitbarstingen, tyfonen en tsunami's is er ook nu. Japanners hebben steeds een enorme veerkracht getoond en gingen door met waarmee men bezig was: ploegen, zaaien en oogsten. Letterlijk, op de vele rijstvelden. Maar ook in een stedelijke variant: puin ruimen, egaliseren en opnieuw beginnen.

Uit het boeddhisme komt het veelomvattende wabi sabi, meestal vertaald als 'de schoonheid van de imperfectie'. Maar het is ook de esthetiek van eenvoud, bescheidenheid en het ontzag voor – natuurlijke – objecten en processen: de aandacht waarmee theeceremonies en *kaiseki*diners omgeven zijn, naar een rotsperk gekeken wordt en de waardering voor de houding en uitdrukking van een kabukitoneelspeler.

Een karakteristiek Japans maal is niet in de laatste plaats een lust voor het oog

Do's en don'ts

In brede zin is dat: respect voor mensen en omgeving. Men gooit geen afval op straat, kamers zijn opgeruimd en wat enigszins achter een (schuif)deur, in een laatje of doosje aan het oog onttrokken kan worden, blijft daar verborgen. In lift of museum is het stil, men praat niet of op gedempte toon om anderen niet op te dringen. Nieuwsgierigheid wordt niet als deugd gezien. Andermans vergissingen of tekortkomingen accepteert u en u maakt daar geen woorden aan vuil. Iemand aanstaren is uit den boze en oogcontact met vreemden wordt al gauw als opdringerig ervaren. Knik en buig, het wordt snel ten tweede natuur.

Met tal van voor de hand liggende tot ronduit onverwachte regels (zie blz. 24 -25) zou u kunnen denken dat het lastig manoeuvreren is in Japan. Maar als buitenlander wordt u heel veel vergeven – u behoort immers niet tot de eigen groep. Dat maakt dat u als reiziger vooral met de voordelen van de Japanse etiquette te maken zult hebben. Als u zich conformeert en – al zijn het er maar een paar – een paar Japanse beleefdheidszinnen kunt uitspreken wordt dat zeer gewaardeerd.

Ter afsluiting nog een persoonlijke tip!

Om meer verborgenheden te ontdekken en eigenaardigheden te plaatsen, kunnen achtergronden en verhalen veel verduidelijken. Bij de leestips (blz. 18) en tussendoor in deze gids staan boeken die bij uitstek handvatten geven om Japan vanuit een ander licht te bekijken. Het Tokyo van Kees van Beijnum en Gail Tsukiyama en het Osaka door de ogen van Paul Mennes voegen meer dan louter leesplezier aan uw reis toe.

En: kom tot rust in onsen en ryokans, geniet met al uw zintuigen van highlights en details, en uw Japanervaring stijgt ver boven de vakantieplaatjes uit.

Westerse kunst met andere ogen: Pola Art Museum, Hakone. Zie blz. 109.

Zen in de tuin van Motsu-ji. Zie blz. 130.

Favorieten

De reisgidsen uit de ANWB-serie Ontdek worden geschreven door auteurs die hun boek voortdurend actualiseren en daarvoor steeds weer dezelfde plaatsen opzoeken. Iedere schrijver ontdekt daarbij op een gegeven moment zijn of haar favoriete plekken.

Dat kunnen plaatsen zijn die buiten de platgetreden toeristische paden vallen, een andere invalshoek van een drukbezochte plek, een uniek natuurverschijnsel of ontroerend kunstwerk – plekken die hen bijblijven en waar ze graag naar terugkeren.

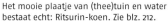

Het licht, het water, steeds weer anders is de poort van Miyajima. Zie blz. 199.

Het mooie plaatje van (thee)tuin en water bestaat echt: Ritsurin-koen. Zie blz. 212.

Mensen kijken of bekeken worden, Gion, Kyoto. Zie blz. 144.

Zoveel kastelen, maar Himeji-jo blijft je bij. Zie blz. 184.

In de wateren van Okinawa wachten grote verrassingen. Zie blz. 259.

Hoe imponerend is vulkaanlandschap, zoals de rokende Tokachi-dake. Zie blz. 278.

In vogelvlucht

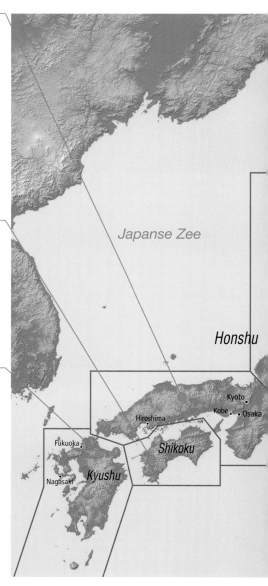

Kyoto en West-Honshu
Alle karakteristieken van
Japan komt u tegen in
West-Honshu. Van de
toeristenstad Kyoto tot
theeplantages en rijst-
velden, van neonstad Osaka
tot kunstenaarseilanden in
de Japanse Binnenzee. En
om niet te vergeten:
Hiroshima.
Zie blz. 134

Shikoku
Nog niet zo lang is Shikoku
dankzij mooie hangbruggen
ontsloten. Er liggen veel
pelgrimskilometers, langs
tempels en tuinen vol verhalen. Zie blz. 204

Kyushu en Okinawa
Voor Nederlanders was
Nagasaki de eerste kennismaking met Japan; ze lieten
er volop sporen achter. Het
vulkaanland van Kyushu
zorgt geregeld voor opwinding. Laat het allemaal
bezinken op de stranden
van Okinawa – en richt uw
blik onder water.
Zie blz. 232

Japanse Zee

Honshu

Kyoto

Kobe · · Osaka

Hiroshima

Fukuoka

Shikoku

Nagasaki *Kyushu*

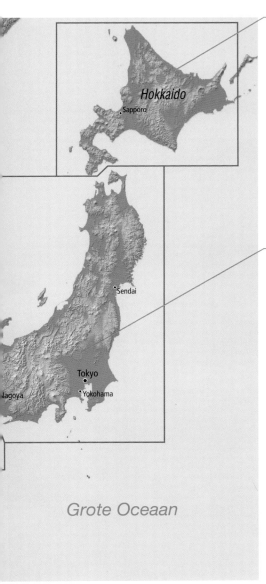

Hokkaido
Een buitenbeentje, een net even anders Japan. Vooral een gebied van uitgestrekte natuur: hoge vulkaanbergen, diepe kloven en weidse draslanden. Waar men plaats maakt voor bruine beren en kraanvogels. Voor de mooiste ijsfiguren en een avond stappen staat Sapporo op de kaart. Zie blz. 260

Tokyo, Centraal- en Noord-Honshu
Wereldstad Tokyo, de magische berg Fuji en een hoog alpenachterland waar natuur en traditie samenkomen. Het noorden wordt vaak overgeslagen maar heeft bij uitstek het mooie Japanse plaatje en beconcurreert de Japanse Alpen met supersneeuw. Zie blz. 70

Reisinformatie, adressen, websites

Informatie

Internet

www.jnto.go.jp

Website van de Japan National Tourism Organization. Compacte informatie over bezienswaardigheden, cultuurachtergronden, festivals en voorbeeldroutes. Ook diverse welcomecards voor kortingen in diverse regio's op attracties en vervoer.

www.japan-guide.com

Smaakmaker met korte artikelen, updates en zoekmachine op thema.

www.japanican.com

Boeken van accommodatie, tours en sportwedstrijden bij grote internetreisagent.

www.jma.go.jp

Japans meteorologisch instituut met voorspellingen en waarschuwingen met betrekking tot weer, aardbevingen en vulkanische activiteit.

www.sieboldhuis.org

Behalve museum is het Sieboldhuis in Leiden een cultuurcentrum over Japan. Op de website staan veel achtergrondonderwerpen.

www.japanese-lesson.com

Introductie in de verschillende in Japan gebruikte alfabetten, woordenlijsten en conversatielessen.

Verkeersbureau

Er is geen Japans verkeersbureau in Nederland of België, wel in Duitsland en het Verenigd Koninkrijk; zie JNTO hierboven.

Leestips

Shusako Endo: *Silence* (1966). Rauw, verfilmd meesterwerk over vervolging van 17e-eeuwse Portugese missionarissen.
James Clavell: *Shogun* (1975), zie blz. 234.
Bertus Aafjes: *Rechter Ooka-mysteries* (1982). Aafjes reisde door Japan op zoek naar informatie over de 17e-eeuwse Japanse rechter Ooka; in de misdaadverhalen zit volop magie en mythologie.
John Hersey: *Hiroshima* (1985), zie blz. 196.
Arthur Golden: *Memoirs of a Geisha* (1997), zie blz. 146.
Sei Shonagon: *Het Hoofdkussenboek* (2000), *The Pillow Book* (2006/2011); ver- en hertalingen van een 10e-eeuwse Japanse roman over een courtisane aan het hof.
Erika de Poorter: *No* (2001). De ins & outs en geschiedenis van het no-theater, door Japanse taal- en letterkundige.
A.B. Mitford: *Tales of Old Japan* (2005). Eind 19e eeuw opgetekende sprookjes, mythes en (samoerai)legendes.
Gail Tsukiyama: *The Street of a Thousand Blossoms* (2007). Van kinderjaren tot 30+ worden twee (wees)broers gevolgd bij het opgroeien en nastreven van hun doelen, tijdens en in de nadagen van WOII, in Tokyo. Aangrijpend, maar zeker ook een aanrader voor oudere jeugd. Ook van Tsukiyama *The Samurai's Garden* (1996), over liefde – met een rol voor het troostende effect van een zentuin. Beide ook in het Nederlands vertaald.
Paul Mennes: *Het konijn op de maan* (2010). Originele roman over een Belg in Osaka die zijn Japanse vriendin en haar land probeert te begrijpen.
Edmund de Waal: *The Hare with amber eyes* (2010), zie blz. 140.
David Mitchell: *The Thousand Autums of Jacob de Zoet* (2010); ook: *De niet verhoorde gebeden van Jacob de Zoet*. Historische ro-

man over een Hollandse handelaar op Dejima; liefde, spiritualiteit en feitelijke gebeurtenissen komen voorbij.

Haruki Murakami: de internationaal beroemdste romanschrijver van Japan, geboren in Kyoto en opgegroeid in Kobe. Zijn boeken blinken uit in Japanse vertelkunst en vertonen traditie en filosofie. Zoals *De kleurloze Tsukuru Tazaki en zijn pelgrimsjaren* (2013). Mooi verfilmd is Murakami's *Norwegian Wood*.

Murasaki Shikibu: *Avondgezichten, liefdes uit het leven van prins Genji* (2013). Herenvertaling van een 11e-eeuwse roman, bron voor veel prenten; zie ook blz. 155.

Bert Oosterhout: *Fantastische verhalen uit Japan* (2013). Mythologie van de Fujisan tot het keizerlijke hof in Kyoto, inclusief bovennatuurlijke krachten.

Kees van Beijnum: *De Offers* (2014). Prachtige en boeiende roman met hoofdrol voor een Nederlandse rechter bij het proces na Tokyo (1946-1948); veel bekende plekken en historische context.

Abby Denson: *Cool Japan Guide* (2014). Japanse gebruiken, regels en rariteiten in mangastijl.

Milena Michiko Flasar: *Een bijna volmaakte vriendschap* (2015). Bijzondere roman over een *hikikomori* – jongeren die zich jaren niet buitenshuis begeven – en een werkloze salaryman.

Lynne Kutsukake: *Translation of Love* (2016). Aangrijpend verhaal van een meisje dat met haar vader na WOII uit een Canadees interneringskamp terugkeert naar Japan.

Filmtips

Van de films over samoerai is *Seven Samurai* (1954) door Akira Kurosawa een klassieker; Tom Cruise was hoofdrolspeler in *The Last Samurai* (2004).

Lost in Translation (2002), Sofia Coppola. Kassucces en Oscarwinnaar, met Bill Murray: film vol stereotypen en slecht ontvangen in Japan, toch vermakelijk.

Spirited Away (2003), Hayao Miyazaki. Animefilm over het meisje Chihiro dat met haar ouders de weg kwijtraakt en alleen langs shinto- en boeddhistengoden doolt. Miyazaki maakte ook *Prinses Mononoke* (1997), gesitueerd in de Muromachiperiode en uitgebracht door Studio Ghibli (waarvan alle films aanrader zijn). *Bando* (2006), zie blz. 210.

Departures (2008), Yojiro Takita. Voormalig cellist wordt uitvaartverzorger in zijn geboortedorp. Mooie muziek en beelden, stereotypen en emotie.

Like Father, Like Son (2013), Hirokazu Kore-eda. Twee jongetjes uit verschillende milieus blijken direct na hun geboorte in het ziekenhuis verwisseld. De maker van *Nobody Knows* (2004; moeder in Tokyo laat vier kinderen achter).

Terminal (2015), Tetsuo Shinohara, naar het boek van Shino Sakuragi. Een rechter werkt al 25 jaar in Hokkaido, een zelfopgelegde straf. Een verhaal over dilemma's en moraal.

AN – A Sweet Taste of Life (2016), Naomi Kawase, naar het boek van Testuya Akikawa. Maatschappelijke wantoestanden als ouderen- en ziekenbeleid, toegedekt door een brave successtory.

Ants on a shrimp (2016), documentaire van Maurice Dekkers. Topchef Redzepi van Noma kookt vijf weken in Tokyo.

Thuis nagenieten

Maori Murota: *Recepten uit Tokyo*. Culinaire reis door Tokyo met goede uitleg van recepten – de perfect samengestelde bentobox en natuurlijk stap voor stap sushi en onigiri. Plus tips voor de lekkerste adresjes in de stad.

Ivan Verhelle: *Japans; sushi, sashimi en andere Japanse specialiteiten bij je thuis*. De kneepjes van het vak en kookfilosofie van de chef van het Japanse restaurant Tanuki in Brugge.

Weer en reisseizoen

Klimaat

Het langgerekte Japan bestrijkt diverse klimaatzones, variërend van een continentaal klimaat in het noorden met vrieskoude winters en warme zomers tot een subtropisch klimaat in het zuiden. De zomermaanden zijn op Honshu, Shikoku en Kyushu zeer warm en vochtig, jaarlijks valt 1000-2500 mm neerslag. De gemiddelde temperatuur in Tokyo bedraagt 's zomers 27°C. Tyfoons komen vooral voor in september, in subtropische streken. Sneeuwval is op Hokkaido, in Noord-Honshu en in de Japanse Alpen aanzienlijk. In het westen valt beduidend meer neerslag dan in het oosten.

Reisseizoen

Het voorjaar is geliefd vanwege de kersenbloesem die in Kyushu in maart bloeit en in het koudere Hokkaido begin mei. Hierna volgen de azalea's, blauwe regen en rododendrons. Van 29 april tot 5 mei is de Golden Week, een (feest) periode waarin de scholen vrij zijn en veel Japanners met vakantie gaan. Dat legt grote druk op de toeristische faciliteiten en drijft de prijzen voor logies fors op. Omdat het voorjaar nog niet de drukkende dagen heeft die de zomers in steden als Tokyo en Kyoto teisteren, is dat een heel geschikte reisperiode. Juni is doorgaans een echte regenmaand. Daarna komen stormen, gevolgd door een drukkend warme periode.

In de zomermaanden geven de zee en bergen verkoeling, in het bijzonder op Hokkaido. De Obonfeestweek valt half augustus en is een kort hoogseizoen. De piek van de najaarskleuren valt in Japan vrij laat, in het noorden beginnend rond half oktober tot begin december in het zuiden van Japan. De gemiddelde neerslagcijfers zijn dan laag en de temperaturen blijven lang aangenaam.

Skiërs kunnen 's winters terecht in Sapporo, bij Zao Onsen en in de Japanse Alpen – terwijl de winterdagen op Okinawa rond de aangename 20°C schommelen.

Kleding

Goede regenkleding is een aanrader als u in Japan reist. Temperatuursverschillen overbrugt u met laagjeskleding. De warme en klamme zomers nodigen uit tot luchtige, ademende kleding. In de steden vallen Japanners op door hun verzorgde garderobe: bewaar uw korte broek voor een strandverblijf of wandeling in de natuurparken. Houd er rekening mee dat in Japan tatoeages doorgaans als aanstootgevend worden ervaren en u die beter bedekt kunt laten.

Klimaattabel Tokyo

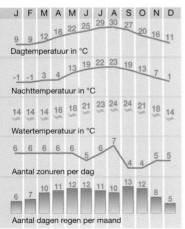

	J	F	M	A	M	J	J	A	S	O	N	D
Dagtemperatuur in °C	9	9	12	18	22	25	29	30	27	20	16	11
Nachttemperatuur in °C	-1	-1	3	4	13	19	22	23	19	13	7	1
Watertemperatuur in °C	14	14	14	16	18	21	23	24	24	21	18	14
Aantal zonuren per dag	6	6	6	6	6	5	7		4	4	5	5
Aantal dagen regen per maand	6	7	10	11	12	12	11	10	13	12	8	5

Reizen naar Japan

Douane

Nederlanders en Belgen die naar Japan reizen, dienen een geldig paspoort bij zich te hebben om zich zo nodig te kunnen legitimeren. Kinderen moeten in het bezit zijn van een eigen reisdocument. Het paspoort moet geldig zijn tot na vertrek uit Japan. Voor een verblijf van maximaal 90 dagen hoeft u geen speciaal visum aan te vragen.

De Japanse douanebeambte maakt een gezichtsfoto van de reiziger en neemt vingerafdrukken af, tevens wordt gevraagd naar het doel van de reis. In het vliegtuig worden de douane- en immigratieformulieren uitgereikt (dus twee verschillende invulkaarten, waarvan voor de douanekaart één per gezin volstaat); ook in de aankomsthal liggen deze formulieren.

De volgende invoerbepalingen gelden voor het reizen naar Japan: maximaal drie flessen alcoholische drank, 60 ml parfum, daarnaast 400 sigaretten of 500 gram tabak of 100 sigaren. Geschenken zijn toegestaan met een tegenwaarde van maximaal 200.000 yen, het invoeren van meer dan 1 miljoen yen aan contanten moet worden aangegeven.

Reizen naar Japan

Met het vliegtuig

Er gaan veel directe KLM-vluchten van Amsterdam naar Tokyo-Narita en Osaka-Kansai. Daarnaast is er een veelvoud aan vluchten met overstap, waardoor de ticketprijs vaak een heel stuk lager uit valt. Veel van die routes gaan via Helsinki, Rome of Istanbul.

Overige

Voor avontuurlijke reizigers met veel tijd zijn er ook mogelijkheden om per trein en/of schip naar Japan te gaan; zie www.seejapan.co.uk.

Reizen in Japan

Het openbaar vervoer in Japan is modern en heel stipt.

Vliegtuig

Naast All Nippon Airways (ANA) en Japan Airlines (JAL) opereren diverse budgetfirma's op de binnenlandse luchtvaart, waaronder Peach, Jetstar Japan en Vanilla Air.

Trein en metro

Het openbaar vervoer in Japan is uitstekend. Japan Railways (JR) verzorgt het nationale treinnetwerk, met de supersnelle Shinkansen-treinen; Tokyo Station is een hoofdstation voor Shinkansen naar andere steden. Daarnaast zijn er tal van particuliere maatschappijen in bedrijf. Voor buitenlanders is een gunstige JR-Rail Pass te koop, voor één of meer weken, een deel van Japan of het hele JR-netwerk. U koopt de pas van tevoren, buiten Japan; www.japan-railpass.nl; ook de Treinreiswinkel en andere reisagenten kunnen bemiddelen.

Vooral in Tokyo is het metro- en treinnetwerk heel dicht. Metro's rijden van circa 5.30 tot 23.30 uur. Op de essentiële borden staat ook informatie in het Engels en de kaartautomaten hebben de optie om tekst in het Engels weer te geven.

Bus

Bussen rijden in alle steden, JR heeft langeafstandslijnen. De reisduur is per bus beduidend langer dan per Shinkansen maar de losse ritprijzen zijn veel goedkoper. Zie ook www.jrbuskanto.co.jp en www.willerexpress.com.

In Tokyo zijn bussen vaker later dan de schematijd vanwege het drukke verkeer. Daar is het alleen voor korte ritten een goede optie. Het gebruik in stadsbussen is om achterin in te stappen en bij het voorin verlaten van de bus het verschuldigde bedrag contant en gepast aan de chauffeur te overhandigen (meestal een standaardtarief, reken voor stadsritten op circa 230 yen).

Huurauto

Op vliegvelden, bij veerboothavens en in de steden vindt u tal van autoverhuurbedrijven. Sommige van deze verhuurders stellen een minimum- of maximumleeftijd.

Naast uw geldige rijbewijs is een internationaal rijbewijs verplicht (bij de ANWB verkrijgbaar op vertoon van uw rijbewijs en een recente pasfoto). Het is altijd goedkoper vooraf een huurauto te boeken dan pas ter plekke.

Navigatie

Er zijn borden met Engelstalige opschriften, maar ook geregeld nog alleen in het Japans. In heel beperkte mate worden straatnamen vermeld – veel straten hebben geen naam. Er zijn wijk-, blok- en huisnummers. De huisnummering is – enkele steden uitgezonderd – niet een logische opeenvolging maar in volgorde van bouw … Engelstalige navigatiesystemen maken gebruik van (vaste) telefoonnummers. U kunt zich ook oriënteren door kaarten te downloaden op uw tablet of smartphone met kompasfunctie.

Kleine auto's zijn praktisch vanwege de beperkte parkeergelegenheid, veerboottarieven en de relatief smalle binnenwegen.

Taxi

Taxi's zijn vrij prijzig in Japan, maar betrouwbaar. Het kilometertarief bedraagt ongeveer 600 yen per 270-450 meter. Als het licht op het dak van een taxi brandt, is hij beschikbaar. De chauffeur opent en sluit het linkerachterportier automatisch. Doorgaans wordt de tol in rekening gebracht bij de klant. In het drukke Tokyo is een taxi zeker geen snel vervoermiddel.

Autorijden in Japan

Het wegennetwerk in Japan is uitstekend. De maximumsnelheid bedraagt 80 km/u (ook op tolwegen). In Japan rijdt het verkeer links (rechts inhalen) en bestuurders van links en op de hoofdweg hebben voorrang. Een hoofdweg heeft een doorlopende witte of gele streep over de kruising en is de breedste van twee kruisende wegen.

Bussen die bij haltes wegrijden hebben voorrang.

Inhalen is verboden in tunnels en bij steile afdalingen.

Parkeren mag in steden niet aan de straat maar alleen in parkeergarages en op daarvoor aangewezen parkeerplaatsen. Op parkeerplaatsen met automatische obstakels betaalt u bij terugkeer.

Op tolwegen gebruikt u de poortjes met groene markering; de blauwe met vermelding ETC zijn alleen voor automatische elektronische betaling. Bij enkele particuliere trajecten worden geen creditcards/pinpassen geaccepteerd. Geluidssignalen zijn alleen toegestaan bij direct gevaar voor een aanrijding.

Vrijwel overal zijn bediende tankstations; de pomp van regular (*regura*) is rood, super (*haioku*) is geel en diesel (*keiyu*) groen.

Overnachten

In uiteenlopende mate van luxe en prijsklassen is in Japan logies te vinden, van een eenvoudig pension tot luxe resort. U boekt eenvoudig via aanbieders op internet of verlaat u op de expertise van een – gespecialiseerd – reisbureau.

Hotels

De sterrenclassificatie van hotels heeft betrekking op de faciliteiten en de afmetingen van de kamers. Maar schone kamers en een correcte service kunt u ook bij minder dan drie sterren verwachten.

In hotels van ketens treft u doorgaans westerse kamers met gewone bedden en privébadkamer. Gebruikelijk zijn eenpersoons- of twinkamers (twee afzonderlijke bedden), een double bed is vaak erg smal (110-130 cm). Uitzondering hierop zijn de grote internationale hotels, die de Amerikaanse standaarden met queen- en kingsizebedden aanhouden. In Japanse zakenhotels mag op veel kamers nog gerookt worden.

Het ontbijt is niet altijd bij de prijs inbegrepen en is doorgaans een buffet; bij traditionele Japanse hotels vindt u nog vooral de Japanse keuken, de internationale ketens hebben een gemengd westers-Japans buffet.

Westerse georiënteerde hotels zijn altijd te vinden in de directe omgeving van de JR-stations. De budgetketens hebben tweepersoonskamers rond 11.000 yen.

Ryokans

Ook in ryokans, de traditionele hotels, zijn verschillende comfortniveaus – en prijsklassen – mogelijk; prijzen variëren van alleen overnachten in het eenvoudigste adres rond 5000 per persoon tot 18.000 inclusief halfpension. In principe bieden ryokans Japanse kamers (grote ryokans hebben soms ook enkele westerse kamers): een tatamivloer waarop (dubbele) eenpersoons matjes (futons) wordt uitgespreid, elk met eenpersoonsdekbed. Niet ongebruikelijk is het kamergebruik voor vier tot zes personen. Een standaard Japans kussen is een stevig pittenkussen, al hebben veel ryokans tegenwoordig ook zachtere. De bedden zijn bij aankomst meestal nog niet opgemaakt, dan staat er een lage theetafel, waaraan het diner wordt geserveerd als dat op uw kamer is afgesproken. Bij exclusieve ryokans maakt men uw kamer voor u in orde tijdens of na het eten. Het eten in ryokans is traditioneel en een goede verkenning van de – plaatselijke – Ja-

---

Hotelboekingswebsites

Vooraf reserveren is vrijwel altijd goedkoper dan ter plaatse boeken.

www.booking.com: zeer grote, internationaal georiënteerde boekingswebsite; vaak kan de reservering nog tot kort tevoren geannuleerd worden, waarmee u grote reisvrijheid houdt.

www.j-hotel.or.jp: westerse luxehotels, zoek op locatie.

www.ryokan.or.jp: online zoekmachine van de Japan Ryokan and Hotel Assocation.

japaneseguesthouses.com: bij uitstek voor ryokan en minshuku, geselecteerde adressen.

selected-ryokan.com: vooral voor onsen-ryokan.

templelodging.com: shukubo ofwel logies in een tempel.

panse keuken, bovendien bevinden de ryokans zich lang niet altijd in de omgeving van restaurants en is de halfpensionformule ook prijstechnisch interessant. Vaak is er een gemeenschappelijke zitruimte.

Meestal hebben kamers in een ryokan geen eigen badkamer (de luxe adressen uitgezonderd). Er zijn dan afzonderlijke toilet- en baadruimtes, gescheiden voor vrouwen en mannen. In veel gevallen bevatten de baden thermaal water. Op uw kamer liggen slippers en een **yukata** klaar: een zomerkimono van katoen, waarmee u zich door de ryokan begeeft, naar de baadruimtes. Veel gasten dineren ook in de yukata, in principe na het baden. In koele streken en seizoenen ligt er bij de yukata een mouwloze, gewatteerde overjas klaar.

Het buiten flaneren in yukata's – dan vaak ook op folkloristische houten slippers – is geen standaard gebruik maar wordt door sommige ryokans in toeristische centra aangemoedigd.

Minshuku

Bed&Breakfast bij families heet in Japan minshuku. Het is een goede gelegenheid het alledaagse leven in Japan van een andere kant te zien. Vaak zijn het seizoensadressen, bij ski- of bronnengebieden. Meestal wordt alleen het ontbijt geserveerd – soms helemaal geen maaltijden. Op verzoek is soms een eenvoudige avondmaaltijd mogelijk. De prijzen liggen tussen de 5000 en 10.000 yen per persoon.

Hostels

Voor reizigers met een beperkt budget maar ook voor gezinnen zijn hostels een aanrader. Ze bieden naast de traditionele slaapzaal (*dormitory* of *dorm*) bijna allemaal tweepersoons- en gezinskamers, in de formule stapelbed of tatami. Er is internet, een keuken voor wie zelf wil koken, vaak worden dagmenu's aangeboden, er zijn kluisjes, wasmachines, tv-lounges, vaak fietsverhuur en niet onbelangrijk is de uitwisseling onderling tussen de bereisde gasten.

Centrale voor de Japanse Jeugdherbergen is www.jyh.or.jp, overige op www.hihostels.com, www.hostelworld.com en www.hostels.com maar ook via veel gewone hotelboekingswebsites komt u aan adressen.

Schoenen uit, slippers aan

In ryokans trekt u al voor de receptie uw schoenen uit en gaat u op voor u klaar staande slippers verder. In het voorportaal van uw kamer, zowel in hotel als ryokan, staat vervolgens een paar sloffen klaar om mee in uw kamer rond te lopen. Op de tatamimatten loopt u niet op de slippers waarmee u verder in huis loopt; liggen daar geen aparte slippers klaar, dan gaat u op sokken of blote voeten verder. In de toiletruimtes – ook in sommige restaurants – staan weer andere slippers klaar. En achter de deur of het gordijn van de baadruimtes loopt u blootsvoets.

Tempels betreedt u ook nooit met schoenen, net zo min als kastelen met hun geboende houten vloeren of huizen van Japanners waar u te gast bent. Het is even een weet, maar deze gebruikelijke Japanse –hygiënische – huisgewoontes wennen snel. Het is daarom wel handig om in Japan een paar gemakkelijk aan- en uittrekbare schoenen te dragen.

Capsulehotels

Een bijzonder fenomeen zijn de capsulehotels, ingegeven door de beperkte ruimte en reizigers met beperkt budget. Tot de verbeelding sprekend en fantasieprikkelend zijn de 'konijnenhokken': gestapelde holletjes met een bed. Sommige capsulehotels zijn gewoon een klein kamertje, meestal zonder ramen. Veel van deze hotels zijn alleen voor mannen toegankelijk, maar er zijn er met gendergescheiden afdelingen. Een keten van betrouwbare capsulehotels is 9h Nine Hours; ninehours.co.jp. Alleen voor vrouwen is Nadeshiko Hotel, Tokyo-Shibuya.

Love hotels

Eveneens het resultaat van schaarste aan ruimte plus het daarmee gepaard gaande gebrek aan privacy resulteerde in de steden tot love hotels. Stellen, al dan geen vaste koppels, zoeken daar hun toevlucht meestal voor een paar uur, of een hele nacht. Discretie is absoluut gegarandeerd, de receptionist zit achter een luikje, u kunt uw kamerinterieur kiezen, al dan niet met jacuzzi, zonnebed, romantisch of speels decor. Party rooms zijn groeps- of aansluitende vertrekken.

Campings

Het buitenleven is geliefd, zeker onder jongeren, maar heel grootschalig is het kampeergebeuren er niet. Faciliteiten zijn er heel beperkt, campers een uiterst zeldzaam verschijnsel. Tijdens de zomerschoolvakantie zijn vrijwel alle kampeerplaatsen door studenten bezet. Zie voor een lijst met adressen en voorzieningen www.jnto.go.jp. Voor backpackers in natuurgebieden zijn meer mogelijkheden; controleer de voorwaarden en actuele situatie voor u afreist. Men is tolerant, maar vrij kamperen is geen geaccepteerd gebeuren.

Badritueel

Er zijn vrijwel geen hotels zonder baadgelegenheid, ook als uw kamer een douche en/of bad heeft. Er zijn in principe gescheiden ruimtes voor mannen en vrouwen. U betreedt de badruimte blootsvoets en kleedt u geheel uit. Ga bij de handdouches op een krukje zitten, leg uw waslap en eventuele gebruikszaken in een daarvoor bestemd teiltje. Dan begint een grondig reinigingsritueel, zeep en shampoo staan klaar; schrob grondig. Goed afspoelen en u bent klaar om het hete bad te betreden. Het schroblapje neemt u mee, de meeste baders leggen dat opgevouwen op hun hoofd (het mag absoluut niet in het bad ...).

Vaak is er zowel een bad binnen als buiten. Zwemmen is niet de bedoeling, daar zijn de meeste baden ook te klein voor. Na gebruik van alcohol is het baden niet toegestaan, evenmin als het nuttigen van spijs of drank ter plaatse of het gebruik van uw mobiele telefoon; u houdt de decibellen tot een minimum beperkt. Staren is al in geklede toestand in het bad een hoofdzonde.

Personen met zichtbare tatoeages kan de toegang worden ontzegd. Een watervaste pleister op kleine tattoos is meestal wel oké. Men verbindt tatoeages nog vaak met de criminele onderwereld, de yakuza.

Meestal is men na 5-10 minuten voldoende opgewarmd en doucht wederom, al dan niet uitgebreid. Dep u met de uitgewrongen waslap zo goed mogelijk droog en keer terug naar de kleedruimte.

Eten en drinken

In fijnproeversland

In Japan is eten bijna een 24-uurseconomie. Uitgebreid en authentiek lunchen en dineren doet men tussen respectievelijk 12 en 15, en 18 en 21 uur, daarbuiten is met allerhande snacks de trek te stillen. Als u echt kennis wilt maken met de streekkeukens, raden we aan in ryokans te logeren en daar halfpension te boeken. In de steden kunt u met een beperkt budget toe (vanaf 800-1000 yen hebt u een behoorlijk bord), maar in een goed restaurant moet u op 4000-8000 yen rekenen en de *kaiseki*diner; de prijzen voor lunches liggen er ruim de helft lager. Vooral in de grote steden zijn veel restaurants in kelder- en op bovenverdiepingen van winkel- en kantoorge-

bouwen te vinden. Daar ontvouwt zich een heel eigen, interne (eet)wereld. Uitgezonderd bij marktjes en festijnen wordt in Japan niet op straat gegeten.

Standaard is het eten met *hashi* – eetstokjes. Alleen in internationale restaurants hanteert men vork en mes. Heel veel Japanse restaurants hebben een vitrine met daarin de van plastic nagemaakte gerechten uitgestald en menukaarten met afbeeldingen; dan kunt u aanwijzen wat u wilt eten. In de steden hebben veel restaurants ook Engelstalige menukaarten. Zie ook de culinaire woordenlijst op blz. 286.

Meer dan sushi

Vaak wordt gedacht dat in Japan altijd en overal sushi wordt gegeten. Dat is niet zo. Wel is een onigiri veel verkrijgbaar: een rijstbaaltje in nori met een kleine vulling van gerookte zalm, tonijn, zeewier of zoutzure pruim. Het maakt een lekkere, voordelige en snelle lunch, ook altijd te koop bij 7-Eleven en andere gemakswinkels. Echt sushi eten doet u bij een sushi-ya, aan een bar of gewone tafel, en dat kost 1000 tot 20.000 yen. De fastfoodsushirestaurants zijn de kaitenzushi: op een lopende band gaan de gevulde kommetjes rond en kunnen door de gasten zelf worden gepakt. De kleur van het kommetje of schaaltje bepaalt de prijs, ergens tussen 100 en 500 yen; na afloop rekent u af aan de hand van uw stapeltje serviesgoed.

Soba-ya en udon-ya zijn adressen voor noedels (elke streek claimt zijn eigen specifieke noedel), klassiek geserveerd in warme bouillon en extra's naar keuze, zoals tempura, groente, vlees, ook al naar gelang het seizoen. Per – meestal forse – kom betaalt u 500-

Kaiseki

Kaiseki is de Japanse haute cuisine. Het bestaat uit een reeks van 10-15 kleine schotels met een variatie aan (streek)gerechten. Ze strelen de zintuigen: zorgvuldig in mooie schaaltjes opgediend en ze vertonen een variëteit aan smaken en textuur – zachthard, kruimelig-slijmerig, zout-zuur. Wie er voor het eerst kennis mee maakt zal opmerken dat het uiterlijk vaak iets anders doet verwachten dan wat de smaak uiteindelijk typeert. Vaste onderdelen zijn er sashimi, zoetzuur ingemaakte groente, bouillon (miso) en rijst; vlees wordt soms nog aan tafel in een aardewerken pot gegaard en het dessert varieert van een vanille- of rijstpuddinkje of vruchtengelei tot een stukje halfgeschild fruit. Varieert van 3000-20.000 yen per persoon. Het ryokanontbijt is een variant op het *kaiseki*-diner, soms bijna even uitgebreid.

1500 yen. Ramen-ya is de Chinese variant: ramen is een dunne noedel. Vaak wordt hier ook gebakken rijst in plaats van noedels geserveerd.

Kare-ya specialiseren in curry; bij de stations zijn ze vrijwel altijd te vinden. Het is voor veel werknemers een standaardlunch; 500-1500 yen.

Yakitori-ya: spiesjes met op houtskoolvuur gegrilde kip of vlees. Ook lever en buikspek zijn heel populair. Meestal betaalt u voor een set van acht stokjes ongeveer 1000-1400 yen, maar u kunt ook per stuk bestellen. Juist hier zitten vaak mensen na hun werk, alleen of met collega's, ook laat op de avond en meer voor een snack met een drankje dan voor een uitgebreide maaltijd.

In okonomiyaki-ya serveert men okonomiyaki, een eenpansschotel van op een hete plaat geroerbakte noedels met groente – al dan geen kip of vlees, elke streek heeft zijn specialiteiten – en sojasaus, die meestal in een in punten snijbare koek of een pannetje of op een plank op tafel komt; 700-1400 yen.

Tonkatsu-ya verwijst naar tonkatsu: gefrituurde of gebakken, gepaneerde varkensschnitzel; 1000-2000 yen.

In veel restaurants is tempura een bijgerecht, maar het heeft de hoofdrol in een tempura-ya. Favorieten in het knapperige jasje zijn grote garnalen, courgette en lotusbloem; het wordt met een donburi, kommetje rijst, opgediend; 700-2500 yen.

Specialiteit van unagi-ya is unagi, zoetwaterpaling. Bij de gegrilde paling eet u rijst; 1500-5000 yen.

In sukiyaki-ya krijgt u sukiyaki of shabu-shabu: dun gesneden rundvlees, tofu, noedels, Chinese kool en andere groente die u doorgaans zelf in een bouillonpan doet of die voor u aan tafel wordt bereid; 3000-8000 yen.

Een grote grillplaat is het hart van de teppanyaki-ya, waar de met messen jonglerende kok zijn omringende

'Plastic food'

vleeslievende gasten bedient. Meestal in de wat duurdere hotels en met exclusief vlees als Kobe-beef en wagyu.

Buitenlandse keuken

U kunt in Japan wekenlang heel gevarieerd eten – al zijn het variaties op het thema rijst en noedels. Daarnaast zijn er veel Chinese en Koreaanse restaurants. Yakiniku-ya zijn Koreaanse barbecuerestaurants; ook bibimba (rijst met groente en kimchi) en chige (stoofschotel van vlees, vis of groenten) staan er meestal op de kaart. In hippe delen van steden zijn Italiaanse restaurants populair. Ook is daar – en vooral in de duurdere hotels – een groot aandeel van de vrij prijzige Franse keuken eenvoudig te herkennen aan Franse namen. Buiten de grote steden ziet u nogal eens Amerikaans georiënteerde family (budget)restaurants.

Vegetarische keuken

Van oudsher was Japan geen land van vleeseters. Het boeddhisme schreef het vegetarisme voor. Vooral bij tempels, bijvoorbeeld in Kyoto maar zeker ook in de tempellogies van Koya-san serveert men syojin ryori, vegetarisch.

Ook in de reguliere keuken treft u nog steeds veel gerechten met tofu, gemaakt van sojabonen. Natto is halfgefermenteerde soja en krijgt u vaak bij het ontbijt: een draderige substantie met kernen van de bonen.

Drinken

Veeleer cafés waar ook begeleidende gerechten worden geserveerd, zijn bijvoorbeeld izakaya. Deze zijn vooral rond de stations en in winkelcentra te vinden. Het delen van schotels is hier gebruikelijk; 1000-5000 yen.

Kissaten zijn koffieshops waar bij de koffie/thee zoetigheden, broodjes en salades op de kaart staan. Het zijn vooral museumcafés en zaakjes in warenhuizen en winkelcentra. Starbucks heeft inmiddels zijn intrede in Japan gedaan.

Zie voor theeceremonies blz. 62.

Sake

Aan het Japanse hof is sinds de 7e eeuw sprake van sakeproductie. Allereerst vond die plaats in het keizerlijke Nara. Ook vormden vaten sake gepaste tempeloffergaves.

Hoe maakt men sake? Rijstkorrels worden van de buitenste laag ontdaan. Toegevoegd worden (bron)water en koji, een op gestoomde rijst gekweekte schimmel (*Aspergillus* oryzae). Kunstmatige conserveringsmiddelen mogen niet worden toegevoegd – sake bevat ook geen sulfiet – en het proces verloopt zeer hygiënisch. Bij de exclusiefste sakes (junmai) is de alcohol geheel uit een natuurlijk proces ontstaan. Sneller gaat het door toevoegen van alcohol, dat worden vooral – goedkopere – tafelsakes. Het alcoholpercentage bedraagt meestal 14-18%.

Er zijn in Japan ruim 1000 brouwerijen actief die elk diverse soorten sake maken. Sommige brouwerijen ontvangen bezoekers voor rondleidingen. Sake wordt zowel warm (atsukan) als koud (hiya of re-ishu) geserveerd – de beste sakes krijgt u altijd koud.

Shochu

Schochu is een sterker gedistilleerd van rijst, maar soms van zoete aardappel of andere koolhydraatrijke basis. Het alcoholpercentage is 15-25%, soms hoger; meestal wordt shochu gemixt met een soft drink en heet dan chu-hai. De afgelopen decennia is whisky populair geworden (zie Nikka blz. 274).

Bier

Om expats een thuisgevoel te geven werd in de 19e eeuw begonnen met het brouwen van bier. De vier grootste producenten zijn nu Asahi, Kirin, Sapporo en Suntory. Asahi heeft inmiddels Grolsch overgenomen om op de internationale markt te kunnen groeien. Daarnaast zijn kleine brouwerijcafés ook in Japan aan een opmars begonnen.

Tot slot: Als u met Japanners iets gaat drinken, schenk dan nooit uw eigen glas in – dat doen zij voor u.

Nagomi Visit

Eten bij mensen thuis – ook samen koken is mogelijk – regelt Nagomi Visit. Boek minstens tien dagen tevoren, kies een adres uit de voorstellen en u krijgt gegevens hoe uw gastheer/vrouw te ontmoeten. Zie www.nagomivisit.com.

Actieve vakantie, sport en wellness

Fietsen

In steden als Kyoto en Okayama wordt veel gefietst en her en der liggen landelijke fietsroutes. Een echte fietsvakantie is in Japan slechts voor een kleine doelgroep geschikt. De afstanden zijn groot, het uitpuzzelen van geschikte wegen ingewikkeld en de zomertemperaturen doorgaans onverdraaglijk voor grote inspanning. Asian Way of Life (AWOL) heeft tientallen jaren ervaring in het uitzetten van fietsroutes; www.awol.nl.

Golf

In Japan zijn meer dan 2000 18-hole golfterreinen. Er zijn 500 driving ranges in Kanto, Kansai, Fukuoka en Okinawa. U ziet die vaak midden in een druk verstedelijkt gebied: een hoog gazen stadion, als een reuzenmuskietennet. Zie voor de etiquette en mogelijkheden www.golf-in-japan.com.

Strand en duiken

Japan is weliswaar geen primaire strandbestemming, maar er zijn wel veel plaatsen waar u van een plezierig en rustig strand kunt genieten. Wel bij uitstek voor zon, zand en zee lenen zich Okinawa en tal van eilanden en archipels eveneens in het uiterste zuidwesten van Japan; het is een favoriete duiklocatie. Zie www.divejapan.com.

Wandelen

Aan de basis van de grootste langeafstandsroutes van Japan liggen religieuze motieven. Er werden heilige bergen beklommen en pelgrims legden zich grote offers op met duizenden kilometers lange routes langs boeddhistische sleutelplaatsen. De 88-tempelroute (blz. 209) en de Wakayamaroute zijn inmiddels ook door wandeltoeristen ontdekt. Vrijwel alle nationale parken zijn daarbij gericht op wandelaars.

Wellness

Baden is een belangrijk ritueel in de Japanse samenleving, passend bij het reinigen vanuit een religieuze overtuiging en bij de behoefte aan een goede hygiene en gezondheid. De term *onsen* ('hete bron') wordt zowel gebruikt voor mineraalrijke thermale bronnen, waar Japan rijk aan is, als voor de algemene baadfaciliteiten in hotels en ryokans. Daar kan dus mineraalrijk bronwater in de baden stromen, maar ook standaard heet kraanwater. Een onsen in de openlucht heet rotenburo. Op beperkte schaal zijn er sauna's en stoombaden.

Wintersport

Een paar uur van de vliegvelden van Tokyo, Nagoya, Osaka en vooral: Sapporo bevinden zich erg goede wintersportgebieden; de superdroge sneeuw is er een feest. Net als het overige vervoer in Japan zijn de skiliften goed, aanwijzingen zijn er ook in het Engels. Niseko en Furano, allebei op Hokkaido, zijn de topresorts. Gezinsgericht is Tomamu, ten zuidoosten van Daisetsuzan. In Honshu zijn Nagano en Yamagata/Zao Onsen topgebieden. Ook zijn er hostels met skiarrangementen. Zie www.skijapan.com voor details, tips en arrangementen.

Feesten en evenementen

Nationale feestdagen

1 januari: Nieuwjaar.

2e maandag in januari: Dag van Volwassenwording, ceremonies voor 20-jarigen.

11 februari: Dag van de Oprichting.

23 februari: Verjaardag van de keizer (vanaf 2020).

20 maart: Voorjaarsequinox – Higan. Boeddhisten eren de overledenen.

29 april: Dag van de Keizer – Showa Day. Geboortedag keizer Hirohito.

3 mei: Dag van de Grondwet – Kenpo kinenbi; ingevoerd in 1947.

4 mei: Dag van de Natuur – Midori no hi.

5 mei: Kinderdag – Kodomo no hi; karpervlaggen (koinobori) worden uitgehangen bij gezinnen met jongens; binnen staan samoeraipoppen ('wens dat zij tot onbevreesden opgroeien').

3e maandag in juli: Dag van de Zee. Dank voor de gulle gaven uit de zee.

3e maandag in september: Dag van de Ouderen, ode aan hun langdurige bijdrage aan de maatschappij.

23 september: Najaarsequinox – Higan; herdenking van de overledenen.

2e maandag in oktober: Sport- en Gezondheidsdag. Sinds de Olympische Spelen van Tokyo in 1964.

3 november: Cultuurdag.

23 november: Dag van de Arbeid.

Evenementenkalender

Januari

Dezome-shiki: Tokyo, brandweermanparade met stuntwerk.

Vuurwerk Wakakusayama: 4e zaterdag, Nara Park; gedenkt middeleeuwse verzoening tussen twee tempels.

Februari

Snow Festival: begin februari in Sapporo en elders op Hokkaido.

Setsubun: 3 februari, overal in Japan worden bonen gegooid bij tempels om kwade geesten / de winter te verjagen.

Maart

Omizutori: 1-14 maart, Todajitempel Nara, met fakkelvoorstellingen die tegen het kwaad moeten beschermen.

April

Hana Matsuri: 8 april, verjaardag Boeddha.

Tsurugaoka Hachimangu: 2e-3e zondag, Kamakura. Dans- en ruiterfeesten.

Mei

Golden Week: 1e week, zie nationale feestdagen, begint eind april met Dag van de Keizer.

Hamamatsu Matsuri: 3-5 mei, vliegerfestival in de Nakatajimaduinen.

Aoi Matsuri: 15 mei, Kyoto, tempels van Shimogamo en Kamigamo, historische processie.

Shunki Reitaisai: 17-18 mei, Toshogutempel Nikko. Grootse parade met meer dan 1200 strijders en dragen van de mikoshi – tempelschat.

Sanja Matsuri: 3e vrijdag-zondag, Asakusa Tokyo, zeer grote processie met tempelheiligdommen, en met monniken maar ook geisha's en zangers.

Mifune Matsuri: 3e zondag, op de rivier de Oi bij Arashiyama, Kyoto, met historische botenparade.

Juni

Takigi No: 1-2 juni, Kyoto Heiantempel, openluchttheater bij fakkellicht.

Evenementenkalender (vervolg)

Rijstceremonie: 14 juni, Sumiyoshi-tempel Osaka, met rijst planten en verkiezing van de rijstkoningin.

Juli

Hakata Gion Yamakasa: 1-15 juli, Fukuoka, draagbotenraces.
Tanabata: 7 juli, ode aan de sterren, kinderen maken wensvlaggen van bamboekstokjes met gekleurd papier.
Bon Odori: half juli/half augustus, boeddhistische rites met lampionnen en dansen.
Nachi Himatsuri: 14 juli, Wakayama, vuurfestival bij de Nachitempel.
Gion Matsuri Yasaka: half juli is het hoogtepunt van de hele maand processies bij de Yasakatempel van Kyoto.
Ushioni Matsuri: 22-24 juli, Uwajima, processies, stierenvechten en vuurwerk bij de Wareitempel.
Sumida Vuurwerkfestival: laatste zaterdag, Asakusa Tokyo; zeer groot.
Soma Nomaoi: laatste zaterdag-maandag, Hibarigahara, Haramchi en Fukushima; paarden worden bijeengedreven door honderden samoerai.
Gujo Odori: half juli tot begin september, Gifu, volksdansen in yukata.
Tenjin Festival: 24-25 juli, Temmangutempel van Osaka, bootjes met relieken vormen een processie op de rivier.

Augustus

Nebuta en Neputa Matsuri: 1e week, Aomori en Hirosaki, carnavaleske optocht met praalwagens.
Vredesceremonie: 6 augustus, Hiroshima Peace Memorial Park, ter nagedachtenis aan de slachtoffers van de atoombom; met drijvende lantaarns op de Otarivier en gebeden voor wereldvrede. Op 9 augustus is er een vergelijkbare ceremonie in Nagasaki.

Awa Odori: 12-15 augustus, Tokushima, zang en dans in de straten.
Daimonji vreugdevuren: 16 augustus, op de Higashiyama Nyoigadake, Kyoto.

September

Yabusame: 16 september, Tsurugaoka Hachimangutempel van Kamakura, boogschietende samoerairuiters.

Oktober

Nagasaki Kunchi: 7-9 oktober, parade van Chinese praalwagens en dansen, bij Suwatempel Nagasaki.
Marimo Festival: 8-10 oktober, bij het Akanmeer op Hokkaido, ter ere van de marimoplant, belangrijk voor het Ainu-volk.
Hachiman Festival: 9-10 oktober, Takayama, draagbotenoptocht.
Jidai Matsuri: 22 oktober, grote processie bij de Heiantempel; viering stichting van Kyoto als hoofdstad in 794.
Fakkeloptocht: 22 oktober, bij de Yukitempel van Kurama.

November

Hakone Daimyo Gyoretsu: 3 november, Sounjitempel-Yumoto Onsen, 17e-/18e-eeuws gekostumeerde optocht.
Shichi-go-san: 15 november, kinderen van 3, 5 en 7 jaar gaan in hun mooiste kleren naar de tempels, ouders vragen om hun gezondheid en voorspoed.

December

Chichibu Yo-matsuri: 2-3 december, grote draagbootprocessie vanaf de Chichibutempel (nw. van Tokyo).
Kasuga Wakayama On-Matsuri: 15-18 december, processie met worstelaars bij de Kasugatempel van Nara.

Praktische informatie van A tot Z

Ambassades & consulaten

... in Nederland

Embassy of Japan in The Netherlands
Tobias Asserlaan 5
2517 KC Den Haag
+31(0)70 346 9544
www.nl.emb-japan.go.jp

... in België

Embassy of Japan in Belgium
Van Maerlantstraat 1
1040 Brussel
tel. +32(0)2 513 2340
www.be.emb-japan.go.jp

... in Japan

Embassy of the Kingdom of
The Netherlands
3-6-3 Shibakoen, Minatu-ku
Tokyo 105-011
tel. +81 3 57 76 5400 (24/7)

Twin MID Tower 33F
2-1-61 Shiromi, Chuo-ku
Osaka 540-6133
tel. +81 6 69 44 7272 (24/7)

Ambassade van België in Tokyo
5-4 Nibancho, Chiyoda-ku
Tokyo 102-0084
tel. +81 3 32 62 0191
tel. +81 90 77 37 9843 (noodnummer
buiten openingsuren)
japan.diplomatie.belgium.be

Elektriciteit

In Tokyo en aan de oceaankust is het voltage 100 Volt met 50 Hz, in West-Japan 60 Hz. Uw accu's en batterijen kunt u zonder problemen opladen; de meeste moderne apparaten zijn geschikt voor 100 en 200 Volt. Wel hebt u een tweepolige platte stekker nodig. Als u elektronische apparatuur koopt, is die ook geschikt voor 100 Volt.

Fooi

Het is in Japan ongebruikelijk om iemand voor zijn of haar diensten een fooi te geven. Vaak zelfs zal deze worden teruggegeven. Daarop zijn een paar uitzonderingen. Hotels en restaurants hebben een servicetoeslag in de eindrekening verwerkt; sommige internationale restaurants verwachten daarentegen wel een fooi. En ook de lokale chauffeur/gids krijgt een extraatje.

Geld

De Japanse yen is beschikbaar in munten van 1, 5, 10, 20, 50, 100, 200 en 500 yen. Reguliere bankbiljetten zijn er van 1000, 2000, 5000 en 10.000 yen. Koers in 2018: circa € 0,75-80 voor 100 yen.

Creditcards worden in duurdere hotels, winkels en restaurants geaccepteerd. Sommige ryokans en restaurants accepteren alleen contant geld. Niet alle geldautomaten accepteren uw pinpas voor geldopname, meestal wel bij Citibank en in de 7-Elevenwinkels. Maximale opname is 40.000 yen. Japanners hebben doorgaans een ruim met contant geld gevulde portemonnee. Het is een veilig land, maar de gebruikelijke veiligheidsmaatregelen zijn verstandig.

Gezondheid en hygiëne

Japan is een hygiënisch land waar geen bijzondere ziektes voorkomen waartegen inentingen nodig zijn. Ook al doet het op uitgebreide schaal dragen van mondkapjes wellicht anders vermoeden. Water kunt u uit de kraan drinken. De standaard van de medische zorg is hoog.

Kinderen

Japan is een zeer kindvriendelijk land, hygiënisch, voorkomend en veilig. U hoeft echt niet per se naar Disney Tokyo of andere pretparken om uw kinderen een leuke dag en blijvende herinneringen te geven. De snow monkeys van Jigokudani combineren een blik op het landschap met het plezier dat de berberaapjes oproepen. Tempelbezoeken bieden speurtochtjes naar bijvoorbeeld de stenen vossen van Fushimi-Inari (Kyoto); ook volwassenen sparen er de tempelstempels. Wensrituelen – inclusief handen klappen of de gong slaan en muntjes werpen – houden jonge kinderen bezig.

De tekens van het Japanse schrift zijn voor jong en oud fascinerend. Leer kinderen hun naam te schrijven in Japanse tekens – met het herkennen van die tekens onderweg hebt u weer een speuronderwerp; grote kans dat ze daar beter in zijn dan u. En natuurlijk laat u hun naam graveren in een set eetstokjes.

Het eten kan een uitdaging zijn maar ook juist meerwaarde geven. In ryokans zit u samen op kussens of lage stoelen aan lage tafels waar een keur aan hapjes wordt geserveerd. Vrijwel geen kind houdt van grote borden vol, en aangezien het er doorgaans prachtig uitziet, zullen ze het niet gauw afwijzen. Vaak krijgt u aan tafel een kookpot en mag u 'gourmetten'. Met uitzondering van het gebruik van wasabi en gekonfijte gember (doorgaans in losse bergjes geserveerd) zijn er weinig scherpe en zeer uitgesproken smaken in de dagelijkse Japanse keuken. Als vis, rijst, mie en

bouillon – net even anders dan thuis – echt een obstakel vormen, zijn er in elk geval in de steden pizza, pasta, friet, hamburgers en flensjes (met ijs en andere vulling) te krijgen. Of – bij 7-Eleven – witte boterhammen met ham en kaas.

Juist in ryokans is doorgaans eenvoudig gelegenheid een of meer extra futons uit te spreiden; vier- en zespersoonskamers zijn niet ongebruikelijk.

Medische verzorging

Via de verplichte basisverzekering bent u verzekerd voor medisch noodzakelijk zorg in het buitenland. Zorg wel dat u in het bezit bent van de European Health Insurance Card (EHIC, ook wel Europese gezondheidspas of Europese ziekteverzekeringskaart genoemd). Hiermee kunt u aantonen dat u verzekerd bent voor ziektekosten en recht hebt op zorg. De kosten worden meestal vergoed volgens het in uw eigen land geldende

Japanse toiletten

Het is een fenomeen op zich: het Japanse toilet. Heel schoon, de bril is vaak – elektrisch – verwarmd en meestal gaat ook automatisch een waterstraal lopen om toiletgeluiden te camoufleren. Er zitten knoppen in een handgreep of kastje waarmee u een sproeier kunt bedienen, wat een stuk hygiënischer is dan het gebruik van – veel – toiletpapier, dat overigens wel altijd aanwezig is.

Binnen in de damestoiletten zelf is vaak in een hoek een kinderzitje bevestigd om kleine kinderen even veilig in te zetten tijdens uw toiletbezoek – ook handig voor een handtas … Er zijn veel openbare toiletten, evenals in horecagelegenheden gratis toegankelijk. Een enkele keer treft u nog hurktoiletten.

tarief. Als de kosten voor de behandeling hoger zijn dan de vergoeding vanuit de basisverzekering, kan de rest van het bedrag geclaimd worden bij een aanvullende verzekering of een reisverzekering (meestal wel aan te raden omdat de kosten hoger kunnen uitvallen dan in eigen land).

Bij medicijngebruik is het verstandig ruim voldoende medicijnen mee te nemen. Paracetamol vindt u in Japan onder de naam Tylenol (Amerikaans); het behoort tot de acetaminophen – dat staat als werkzame stof vaak wel op de doosjes.

Noodgevallen

Ambulance, brandweer tel. 119
Politie tel. 110
Alg. hulpnummer tel. 0120 46 19 97
ANWB Alarmcentrale tel. +31 70 314 14 14

Omgangsvormen

Japanners zijn zeer beleefd. Men houdt afstand – zowel in het verkeer als binnenshuis – en er wordt niet getoeterd. Men praat in principe op gedempte toon, de conversatie is doorspekt met 'dank u' en 'pardon', vergezeld van buigingen. Onbekende gesprekspartners worden niet aangekeken en naar iemand staren is helemaal uit den boze. Eten of drinken op straat is not done. Voorwerpen, of het nu een geldbriefje is, een bonnetje, een kom thee of aankoop, worden met twee handen en met een buiging aangeboden én aangenomen. Bescheidenheid is troef en er worden in principe geen persoonlijke vragen gesteld anders dan strikt in het belang van uw reservering of aankoop. Daarbij zijn Japanners heel voorkomend en begripvol naar buitenlanders (*gaijin*) die niet alle etiquette strak navolgen. Maar als u dat wel doet, wordt dat zeer op prijs ge-

Buigen is niet alleen een religieus ritueel maar ook een gebruikelijke begroeting

steld. En met een paar beleefdheidsfrasen komt u een heel eind (zie blz. 285). Zie voor gedragscodes ook blz. 24-25.

Openingstijden

Winkels: ma.-za. 10-19.30 uur, veelal ook op zon- en feestdagen.
Musea: 10-17/18 uur, de meeste musea zijn op maandag gesloten; als dat op een feestdag valt, is de daaropvolgende dinsdag sluitingsdag.
Tempels en tuinen: de meeste zijn al om 6 of 7 uur open, tot 17/18 uur, geen sluitingsdag.

Roken

Roken in openbare ruimtes is officieel verboden. Toch is het in hotels soms moeilijk een niet-rokenkamer te krijgen, ook mag in veel restaurants/eetcafés in de steden worden gerookt (onder grote afzuiginstallaties). Ryokans zijn vrijwel zonder uitzondering rookvrij.

Souvenirs

Veel Japanse kunstnijverheid maakt prachtige souvenirs: prenten, aardewerk en porselein, kimono's. Er is heel veel keus in hashi (eetstokjes), ook met uw naam – of die van de ontvanger – in het Japans erin gegraveerd. Altijd goed doen het thee, nori of andere gedroogde etenswaren. Een praktisch cadeau of herinnering is de tenugui: een doek die niet alleen wordt gebruikt als handdoekje maar ook om iets in te pakken. Voor elektronische apparaten (100 Volt ...) foto- en filmmateriaal, accessoires en gadgets zijn enorme winkels in de wijken Shinjuku en Akihabara (Tokyo). Nergens wordt afgedongen, ook niet op markten en in kramen.

Telefoon en wifi

Telefoneren in Japan: de 0 voor het netnummer wordt bij bellen met Japanse telefoons weggelaten. Informeer bij uw provider naar belbundels en roamingkosten. Er is een uitstekend wifi-netwerk in Japan, vrijwel alle hotels en ryokans bieden gratis wifi.

Landnummers
Nederland: + 31
België: + 32
Japan: + 81

Tijdsverschil

In Japan is het acht uur later dan in Nederland en België, er wordt geen zomertijd gehanteerd – waarmee het tijdsverschil bij zomertijd zeven uur bedraagt.

Uitgaan

Het algemene beeld van Japanners is een ingetogen volk. Maar ze kunnen ook losgaan: in karaokebars en cafés is het luidruchtig, de grootschalig aanwezige gokhallen (waaronder flipperkoning Pachinko) zijn drukbezochte en zeer lawaaiige plekken. Minder zicht- en hoorbaar is de nog steeds intensieve geishacultuur, waar hoogontwikkelde dames gasten vermaken, al dan niet inclusief seksuele interactie. Een bordeel heet in Japan Soap Land.

Winkelen

Mooie grote warenhuizen in Japan zijn Isetan, Daimaru, Seibu en Marui. Tokyo is een toonaangevende modestad (zie blz. 90). Zelfs in de kleinste plaatsen zijn gemakswinkels voor voornaamste levensbehoeften te vinden.

Kennismaking – Feiten en cijfers, achtergronden

Herfstkleuren bij Daigo-ji, Kyoto

Japan in het kort

Cijfers en feiten

Inwoners: 126 miljoen, waarvan ongeveer 1% niet-Japanners.
Hoofdstad: Tokyo, metropool 40 miljoen inwoners.
Grootste steden: Fukuoka, Hiroshima, Kioto, Kobe, Nagoya, Osaka, Sapporo, Tokyo en Yokohama, allemaal miljoenensteden.
Oppervlakte: 377.930 km², waarvan 0,8% water; iets groter dan Duitsland.
Munteenheid: Japanse yen.

Geografie en natuur

Het overgrote deel van Japan beslaat vier grote eilanden: Hokkaido, Honshu, Shikoku en Kyushu. Honshu, waarop ook Tokyo, Kyoto en Osaka liggen, is het grootste eiland, met een oppervlakte van 231.00 km². De vier eilanden hebben alle de volgende kenmerken: vulkanen – waaronder de Fuji-san, meren en steile bergkammen waarin volop sneeuw valt. De noordwestkust is ruig, veel geleidelijker aflopend is de zuidoostkust; daar bevinden zich dan ook veruit de grootste bevolkingsconcentraties. Twee derde van het landoppervlak is bebost. Het gecultiveerde land maakt slechts 11% van het totaal uit. Vruchtbare akkers maken vooral aan de kust plaats voor rijstvelden.

De hele eilandengroep, circa 6800 eilanden, strekt zich uit van vlak bij het Russische Sachalin in het noorden tot in het zuiden bij Taiwan. De Japanse archipel is door de wrijving tussen de Pacifische en Filipijnse Plaat versus de Euraziatische Plaat seismisch zeer actief.
Hoogste berg: Fuji, 3776 m
Langste rivier: Shinano, 367 km
Grootste meer: Biwameer, 675 km²

Geschiedenis en cultuur

In Zuid-Japan woonden al in circa 10.000 v.Chr. jagers-verzamelaars. Het is de Jomonperiode – touwpatroon, genoemd naar de motieven die op het aardewerk werden aangebracht. In de Yayoiperiode (300 v.Chr.-300 n.Chr.) werden potten op schijven gedraaid. Toen werd ook de rijstteelt ingevoerd. Met de permanente nederzettingen kwam ook de verdediging van landsgrenzen. Tegen de 5e eeuw was Japan verdeeld onder een groot aantal clans. Een zeer machtige clan was die van Nara, de Yamato-clan. In de vroege 7e eeuw werd een keizer aangesteld als 'Zoon van de Hemel'.

Naar Chinees model werden Nara (710) en Kyoto (795) als eerste hoofdsteden gebouwd. Het handelen van de keizer werd gereguleerd door de clans van Fujiwara (9e-11e eeuw), Minamoto/Kamakura (12e-14e eeuw) en Tokugawa (17e-19e eeuw). Die stelden weer daimyo's, leenheren, aan die ter ordebewaking en verdediging samoerai in dienst hadden. Vanaf 1192 regeerden shoguns in naam van de keizer maar was er veelvuldig onderling strijd.

Ieyasu Tokugawa won in 1600 de slag bij Sekigahara en leidde een relatief rustige periode in, die tot 1866 zou duren. Het was een periode waarin de kunsten en ambachten een bloeitijd doormaakten. Na koloniale verkenningen vanuit Europa in de 16e eeuw werden de grenzen van Japan in de 17e eeuw gesloten. Dat veranderde pas weer in 1868 toen de keizer zijn rol als staatshoofd terugkreeg. Er kwam een centraal nationaal bestuur, gericht op modernisering en economische en militaire ontwikkeling. Japan werd een grote wereldmacht. Gedreven door het gebrek aan eigen grondstoffen trad het ver buiten de eigen grenzen: China, Rusland, Korea en in de jaren 1930, 1940 tot aan de Filipijnen en Nederlands-Indië. Na de atoombommen op Hiroshima en Nagasaki in 1945 kwam een einde aan de Japanse expansie en werd het land verboden een leger te voeren. Tot dusverre heeft het ook geen militaire operaties uitgevoerd, hoewel premier Abe het onderwerp ter discussie stelt.

Staat en politiek

Japan is een parlementaire monarchie, met vanaf april 2019 keizer Naruhito, kleinzoon van Hirohito (keizer van 1926 tot 1989). Het bestuur is gebaseerd op de Grondwet van 1947, waarbij de keizer een ceremoniële rol heeft en de soevereiniteit bij de bevolking ligt. Er is net als bij ons een tweekamersysteem: een Huis van Afgevaardigden (Tweede Kamer) en het Hogerhuis (Eerste Kamer). De Liberale Democratische partij is de grootste. Shinzo Abe is sinds 2012 minister-president, herkozen in 2016. Japan is lid van de VN, de G7, G8 en G20.

Sinds 1888 bestaat Japan uit 47 prefecturen, vergelijkbaar met provincies, met aan het hoofd een gekozen gouverneur. De prefecturen zijn onderverdeeld in steden en dorpen met burgemeesters en wethouders.

Economie en toerisme

Japan heeft zich sinds WOII zeer snel van de enorme oorlogsschade hersteld en ontwikkeld als zeer welvarend land en wereldmacht. Veel uitvindingen staan op naam van Japanners, zoals de hogesnelheidstrein, kwartzhorloges, zakrekenmachine en walkman. Nintendo is een bedrijf uit Kyoto, waar Mario het licht zag.

In 2011 vond een enorme aardbeving plaats met een kracht van 9.0 op de Schaal van Richter; daarop volgde een desastreuze tsunami die in het noorden tot een kernramp leidde. De ramp was een belangrijke oorzaak van de recessie waarin Japan vervolgens belandde. Als gevolg daarvan verzwakte de yen. Er is er de afgelopen decennia nauwelijks inflatie geweest. Japan is daardoor inmiddels voor toeristen aantrekkelijk en betaalbaar, hun aantal verdubbelde in de afgelopen tien jaar. De Olympische Zomerspelen van 2020 in Tokyo hebben een grote rol in het verhoogde voorzieningenniveau en de extra publiciteit.

Het werkeloosheidscijfer bedroeg in 2016 een Japans hoogterecord van 5,7% en daalde in 2018 tot onder 3 %.

Bevolking

De bevolkingsdichtheid is gemiddeld 335 per km² maar dit is ongelijk verdeeld over het land. Heel dichtbevolkt is het zuiden van Honshu, waar ook Tokyo ligt. De levensverwachting is hoog en voor iedereen is een goede basisgezondheidszorg toegankelijk. Maar door het lage aantal geboortes en beperkte migratie is het bevolkingscijfer dalend.

De Ainu behoren tot de eerste bewoners van Japan; veel Japanners – vooral op Hokkaido – zijn daar afstammelingen van. Ze hebben een Kaukasische verwantschap. De meerderheid van het kleine aantal buitenlanders in Japan is van Koreaanse en Chinese afkomst.

Mede door de sterke vergrijzing heeft de Japanse overheid vestigingsmogelijkheden voor buitenlandse arbeidskrachten, maar ook voor investeerders, verruimd.

32.000 v.Chr.	Bewijzen van een paleolithische cultuur. De eerste bewoning dateert waarschijnlijk al van 130.000 jaar geleden. Er kwamen volkeren van het Aziatische continent en van zuidelijke eilanden.
7e eeuw v.Chr.	Keizer Jimmu richtte het eerste rijk op. Er was grote invloed uit China: het schrift, het geloof (boeddhisme). De hofadel had veel macht.
8e eeuw n.Chr.	In voorgaande periode was Japan omgevormd naar een centralistische staat, eigendom van de keizer. De edelen kregen hoge posten als ambtenaar. Van 710-784 was Nara de hoofdstad.
794-1185	Keizer Kanmu koos in 794 Kyoto als hoofdstad. Heianperiode, gekenmerkt door een verfijnde cultuur. De invloed van China taande.
1192-1477	Eerste shogun, Yoritomo Minamoto, geïnstalleerd. Kamakura werd het centrum van zijn macht (bakufu). Eind 13e eeuw aanval door Mongolen, maar door zware tyfoon (kamikaze: goddelijke wind) gered.
16e eeuw	Provincies werden gebundeld; het herenigde rijk zwoer trouw aan de keizer en de macht van de boeddhistische kloosters werd beperkt. Het hof van de shogun ging naar Edo (het huidige Tokyo). Het christendom deed zijn intrede, en de eerste Europese handel.
1642	Japan sloot de grenzen uit angst voor invasie en macht van de christenen. Vanuit Dejima twee eeuwen uitsluitend handel met de VOC.
1868	Einde van het shogunaat, de macht kwam opnieuw bij de keizer. Economische en sociale hervormingen: afschaffing van de samoerai-privileges en van lijfeigenschap van de boeren; vrij grondbezit.
1872	De Meijiperiode: tijdperk van de Japanse Verlichting. Verplicht basisonderwijs voor iedereen. Dienstplicht werd ingesteld, spoorlijnen gebouwd, de gregoriaanse kalender ingevoerd, Edo werd Tokyo. De Meijiregering overleefde een coup. Japan lijfde Okinawa in.
1889	Grondwet ingevoerd op Duitse leest; deze bleef tot WOII van kracht. Shinto werd de staatsreligie. Expansiedrift kwam tot wasdom.
1894-1895	Oorlog met China door conflict over Korea, dat deels onder Chinees bestuur viel. Japan won. Korea werd onafhankelijk. Taiwan aan Japan overgedragen en dat bleef ondanks veel strijd tot na WOII Japans.
1904-1905	Oorlog met Rusland, door Japanse aanspraken op Korea en Mantsjoerije. Japan versloeg de Russische vloot. Vredesverdrag onder druk VS.
1909	Annexatie van Korea.

1914	Japan nam als bondgenoot van het Verenigd Koninkrijk deel aan WOI; in China werden Duitse stellingen ingenomen.
1923	Grote aardbeving in Kanto, een groot deel van Tokyo verwoest.
1926	Hirohito tot keizer gekroond onder de naam Showa: Verlichte Vrede.
1931	Economische en politieke onrust, militairen namen de macht. Het leger nam Mantsjoerije in, tot afkeuring van het westen.
1936-1937	Japan werd bondgenoot van nazi-Duitsland en viel China aan, vervolgens in 1941 Brits-Maleisië en Nederlands-Indië.
1941	Japanse aanval op Pearl Harbor: Pacifische Oorlog ontketend. De Filipijnen, Nederlands-Indië en Birma door Japan bezet.
1945	Zeer heftige bombardementen van de VS op Tokyo, atoomaanvallen op Hiroshima en Nagasaki. Japan capituleerde.
1945-1952	De VS, onder generaal Douglas MacArthur, demilitariseerden en hervormden Japan. Een tribunaal, waarin ook Nederland zitting had, veroordeelde hooggeplaatste Japanners, sommigen tot de dood. De keizer werd gespaard maar ontdaan van zijn goddelijke status.
1964	Olympische Spelen in Tokyo. Shinkansen tussen Tokyo en Osaka.
1966	Eerste kernenergiecentrale geopend, in Tokai. Positie als wereldleider op innovatiegebied duurde nog twintig jaar voort.
1972	De VS gaven Okinawa terug aan Japan, er bleef een grote militaire basis.
1989	Dood van keizer Hirohito; Heiseiperiode, onder keizer Akihito. De Japanse aandelenmarkt (Nikkei) stortte in.
1995	Aardbeving in Hanshin richtte heel veel schade aan in en rond Kobe.
2001-2016	Verdedigingsleger ingevoerd. Europese crisis sloeg over op Japan. Sterke vergrijzing drukt op economie.
2011	Enorme aardbeving en daaropvolgende tsunami verwoestte de kerncentrale van Fukushima waarop radioactiviteit in de regio hoog werd.
2018	Herstel Japanse economie, daling werkeloosheidscijfer; ook de aanloop naar Olympische Spelen Tokyo (2020) draagt daaraan bij.
2019	Op 30 april overdracht keizerstitel van Akihito naar zijn zoon Naruhito.

Religie is voor veel Japanners een terugkerende waarde in het dagelijks leven. Vooral het shinto en boeddhisme spelen een grote rol. Op veel tempelcomplexen zijn beide stromingen vertegenwoordigd en het is niet ongewoon om twee huisaltaren te hebben: een shinto-amidana en een boeddhistische butsudan.

De oudste godsdienst in Japan is het shinto en onderdeel van de Japanse mythologie. De zonnegodin Amaterasu staat aan het hoofd, haar halfbroer regeert de eilanden. De keizerlijke familie zou van de godin afstammen; het hof was dan ook het hoofd van het shinto-geloof, dat staatsgodsdienst werd. Nog steeds zijn er keizerlijke tempels.

Shintotempels

In de shintoheiligdommen zijn de kami – de goden van de shinto – gehuisvest. De representanten van de kami, die in allerlei verschijningsvormen kunnen zitten, bevinden zich in het sacrale binnenste van de tempel, waar niemand wordt toegelaten. Er zijn tal van andere attributen en monumenten waartoe de gelovige zich richt.

Geloof in het dagelijks leven – weefwerk van shinto en boeddhisme

Matsuriprocessie in Kyoto

Herkenningspunt voor een shintotempel is de torii, de toegangspoort waardoor u de spirituele wereld betreedt. Meestal zijn ze van hout, oranjerood geschilderd en met zwarte sokkels en daklijst. Soms is er een hele reeks torii, zoals bij de Fushimi-Inari in Kyoto of bij Nakato. De toegang wordt beschermd door komainu, meestal honden of leeuwen van steen, hout, brons of keramiek. In Kyoto staan aan de poort en langs de verdere tempelroute vele stenen vossen, omdat zij de boodschappers zijn van de shintogod Inari. De tempelgebouwen werden traditioneel van cipressenhout gebouwd met schuin dakgewelf.

Bij de ingang staat een waterbassin met houten waterschepjes, waar men handen en soms ook de mond reinigt (nooit de schep direct aan de mond brengen maar het water in uw hand gieten). Offergaven worden gebracht in de haiden, vaak afgescheiden van de honden, het hoofdcomplex. Rustig betreedt men individueel of per familie de trappen naar de offerkast en werpt een of meer muntstukken. De goden zijn niet kieskeurig, maar 1 is het geluksgetal, dus om uw geluk weg te gooien … ? Door de bel te rinkelen of tweemaal in uw handen te klappen trekt u de aandacht van de goden. Twee buigingen, het gebed en opnieuw tweemaal buigen en het ritueel is voltooid.

Wierook en wensen

Bij sommige tempels staan grote wierookbranders en worden wierookstokjes verkocht. Na het aansteken waait men het vuurtje met de hand uit, men blaast niet. De rook wordt helende eigenschappen toegedicht: daarom gaan veel mensen ook in de rook staan, vooral met pijnlijke of zieke lichaamsdelen. Als u een tempel betreedt, trekt u uw schoenen uit. Fotograferen is in overdekte delen van de tempels niet toegestaan.

Wie zijn wensen kracht bij wil zetten, laat achter: houten bordjes met daarop een spreuk voor goede gezondheid, liefde, welstand of ander hoger goed. Ook laten veel mensen zich tot voorspellingen verleiden en kopen een omikuji: een briefje met goede of slechte boodschappen. Uit grote kokers schudt u – tegen betaling – eerst een houten staaf met geluksnummer, dat nummer komt overeen met een genummerde lade met spreukpapiertjes. Het papiertje wordt aan slingers geknoopt. Trekt u een daikyo (pechstrook), dan wendt dat ongeluk af. Of u probeert nog eens en treft dan hopelijk een daikichi (groot geluk). Daartussen ligt de kichi.

De Zeven Goden van Geluk (*shichi fuku-jin*) hebt u graag aan uw zijde: ze staan op kaarten met gelukswensen. Daaronder zijn Ebisu met zijn vishengel – goed voor voorspoed, Daikoku met een rugzak en gelukshamer – die welvaart brengt, Fukurokuju als beschermer voor een lang leven en Hotei die met een stralende lach geluk brengt. Plaaggeesten en demonen als Tengu (lange neus, rood gezicht) en de stelende trol Kappa kunt u beter uit de weg gaan.

Zen en boeddhisme

Rond de 5e eeuw kwam het boeddhisme via China en Korea in Japan. Aanvankelijk zagen shintopriesters en de overheid het boeddhisme als een bedreiging. Tegelijkertijd ontwikkelde het boeddhisme zich in Japan op eigen wijze: het zenboeddhisme. Dat is meer nog levenshouding dan strikt religie, met meditatie en ceremonieel. Onder militairen – en sumoworstelaars – was het geliefd vanwege de discipline.

Vanaf de 12e eeuw vertakte de leer zich in diverse stromingen. Naast het zenboeddhisme hebben Jodo, Jodo Shinshu en Nichiren de meeste aanhangers. Juist de hoofdtempels van de verschillende stromingen trekken veel bezoekers. Het onderscheid in stijlen bij boeddhistentempels is afhankelijk van de stroming en periode: Nara, Heian of Kamakura. Ze hebben geen jinja of jingu achter hun naam zoals shintotempels, maar -dera of -ji.

De toegangspoort is de San-mon, vaak al zo indrukwekkend dat men die gemakkelijk voor de tempel zelf aanziet. De poortwachters zien er soms angstaanjagend uit, maar zijn alleen bedreigend voor kwade zielen. Pagodes, een Chinese variant op de Indiase stupa, bevatten relieken van Boeddha. De afbeelding van Boeddha staat in de hoofdtempel, de hondo of kondo – zonder schoenen te betreden. Een kenmerkende toevoeging van zentempels zijn de tuinen: een landschap van symbolische stenen die de meditatie ondersteunen.

Shintotempels

Er zijn tienduizenden shintotempels – jinja – in Japan. De meeste vallen onder een van de volgende categorieën:
Imperial shrines – genieten regeringsbescherming, u ziet er het keizerlijke wapen. Ze heten jingu.
Inari shrines – gewijd aan Inari, de god van de rijst.
Hachiman shrines – vooral aanhang onder de strijdlustige clans: Hachiman was de god van oorlog.
Tenjin shrines – ter ere en glorie van wetenschapper en politicus Sugawara Michizane (845-903); te herkennen aan ossenbeelden en pruimenbomen, vooral door studenten voor examens aangezocht.
Ise shrines – beschouwd als de oudste en puurste shintotempels, zeer zeldzaam. Een voorbeeld is de Ise-jingu in de Mie-prefectuur ten oosten van Nara.

Japanse stromingen

Na de toch wat abstractere goden van het shinto, gaf het boeddhisme gelovigen meer handvatten voor hun belijdenis. Er waren meer mogelijkheden waarop spirituele transcendentie en verlichting bereikt konden worden, kortom, de kansen op verlossing waren in het boeddhisme groter. Daarbij was het gemakkelijker zich te vereenzelvigen met de goden die veel menselijke kenmerken vertoonden. De boeddhisatva's die vrijwillig en uit mededogen van verlichting afzagen, kregen magische aantrekkingskracht.

De verering van Boeddha Amida kreeg een extra dimensie door de scholen van Kobo Daishi (zie blz. 162) en de monniken Saicho en Honen. Zij integreerden shintotradities in het boeddhisme. Binnen het boeddhisme ontstond later nog een aantal afsplitsingen, elk met hun eigen daarna vereerde spiritueel leider en hoofdvestiging.

Geloof en leven

Shintotempels worden veelvuldig bezocht om op het levenspad steun te bie-

Haru-no-Taisai, Meiji-jingu

Rijst voor de reis

Onderdeel van de boeddhistische begrafenisrituelen is het plaatsen van een kommetje rijst met daarin rechtopstaande hashi, voor de overledene. Het is daarom heel ongepast om bij de maaltijd de stokjes in de rijst te steken en daarin te laten staan.

den. Ook bij huwelijken gaan aanhangers naar de tempel. Maar omdat de dood als een onzuivere situatie wordt gezien door shinto, zijn daar geen begraafplaatsen of rituelen voor overledenen. Ceremonies voor overledenen vinden dan ook standaard in boeddhistentempels plaats. Alleen doden dragen hun yukata 'rechts over links', vandaar ook de instructie bij uw leenyukata om die 'links over rechts' te dragen.

De boeddhistische Obonfeesten zijn groots en universeel gevierde feestdagen. Dan gaan de poorten tot de Andere Wereld open en kunnen de zielen van de voorouders terugkeren voor een kort bezoek. In Kyoto worden zij sfeervol verwelkomd met duizenden lampionnen. In Myazu, aan de noordkust, met op het water drijvende lantaarns. Feestvuren – vuurwerk – begeleiden de overledenen terug naar hun spirituele huis. De Obondans voert terug op de eerbied voor de voorgaande zeven generaties. Overal zijn fraaie uitvoeringen van de driedaagse Obonfeesten. Traditioneel is obon op de 15e dag van de 7e maand van de maankalender, maar uit praktische overwegingen is 15 augustus ingeburgerd: het is dan zomervakantie.

De invloed van het Chinese confucianisme op het Japanse geestelijke, maatschappelijke en culturele leven is daarbij ook groot. De zes deugden zijn menselijkheid, gehoorzaamheid, rechtvaardigheid, fatsoen, trouw en respect.

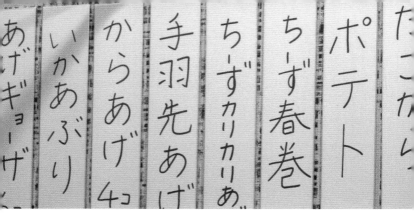

Tussen de regels van het Japans

Reizend in Japan komt het zeer van pas iets van de taal te begrijpen en – al blijft dat maar tot enkele beleefdheidsvormen beperkt – te kunnen spreken. Het echte tussen de regels door luisteren en lezen zullen niet veel buitenlanders (*gaijin*) onder de knie krijgen. Er zijn maar weinig talen waar het juiste gebruik van woorden en (beleefdheids)vormen zo nauw komt. Gelukkig wordt de gaijin veel vergeven – en krijgt u op een paar woorden Japans een compliment om van naast uw sloffen te gaan lopen. We lichten een tipje van de magische Japanse sluier op.

In het Japans worden drie verschillende alfabetten gebruikt. Het oudste is het *kanji*, de karakters die een – samengesteld – woord uitdrukken. Bij sommige is de betekenis herkenbaar gesymboliseerd, zoals de pieken voor berg of de stroomlijnen voor rivier. Sommige begrippen bestaan uit meer tekens. Zo is het kanji voor 'man' opgebouwd uit

'rijst' (- rijkdom) en 'kracht'. Er zijn duizenden tekens met ook nog een verschil in uitspraak, al naar gelang hun combinaties. Om een krant te kunnen lezen, is het begrip van 2000 kanji nodig. Het schrift wordt van rechts naar links geschreven, en van boven naar beneden. Er zijn kranten en wegaanduidingen die daarop een uitzondering vormen en van links naar rechts noteren.

Lettergrepen

Meer en sneller succes dan met het kanji hebt u met het leren van *hiragana* en *katakana*, elk 46 relatief eenvoudige tekens die staan voor een lettergreep: a, i, u, e, o; ka, ki, ku, ke, k et cetera. Het hiragana wordt voor – oudere – Japanse woorden gebruikt, het nog wat gestyleerdere katakana is er voor leenwoorden uit andere talen. Die zijn er heel veel; als u er in een gesprek niet uitkomt, is het japaniseren van een Engels woord vaak redmiddel ... kamera, rajio, terebi, basu, resutoran, baiolin, wain, dogu. Wel denken aan de r=l.

Ik en wij

Het Japans maakt geen onderscheid tussen enkelvoud en meervoud, noch tussen mannelijke en vrouwelijke woorden. Werkwoorden hebben geen persoonsvormen. Het persoonlijk voornaamwoord wordt weinig gebruikt, het onderwerp wordt opgemaakt uit de context.

Als men over Japan spreekt, begint dat doorgaans met 'Wij Japanners ...', waarmee afstand wordt genomen van het standpunt. Dat sluit aan op de filosofie dat men een deel van een geheel is en dat de persoonlijke visie niet geldt en zeker niet aan de ander opgedrongen mag worden. Omgekeerd wil een Japanner niet expliciet om zijn mening worden gevraagd en zal hij vaak een ontwijkend of algemeen antwoord geven. Vraag nooit door; het is een omzichtige benadering om conflicten uit de weg te gaan en gezichtsverlies te vermijden.

Twee gezichten

Want gezichtsverlies is ongeveer het ergste dat een Japanner kan overkomen. Iets verkeerd doen is nog niet het drama, maar dat het publiek wordt is een grote schande. Stuur er niet op aan om iemands vergissing boven tafel te brengen, maar geef hem of haar de kans op een veilige aftocht. U weet immers beiden hoe de vork in de steel zit?

In de taal komt dat tot uiting in iemands gezicht als façade, de *tatemai*, waarmee iemands presentatie omhuld is. Het ware gezicht met onderliggende oprechte bedoelingen is de *honne*. Het is een langdurig proces om de honne te leren kennen, beter rekent u er niet op. Omgekeerd geven alle codes rond de tatemai houvast en bevestigen het belang van het collectief. Spreek zacht, verhef uw stem niet en houd ook fysiek afstand tot uw gesprekspartner.

Eén tot tien

Buitenlanders doen er dus goed aan om in een conversatie met Japanners – of het nu in het Engels gaat of Japans – tot tien te tellen voor ze iets zeggen. In letterlijke zin geeft dat de nodige hoofdbrekens ... Want in Japan maakt men onderscheid in telwoorden als het om ronde onderwerpen gaat, of langwerpige, of platte. Mensen en dieren hebben hun eigen telling. Een kwestie van benadering. Het telwoord vier is voor ballen hetzelfde als voor appels: *yottsu ringo*. En potloden en bananen hebben ook hun overeenkomstige telwoord: *yon-hon banana*. Gelukkig zijn Japanners hierin flexibel, begrijpen uw vergissing (u bent toch geen onderdeel van hun groep) en zullen u nooit openlijk uitlachen – ook niet corrigeren. En hoger dan tien is alles weer gelijk.

Beleefdheid

Om het verschil tussen u en jij uit te drukken, gebruikt men andere zinnen. Er zijn varianten om te groeten en te bedanken, al naar gelang de gesprekspartner familie dan wel een nabije kennis is of hoger in rang of aanzien staat.

Uw gastheer Minoru Tanaka spreekt u aan met 'Tanaka-san'. Zijn vrouw Yoshiko Tanaka is ook Tanaka-san. U wordt hoogstwaarschijnlijk aangesproken met uw voornaam+san omdat in Japan de achternaam als eerste wordt vermeld. Respectabele bergen worden ook met egards benoemd, zoals de Fuji-san.

Achter in deze gids vindt u een beknopte woordenlijst.

De Meijiregering had een strakke blik op het Westen. Dat gold ook de kunsten: traditionele Japanse en Chinese stijlen werden opzij geschoven voor westerse stromingen. Parijs werd ook onder Japanse kunstenaars populair. Er ontstond een kruisbestuiving, in Frankrijk omarmde men Japanse stijlen en juist deze kunstenaars deden het vervolgens heel goed in Japan.

als oorlogsschilder voor het Japanse keizerlijke leger en keerde daarna terug naar Frankrijk, waar hij als Léonard Foujita bleef wonen tot aan zijn dood.

Prentkunstenaar Shiko Munakata (zie blz. 133) had Van Gogh als zijn grote voorbeeld.

Zo kwam het tot de stijl *nihon-ga*: een moderne eigen stijl met een combinatie van Japanse en westerse elementen. Schilder- en druktechnieken

Japans-Franse liaison – art nouveau, impressionisme en nihon-ga

Seiki Kuroda, Takeji Fujishima en Keiichiro Kume studeerden in Parijs en werden aan het eind van de 19e eeuw de pioniers van de westerse kunst, de *yo-ga*. Naadloze realistische en impressionistische kopieën van grote Franse meesters verschenen, alleen brug of kleding vertoonden een andere locatie. Er werd volop Franse kunst door Japanse verzamelaars gekocht. Torajiro Kojima bracht dankzij mecenas Magosaburo Ohara een grote collectie impressionisten in Japan onder de publieke aandacht (zie blz. 188).

Tsuguharu Foujita (1886-1968) was goed bevriend met Modigliani. Al op jonge leeftijd maakte hij naam als Montparnasse-kunstenaar, aanvankelijk vooral met inkt- en aquareltekeningen van vrouwen en poezen. Hij had een roemruchte driehoeksrelatie met schrijver Desnos en een Belgische actrice. Foujita's schilderijen en grafische werken vertonen duidelijk oost- en westinvloeden. Foujita werkte in WOII

uit het westen werden dankbaar geïmplementeerd.

Dichter en tekenaar Yumeji Takehisa (1884-1934) leverde een bijdrage aan de bekendheid van art nouveau in Japan onder een breed publiek met zijn grootschalig verspreide prentbriefkaarten. Toulouse-Lautrec was zijn grote voorbeeld. Takehisa's afbeeldingen van mooi-ogige vrouwen werden populair als *bijin-ga*; juist het thema schoonheid (beauty) werd uit de Franse kunsten overgenomen.

Bloesems en irissen

Omgekeerd werd ook volop 'geleend'. Monet deed eens inkopen bij een Nederlandse kruidenier en kreeg zijn waren ingepakt in Japanse prenten. De kruidenier gaf Monet de hele stapel papier want ze waren toch niet zo geschikt als verpakkingsmateriaal. Ze zouden niet alleen Monet maar ook veel van zijn collega's enorm beïnvloeden. De bloesemtakken van Monet ... het kwartje viel dankzij Japan. Tou-

Laliquefontein Takayama, zie blz. 117

louse-Lautrec heeft eindeloos naar de erotische prints van Hokusai gekeken. Breitner was gefascineerd door Japanse kunst en maakte zijn beroemde *Meisje in kimono*. Van Gogh liet zich meeslepen door de irissen en sommige van zijn *Zaaiers* laten onmiskenbaar een Japanse lucht en zon zien. Ook in latere stijlen – expressionisme, fauvisme – is de invloed van Japan te zien, met Picasso als een van de grote voorbeelden.

Vrouwen, flora en fauna

Onder de Franse art-nouveaukunstenaars – Émile Gallé, René Lalique – leefde grote bewondering voor het exotisme. De aanzet was te danken aan het Japanse satsuma-porselein. Vanaf 1800 ontwikkelde men in de regio Satsuma, Kyushu, een bijzonder brocaatglazuur.

Op de Wereldtentoonstelling van 1867 in Parijs werd dat voor het eerst in het Westen getoond. De bewondering voor het porselein ging soms zo ver dat er diplomatieke consessies voor gedaan werden. Zo zouden Britten de daimyo in Satsuma geholpen hebben tegen de shogun te rebelleren om hun banden met Satsuma te bestendigen. De afbeeldingen waren van vrouwen, bloemen en vogels, waarbij het invullen van de omringende ruimte tevens volop aandacht kreeg. Dat zijn bij uitstek de kenmerken die we ook terugzien in de Franse art nouveau, van de late 19e eeuw tot de eerste decennia van de 20e eeuw. De chrysanten en vlinders zijn zeer veel als motief gebruikt.

Het porselein van Imari (Kyushu) was eveneens zeer geliefd. Dat vertoont nog meer de kenmerkende oosterse motieven en een hoofdrol voor rood en blauw in combinatie met goud.

Émile Gallé, bord met op Japan geïnspireerd leliemotief (1881)

Manga en anime – beeldtaal voor jong en oud

Manga Museum, Kyoto

Manga is een van de voornaamste internationale culturele handelsmerken van Japan. Op de verhalende, vooral erotische prenten uit de 18e/19e eeuw is doorontwikkeld tot een concept voor alle leeftijden en interesses. Ook Hello Kitty is een mangafiguur.

Een grote rol heeft Japan in de ontwikkeling van animatiefilms, anime genoemd. Daaronder vallen films, maar ook tv-series, video's en games. Het merendeel is gebaseerd op eerder gepubliceerde manga. In sommige gevallen leidden hoofdrolspelers uit videogames tot zelfstandige films, zoals Pokemon overkwam.

Internationaal trok de afgelopen decennia vooral de sciencefictionmanga, met een forse component seks en geweld, de aandacht. Dat doet geen recht aan het zeer wijdverbreide medium. Er is manga voor kinderen – specifiek voor meisjes of voor jongens, voor pubers, technologisch of historisch geïnteresseerde, keukenprinsen en -prinsessen, politici of wie ook maar afleiding zoekt in zijn eigen of een heel andere wereld. Behalve in boekvorm schreven stripfiguren in films Japanse geschiedenis.

Van manga naar anime

Tekeningen vormen al eeuwenlang het medium om informatie over te brengen. Voor de ongeletterde bevolking was dat uiteraard van extra belang. Opmerkelijk is wel dat juist Japan een van de eerste gealfabetiseerde landen ter wereld was, omdat de Meijiregering (2e helft 19e eeuw) heel sterk instak op onderwijs.

In 1814 gaf de houtsnedekunstenaar Katsushika Hokusai (zie ook blz. 65) een boek uit onder de titel *Hokusai Manga*. Daarin gaf hij schetsen uit het dagelijks leven, karikaturaal, van mensen, dieren en landschappen. Nieuw was dat hij binnen zwarte lijnen bleef. *Man-ga* betekent: onbeheerste of willekeurige streken van de kwast.

Aan het einde van de 19e eeuw had Japan de eerste bioscopen en in 1917 werd de eerste animatiefilm gemaakt. *Godzilla*, een nog steeds befaamde SF-film, kwam in 1954 uit, een paar jaar later de eerste echte animatiefilm, waarbij er shots worden genomen van minimaal gewijzigde tekeningen waardoor beweging gesuggereerd wordt, het principe van de toverlantaarn. Er waren nog altijd minder frames nodig dan voor films.

Astro Boy

Met Hokusai als historisch voorbeeld tekenden halverwege de 20e eeuw de nieuwe generatie mangatekenaars. Osamu Tezuka (1928-1989) kwam uit Osaka en kreeg de door de geallieerden verspreide Disneytrips en -films onder ogen. Tezuka is de geestelijk vader van *Astro Boy*, die als manga verscheen van 1952-1968. In de jaren zestig kwamen ook animeversies, voor de tv-serie zette Astro Boy de standaard voor anime. In in 2009 verscheen een digitaal geanimeerde film.

Astro Boy is een robot, in het verhaal ontstaan als vervanging voor de overleden zoon van een technicus. Astro Boy is niet alleen slim en behendig, maar heeft ook menselijke emoties. Hij vecht in een futuristische wereld van androïden en mensen, tegen vijandige robots en robothatende mensen. Er verschenen honderden afleveringen, ook aangepaste Engelstalige versies met een eigen openingsnummer en aangepaste namen. Als Mighty Atom en Astro Boy zijn populaire games verschenen. Het thema van de mens naast de kunstmatige intelligentie blijft aanspreken.

Normen en waarden

In eerste instantie keurden onderwijzers en ouders de manga af, vanwege de inhoud van sommige verhalen en ook puur het gegeven dat het zo gekoesterde schrift eronder leed. Nadat er

---

Manga en anime hotspots
Kyoto heeft een groot Manga Museum, zie blz. 140.
In en rond Tokyo:
Het Ghibli Museum in de westelijke voorstad Mitaka, laat de wereld zien van Studio Ghibli: de productie, diverse filmzalen, trucs en stunts en speelmateriaal met een hoofdrol voor het grote kassucces *Astro Boy* van Osamu Tezuka (di gesl., reserveren – weken tevoren – noodzakelijk: www.ghibli-museum.jp).
Akihabara is de wijk van manga en anime, met winkels vol boeken, films, games, gadgets en maid cafés.
In maart vindt een grote mangabeurs plaats, de AnimeJapan, in het Big Sight Convention Center.
Aan de voet van de Tokyo Tower ligt een indoorattractiepark geënt op het thema van de One Piece manga.
Veel manga-artiesten, waaronder Osamu Tezuka, woonden in Toshima. In het Minami-Nagasaki Hanasaki Park (Ikebukuro Building), waar hun flat stond, opent in 2020 een mangamuseum met originele tekeningen en reproducties.
In de westelijke voorstad Suginami zijn veel tekenstudio's te vinden, in het Animation Museum worden klassiekers vertoond; sam.or.jp.

juist veel informatieve manga verschenen was, met thema's als kinderverzorging en budgetkoken, raakte het geaccepteerd. In de verhalende manga zette men zich weliswaar af tegen normen en waarden, die werden zo wel weer even onder de aandacht gebracht. De taal van de schrijvers beïnvloedde het dagelijkse taalgebruik. Een goede zet was het invoeren van het boekenleensysteem puur rond manga.

In de jaren zeventig kwam er een mangarichting aan de kunstacademie van Kyoto en verschenen de eerste manga-tv-series.

Toonaangevend in de anime is al sinds de jaren tachtig Studio Ghibli in Tokyo. Thema's verschoven van de ruimteavonturen naar hardere sciencefiction en fantasy, maar superhelden in bovennatuurlijke werelden blijven het goed doen.

Onschuld en wellust

Opvallend aan de mangafiguren zijn de grote, ronde en expressieve ogen en lange benen. Meisjes maken door hun kleding een brave indruk – met de strikjes en kraagjes – maar zijn tegelijkertijd juist uitdagend, zwaar opgemaakt, met diepe decolletés en op naaldhakken. Personages kunnen afhankelijk van hun emotie vervormen tot *chibi*: kleiner dan het origineel met een heel groot hoofd en kleine handen.

Door de gewenste productiesnelheid en kostenbeperking wordt de meeste Japanse manga in zwart-wit gedrukt. Het aanbod in de boekwinkels is heel groot, ook tweedehands en een selectie is zelfs in gemakswinkels te vinden. Een indruk van het aanbod krijgt u in het Manga Museum van Kyoto, waar het merendeel van het publiek volledig in het lezen van hun favoriete series opgaat.

Merchandising

Van sommige mangatitels zijn miljoenen exemplaren verkocht. Met de film- en game-industrie zijn zeer grote bedragen gemoeid. Daarnaast is de productontwikkeling rond figuranten uit mangaverhalen een commercieel succesverhaal: de poppetjes, tassen, kussentjes, T-shirts et cetera.

Voor de otaku

Wie van manga/anime zijn of haar levensstijl maakt, wordt een manga*otaku* genoemd. Fans of nieuwsgierigen zijn ook welkom op mangahotspots.

Mangacafés (*manga kissa*) zijn er vooral in Tokyo en Osaka, waar bezoekers voor een paar honderd yen een halfuur kunnen lezen wat ze willen en niet-alcoholische dranken kunnen nuttigen; het aanbod is er wel tot de Aziatische manga beperkt.

Maid cafés zijn ontstaan uit de manga en anime met als dienstbode uitgedoste figuren. Zo lopen de kinderlijk-vriendelijke serveersters er in die cafés ook bij; soms komen ze aan tafel aan een kaartspel of games meedoen. In principe is het maken van foto's verboden, soms tegen betaling wel toegestaan. Het succes van de maid cafés is al overgeslagen naar andere Aziatische landen en Noord-Amerika. Er zijn variaties op het thema: barista's in pokemon- of andere manga-outfit.

In tegenstelling tot veelal bloemrijke westerse tuinen zijn de Japanse tuinen juist indrukwekkend door de verstilling en eenvoud. Ze zijn een voortzetting van de zentuin die de monniken moest ondersteunen bij hun meditatie. Elk onderwerp had een functie, afleidende zaken werden vermeden.

Stenen en grind vormen de basis van de *kare-san-sui*-tuin, de drogelandschapstuin. Zowel mythologie als literatuur is inspiratiebron. Een grote steen (*ten*)

lente, esdoorn voor de herfst. Bonsaiboompjes hebben een uitgebalanceerde vorm maar geven wel de natuurlijke groei weer, zij het in gereduceerde mate. De bonsai – in de 12e eeuw uit China in Japan gekomen – moesten de essentie van de natuur weergeven, waaraan de mens ondergeschikt was. De ingrepen om de boom te manipuleren dienden om verfijning en versobering te bereiken, geheel in de geest van Boeddha.

In de vroege 18e eeuw raakte de bonsai meer geïntegreerd in de hele compositie van de tuin. Zo werden haiku's

symboliseert de hemel, een middelgrote steen (*chi*) de aarde en een kleine steen de man (*yin*). Ook wel zijn rotsen gepositioneerd om een karakteristiek landschap na te bootsen van rotsen en watervallen. Grind wordt geharkt in zichtbare lijnen: recht en cirkelvormig. Het harken zelf heeft al een meditatief effect. Haiku's (drieregelige Japanse dichtvorm met resp. 5, 7 en 5 lettergrepen) brengen soms een filosofische boodschap. Het doel van de meditatie is om in een fase van ultieme ruststand te komen – *tone*.

Gereduceerd groen

De beplanting van zentuinen – voor zover aanwezig – is sober. Mos geeft rust en tijdloosheid. Daarnaast zijn er meestal planten die de jaargetijden markeren: een kersenboom voor de

Ginkaku-ji, Kyoto, zie blz. 143 en 151

op een steen naast een bonsai geplaatst. Soms was de begeleidende boodschap abstracter: een enkele ruwe steen, die bijvoorbeeld een berg symboliseerde. Ze moesten de gelovige helpen tot rust te komen. Alleen de essentie bleef over. In principe kunnen bonsai uit allerlei boomsoorten gekweekt worden, maar pinussoorten en esdoorn zijn favoriet.

Siebold

In de Hortus Botanicus van Leiden is een kare-san-sui-tuin aangelegd, als onderdeel van de gedenktuin voor Philipp Franz von Siebold. Hij bracht vele honderden levende planten en zaden uit Japan naar Nederland (zie ook blz. 246 en 248). Planten als blauwe regen, hosta, hortensia, clematis, magnolia, skimmia en diverse coniferen zijn via hem in Europese siertuinen beland. Originele nazaten van een aantal van zijn planten zijn nog in de Leidse Hortus te zien.

Wooncultuur – sober en functioneel

De traditionele Japanse wooncultuur is niet van opsmuk en tierelantijnen, maar van soberheid en functionaliteit. Ook nu nog zijn ruimtes veelal multi-inzetbaar en hecht men aan lichtinval en contact met buiten. Toonaangevende westerse architecten lieten zich er door beïnvloeden.

Een traditioneel Japans huis is opgetrokken uit hout en riet. Het heeft overhangende daken om extra bescherming te bieden tegen zowel hitte als sneeuw en koude. In sommige, sneeuwrijke gebieden bouwde men traditioneel heel steile daken, 'gevouwen handen daken' (*gassho zukuri*). De dakbedekking was vroeger van riet of houten paneeltjes maar inmiddels vrijwel altijd van gebakken en geglazuurde dakpannen.

Binnen vallen vooral de schuifdeuren en schuifbare wanden op: lichte, onbewerkte houten frames, bespannen met (rijst)papier. De wanden zijn ook wel behangen met papierrollen met inkttekeningen of spreuken, soms is een beschilderde wandbespanning aangebracht. Meer dan ramen zijn er verschuifbare deuren en wanden. Lichtinval van bovenaf, uit een vide of een hooggelegen raam over de breedte, is er een enkele maal wel. Op de vloer liggen tatami: matten van rijststro. Vloeroppervlak wordt ook doorgaans uitgedrukt in het aantal tatami's dat er ligt; 1 mat meet 1 bij 2 meter.

Naast de ingetogen decoratie versterkt het gebrek aan meubilair de sobere indruk die de huizen maken. Kasten zijn doorgaans achter schuifpanelen weggewerkt, heel soms staat er een verrijdbare kast. Er is een lage tafel waaromheen zitkussens liggen of stoelen met leuning maar zonder poten. In koude streken had men vroeger onder de tafel een verlaging om de benen in te kunnen plaatsen (*kotatsu*): daar kon ook een kacheltje worden gezet.

Bedden zijn uit het zicht, de futons en dekbedden worden achter schuifdeuren opgeruimd en voor het slapengaan tevoorschijn gehaald. Dat heeft natuurlijk alles te maken met de beperkt beschikbare ruimte, weinig mensen hadden afzonderlijke slaapvertrekken.

Het traditionele Japanse toilet was een hurktoilet. Boven aan het waterreservoir zit een kraantje, daar wast u uw handen; het water spoelt terug in het reservoir. De deur van het toilet kan zelden worden afgesloten. Men is gewend een zacht klopje op de deur te geven om te controleren of het toilet vrij is; een zacht klopje als antwoord betekent: nee. Erg belangrijk, mocht u bij een traditionele familie te gast zijn, is dat u in het toilet de speciale slippers draagt en die daar ook weer achterlaat. Een hurktoilet heeft inmiddels vrijwel niemand meer, in plaats daarvan een westers model met brilverwarming en jetstralen.

Zou u genodigd worden een bad te nemen, dan zult u als gast de spits mogen afbijten. U begint met de grote wasbeurt (zie blz. 25), houd uw waslap nog even onder de koude kraan en leg de doek op uw hoofd. De kans is groot dat het bad ontzettend, haast onverdraaglijk heet is.

Tatami en tokonoma

Tegenwoordig hebben veel Japanners een westerse inrichting en ook westers meubilair. Als de ruimte het toelaat, zijn er afzonderlijke slaapkamers, in veel gevallen met westerse bedden. Toch proberen de meeste Japanners een tatamikamer in ere te houden. Daarin is een uitsparing, de *tokonoma*, met ikebana (sobere bloemdecoratie) of prentenrol, soms nog met een huisaltaar. En

de decoratie is nog steeds overwegend ingetogen.

Ook moderne Japanse huizen tellen zelden meer dan twee verdiepingen: met het oog op aardbevingen veiliger dan hoger bouwen. Met uitzondering van de steden, waar grond zeer schaars en kostbaar is; bouwvoorschriften zijn met het oog op aardbevingen streng.

Westerse architecten

Ook als u voor het eerst in Japan bent, kan de stijl van de huizen en interieurs u bekend voorkomen. Al vanaf de vroege 20e eeuw lieten toonaangevende westerse architecten en ontwerpers zich inspireren door de Japanse wooncultuur. Zoals de organische ontwerpen van de Amerikaanse architect Frank Lloyd Wright: dicht bij de natuur, binnen en buiten werden verbonden en open ruimtes konden door schuifwanden aangepast worden. De Schotse architect Charles Rennie Mackintosh was openlijk in zijn bewondering voor en overname van Japanse eenvoud en gebruik van natuurlijke materialen; licht en schaduw waren belangijker dan versieringen. Omgekeerd vielen hun ontwerpen in de smaak in Japan.

Te gast

Afspraken met Japanners, zowel zakelijk als privé, zijn zelden bij hen thuis. Maar áls u wordt uitgenodigd is dat een grote eer. Een cadeautje wordt zeer op prijs gesteld: een delftsblauw siervoorwerp, of de altijd succesvolle stroopwafels. Vergeet niet het mooi in te pakken. U geeft – en ontvangt – met twee handen. Uitpakken doet men niet in elkaars aanwezigheid. En natuurlijk buigt u bij komen, gaan en ter ondersteuning van uw dankbetuigingen.

Een kleurrijk en historisch theater en een tijdreis: kabuki. Ook Japanners kunnen het Oudjapans lastig volgen maar dat geeft niet, het gaat om de houdingen, de kleding, de monotone stemmen en de muziek.

In de Edoperiode werden personen met een uitzonderlijke haardracht en excentrieke kleding *kabuki mono* genoemd. Het waren destijds vermoedelijk trendsetters op modegebied. Letterlijk laat kabuki zich vertalen als zang ('ka'), dans ('bu') en toneelspel ('ki'). Ofwel: muziektheater. Nu heeft het een historisch sausje.

Rond 1600 waren de kabukispelers vrouwen. De shogun bracht hun extravagante spel in relatie met prostitutie – waar hij vermoedelijk een punt had – en verbood vrouwen nog langer in kabuki op te treden. De jongemannen die hun plaats in de revue innamen, stelden zich voor toeschouwers na afloop ook beschikbaar voor seksuele diensten maar dat werd blijkbaar geaccepteerd. Uiteindelijk werd het acteerspel vooral door rijpere heren uitgevoerd, waarvan sommige uitmuntten in vrouwenrollen (*onnagata*); over bijkomstigheden werd niet meer gesproken. Van een hofspel werd het iets van de burgerij.

Kabuki en no – historisch muziektheater

Koor en bespelers van de koto – de Japanse harp – bij uitstek een vrouwenrol

Kabuki

Nog steeds worden in het kabuki-theater alle rollen door mannen vertolkt en zijn er zeer befaamde onnagata, de vrouwenvertolkers. Om iets van het oude, monotoon en als dichtregels gedeclameerde Japans te begrijpen heeft het Kabukitheater van Tokyo-Ginza tablets waarop de tekst gesynchroniseerd is af te lezen. Het helpt ook als u tevoren even het plot leest. Er zijn een paar variaties op het hoofdthema van bedrogen liefdes en diefstal. Dat waren de sores van alledag waar de 17e-eeuwse burgerij mee te maken had. Er zit een hoog sprookjesleermoment in en ook duidelijk is dat men niemand kan vertrouwen, de mooie wanhopige jongedame haar 'redder' zeker niet. Vaak duikt er een hogergeplaatste op die zijn rechten claimt. Het gaat ter plaatse niet zozeer om het verhaal maar om de kostuums en de poses. De decors zijn een stylistische ondersteuning en in de afgelopen eeuwen nauwelijks veranderd: wie in de rivier springt stapt zichtbaar in een door blauw papier omgeven luik. Wezenlijk onderdeel van een kabuki-voorstelling is de muziek. Aanvankelijk speelden de instrumenten van het no-theater een rol: slagwerk (gongen-taiko), bamboefluit (shakuhachi) en zang, later kwam daar de shamisen bij, de driesnarige luit. In het Kabuki-za in Tokyo kunt u ook buiten de voorstellingen de kostuums, decors en rekwisieten bekijken. Ook in Kyoto en Osaka worden kabukivoorstellingen opgevoerd.

Takarazuka

In Tokyo vindt u behalve enkele locaties waar kabuki wordt opgevoerd ook een Takarazukatheater, dat in 1913 werd opgericht. Hier staan alleen vrouwen op het podium en zij vervullen mannenrollen waar nodig. Het begon als een soort voorspeelavond voor meisjes van 12-17 jaar maar ontwikkelde zich tot een revue. Behalve superromantische voorstellingen zijn er ook samoeraivertellingen.

No

Vanaf de 14e eeuw werden aan tempelcomplexen overdekte podia toegevoegd voor het opvoeren van no-theater. Hierbij werden historische verhalen opgevoerd, vooral met hoofdrolspelers uit de wereld van geesten en het bovennatuurlijke. Ook nu zijn nog no-theaters op tempeldomeinen te vinden, zoals de Itsukushimatempel op Miyajima. De acteurs dragen maskers en gestileerde kostuums. Stiltes en plotselinge bewegingen zijn zorgvuldig geënsceneerd.

Bunraku

Reizende minstrelen brachten legendes en heldenverhalen aan de man. Vanaf de 17e eeuw gebruikte men poppen, ongeveer een halve of een derde van menselijke grootte. De bespelers zitten in zwarte camouflagekleding bij de poppen op het toneel. In Osaka is een bunrakutheater waar geregeld oude vertellingen worden opgevoerd. Begeleiding komt van de *biwa* – Japanse luit – en de shamisen; een zanger schetst de achtergronden van het verhaal.

Traditie is het sleutelwoord in alle onderdelen van de Japanse samenleving. Juist de zo snel veranderende maatschappij zette de Japanse overheid in de jaren vijftig aan tot het aannemen van een Wet op de Onaantastbare Cultuureigendommen. Daaronder valt ook als subcultuur de bushido: het pad van de krijger.

In het Westen spreken samoerai al eeuwen tot de verbeelding. Judo en schermen zijn al lang bij ons ingeburgerd, en krijgskunsten als aikido en worstelen de afgelopen decennia toenemend populair. Op veel wensenlijstjes van Japanreizigers staat het bijwonen van een wedstrijd sumoworstelen; op het oog weinig verhullend maar o zo complex.

Het pad van de samoerai

Vanaf de 9e eeuw staken landheren een fors budget in het oprichten en onderhouden van elitetroepen ter bescherming van hun landbezit. Dat ging verder dan krachtmeting en vechtbehendigheid. De samoerai en zijn familie – die net buiten de kasteelmuren woonden – leidden een leven met strakke gedragsregels en een onbegrensde loyaliteit aan de daimyo. Wie daarin tekort schoot of gevangengenomen dreigde te worden, restte slechts zelfmoord. En ook die was nauwkeurig omschreven: seppuku werd met een zorgvuldig geplaatste dolksteek voltrokken. Later werd ook op medewerkende beulen teruggevallen en rolden de hoofden van beklagenswaardigen.

Aikido, ninja, sumo – strijd tot kunst verheven

Zwaardvechters

Vooral onder de Tokugawa-shoguns, toen de klassemaatschappij uitgekristalliseerd was, vierde het samoeraischap hoogtij. Ze stonden boven de boeren, ambachtslieden en handelaren. De samoerai was het als enige toegestaan een zwaard te dragen en te gebruiken. Dat werd getrokken tegen vijanden en als iemand van de lagere klasse zich onbetamelijk gedroeg of zelfs maar de suggestie wekte dat te gaan doen.

Ninja's

Ook in afgelegen plattelandsdelen ontwikkelde men vechttechnieken. Soms waren dat boeren, maar ook wel samoerai die zich hadden teruggetrokken. Er waren allerlei redenen om niet openlijk vechtsport te bedrijven. Daarom trainden deze ninja zich vooral in camouflagetechnieken en boogschieten. Daar werd vaak al op zeer jonge leeftijd mee begonnen. Families hadden hun eigen geheime technieken. Behendigheid en snelheid waren onmisbaar. Daimyo's maakten ook wel gebruik van deze heimelijke (spion)vechters. De mystiek omtrent deze vaak ook 'onzichtbaar' geklede vechthelden is de afgelopen decennia door hun rol in films en stripverhalen uitvergroot en vervormd. Als wendbare en gedienstige riksjarenner zijn in het huidige toeristische straatbeeld veel ninja's zichtbaar.

Monniken trainden bovendien voor lichaamsbeweging en uit meditatieve overwegingen. De discipline en zelfbeheersing is wat ook de hedendaagse beoefenaars van veel vechtsporten aantrekt. De door de leermeester (*sensei*) opgedragen handelingen (*kata*) worden strikt uitgevoerd. Bij sommige technieken gaat het puur om behendigheid, kracht en snelheid, zoals judo en karate.

Bij aikido en kenpo wordt een bamboestok gebruikt om de figuren uit te voeren; ze bootsen de zwaardgevechten na.

Sumo

Tweeduizend jaar geleden was sumo een shintoritueel om een goede oogst af te dwingen. Tegen de Edoperiode was het een toeschouwersport.

Hedendaags publiek moedigt de favoriet aan – bij zijn *shikona*, de strijdnaam. Scheidsrechters (*yobidashi*) zijn nog altijd gekleed als shintopriesters. Zigzagdecoraties, die we van tempels kennen, hangen ter afbakening van de *dohyo*. De spelers klappen in hun handen en doen *shiko*: schopbewegingen om de kwade geesten te verjagen. Zout wordt ter reiniging op het speelzand gestrooid. De zwaarlijvige, schaars geklede worstelaars (*rikishi*) hurken en staren elkaar aan: deze *niramiai* is een essentieel deel van de wedstrijd, pure concentratie. Dan wordt de *tachiai* uitgevoerd, uit de 82 voorgeschreven aanvalstechnieken. De speler die met iets anders dan zijn voeten de grond raakt of buiten de ring stapt, heeft verloren.

Toeschouwers

De **Ryogoku Kokugikan** (Hokoduna, Sumida-ku, Tokyo) is de nationale sumoarena. Grote toernooien zijn er in januari, mei en september, wedstrijden starten om 9 uur; zie voor tickets buysumotickets.com. Daartussen traint het team in een nabijgelegen hal; soms worden daar toeschouwers toegelaten. In de wijk herkent u de worstelaars, op straat en in (chanko-nabe) restaurants. Grote manifestaties met samoerai zijn de **Soma Nomaoi** eind juli en de **Yabusame** in september. Zie blz. 31.

Tijd voor thee – ceremoniële aandacht

Thee kwam in de 8e eeuw uit China naar Japan. Het werd gedronken door monniken tijdens hun – langdurige – meditatiesessies. Geleidelijk is daaromheen een ritueel geschapen en werd een theemoment ook iets voor andere klassen. Daimyo's (landheren) en samoerai trokken zich met een kop thee terug in een afzonderlijke ruimte en bewonderden er prenten en aardewerk – uit China en Korea. Matcha (groene poederthee) deed zijn intrede rond de 12e eeuw. Zenboeddhist Rikyu intensiveerde het chanoyuritueel.

Sport met traditie

Het hele ritueel is gericht op een geconcentreerde zintuiglijke ervaring. Een traditioneel theehuis staat in een passende tuin, een sfeerverlengstuk van de ruimte die eenvoud benadrukt. Kleurrijke elementen die de aandacht zouden kunnen afleiden, worden vermeden. Een karakteristiek theehuis is een ruwhouten gebouw met schuine daken. Binnen zijn tatamivloeren en semitransparante schuifdeuren, fusuma – ruwhouten frames met rijstpapier. Enkele – schuifbare – wanden of

Sen no Rikyu

Sporen van Sen no Rikyu zijn vooral in Kyoto te vinden. Hideyoshi Toyotomi (1536-1598) was eveneens theemeester; zijn vrouw Nene liet bij de voor hem opgerichte tempel een mausoleum en theehuizen plaatsen naar ontwerp van Sen no Rikyu; zie blz. 150.
In de Daitoku-ji (zie blz. 141) bleef ook door navolgers van Sen no Rikyu de theeceremonie bewaard.

kamerschermen zijn minimalistisch beschilderd. De theeruimte (*chashitsu*) ziet uit op de tuin. In een nis, de tokonoma, staat een enkel object, een eenvoudige bloemdecoratie, een verwijzing naar het seizoen. Maar er kan ook een rol met een afbeelding of gekalligrafeerde wijsheid hangen. Let er vast op bij binnenkomst, het wordt een van de weinige gespreksonderwerpen.

Oog voor schoonheid

Het theeservies en toebehoren staan in gereedheid. Gasten – met gewassen handen en ongeschoeid – spreken op gedempte toon hun bewondering uit. Zorgvuldig worden de handgemaakte theekommen bekeken, de individuele sporen die het verhitten van de glazuurlaag of het vuur hebben achtergelaten, of de afgebeelde motieven. De waterkannen, theedoosjes (*natsume*), houten schepjes (*chashaku*) en de bamboe gardes (*chasen*) stralen eenvoud uit. Ze worden bekeken alsof het voorwerpen van een andere planeet zijn. De keuzes die de ceremonieleider voor het materiaal heeft bedacht, zijn altijd weloverwogen. De aandacht wordt vastgehouden. Dit deel van de ceremonie is een bijdrage van de grote theemeester Sen no Rikyu (1521-1591). Alles draaide om een zorgvuldig geënsceneerde esthetiek; spiritueel en ascetisch.

Hand van de meester

Dan is het moment voor de thee zelf aangebroken. Een schepje groene, tot poeder vermalen thee (matcha) wordt met het gekookte water van inmiddels circa 90 graden in een kom (chawan) gemengd. Er zijn twee soorten matcha. De *usucha* is vrij dun, de *koicha* is een dikkere, geconcentreerde soort.

Met de chasen wordt geklopt. Dat is een langdurig leerproces en kunst op zich. De chasen wordt verticaal bewogen, de chawan blijft roerloos staan. De snelheid en intensiteit van het kloppen heeft consequenties voor de smaak. Van de chawan wordt de thee in kleine kommen gegoten. Die worden vervolgens uitgedeeld, waarbij de afbeelding naar de ontvanger is gericht. Hij of zij pakt het kommetje met twee handen aan en draait hem 180 graden met de klok mee; de afbeelding staat weer naar voren gericht. Ook als er nauwelijks concrete afbeeldingen op de kom staan, wordt het draaien toch uitgevoerd. De thee wordt in drie langzame teugen gedronken. Geserveerde zoetigheden (*wagashi*) eet u met een *kashikiri* (prikker/snijder) en vormen een contrast met de wat bittere thee. Kijken, ruiken, proeven, genieten.

Gezuiverde ziel

Er wordt bewonderend gesproken over de vorm of decoratie van de chawan, het uitzicht op de tuin, het voorwerp in de tokonoma. Het doel van de theeceremonie is immers het zuiveren van de ziel door eenwording met de natuur. Alles wat daarvan kan afleiden, wordt vermeden. Geen koetjes en kalfjes, geen grootmaatschappelijke onderwerpen. Er zijn minimale en alleen positieve prikkels. Het gaat er ook niet om of u eigenlijk wel of geen theedrinker bent. Uitspraak van Rikyu was: 'Als je kunt wonen in een huis waarvan het dak niet lekt en je hebt genoeg te eten om niet van honger om te komen is dat genoeg. Dat is de leer van Boeddha en de geest van chanoyu. Haal water, verzamel brandhout, kook het water, zet thee en offer die aan de Boeddha. Serveer het aan anderen en drink het zelf; dit is de chanoyu'.

De gastheer of -vrouw drinkt pas thee als de gasten weg zijn.

In de 16e en 17e eeuw werden de grootste kastelen gebouwd – dat vroeg om passende inrichting. Vooral op zijde werden fraaie taferelen afgebeeld, die werden aangebracht op (schuif)wanden en kamerschermen. Met houtsnedes werd de productie van illustraties vereenvoudigd. De shoguns verplichtten hun krijgsheren elk jaar een periode in Edo (nu Tokyo) door te brengen: even afstand van strijdtonelen, een opgelegde vredespauze waarin kunst een belangrijke rol had.

Met de inrichting en versiering van de kastelen sloegen kunstenaars een nieuwe weg in. De daarvoor nog subtiele expressies maakten plaats voor drukke en bonte taferelen. Veel werd afgekeken van Chinese schilders: draken, tijgers, vogels, grillige landschappen als zoekplaatje met aan de verbeelding ontsproten dieren. Bovenal voorzien van een glanzend goudlaagje. Het werd het visitekaartje van de School van Kano. Heel mooie voorbeelden hiervan zijn te zien in het Tokyo National Museum en in de Nijo-jo in Kyoto.

Prenten van de drijvende wereld

19e-eeuwse ukiyo-e, Hagi Uragami Museum, Hagi

Yamato-e

In de daaropvolgende periode, onder een nieuwe generatie adel, werd het trend om verhalen uit te beelden waarbij befaamde plekken, bijzondere landschappen en de seizoenen werden getoond. Ook *The Tale of Genji* (zie blz. 155) was een geliefd onderwerp in de yamato-e. Sotatsu Tawaraya en Korin Ogata waren grote namen in die tijd.

Ukiyo-e

De veranderende wereld van het entertainment, met geisha- en theehuizen en kabukitheaters, had ook zijn weerslag op de kunsten. Het dagelijks leven bood ruimschoots voldoende inspiratie, steeds minder werden mythologie en overleveringen onderwerp. Experimenteren werd deel van het ambachtelijke kunstenaarsproces en nieuwe technieken gaven nieuwe mogelijkheden. Dat resulteerde aan het einde van de 18e eeuw in portretten van aantrekkelijke dames, kabukiacteurs in hun dramatische poses, sumoworstelaars maar ook expliciete erotische afbeeldingen. Het was de tijd van de ukiyo-e: prenten van de drijvende wereld zo die zich aan het oog van de kunstenaar vertoonde. Met de humoristische en karikaturale lijntekeningen van dagelijkse beslommeringen verscheen de eerste 'manga'.

Fuji en 53 haltes aan de Tokaido

Katsushika Hokusai (1760-1849) was een van de grote ukiyo-e-kunstenaars. Naar het schijnt maakte en beschilderde zijn vader spiegels voor de shogun en begon Hokusai als zesjarige met schilderen. Hij kwam in aanraking met Franse en Hollandse kopergravures en experimenteerde met technieken en onderwerpen. Zijn lijntechniek werd de basis voor latere generaties mangakunstenaars. Beroemd is Hokusai's serie van *36 gezichten op de berg Fuji*. Zijn *53 haltes aan de Tokaido* vormen een reisverslag in 53 prints van de route tussen Edo en Kyoto. Diverse prentkunstenaars maakten hierna nog versies van Fuji en de Tokaido; Ook die van Utagawa Hiroshige (1797-1858) is heel beroemd.

Shin- en Sosaku han-ga

De ukiyo-e en de nihon-ga – die teruggreep naar conventionele technieken en materialen – waren de basis voor het japonisme dat in Europa vanaf 1870 aansloeg. Ook in de 20e eeuw ging de drukkunst door in ontwikkeling, zowel met traditionele als nieuwe technieken. De Shin han-ga hield vast aan onderwerpen als geïdealiseerde vrouwenportretten en landschappen en volgde de traditionele houtsnedetechniek. Sosaku han-ga-kunstenaars, waaronder Shiko Munakata, kwamen met vernieuwende – expressionistische – ideeën in het creatieve proces en hun onderwerpen waren veeleer het stadsleven.

De hedendaagse belangstelling in de grote Europese en Japanse musea getuigt van erkenning voor de prentkunst, zowel in oude als nieuwe vorm.

Bijzondere prentencollecties

Toyo: Sumido Hokusai Museum, blz. 85; Tokyo National Museum, blz. 86; Nezu Museum, blz. 94
Hokusai-kan, Obuse; blz. 111
Ukiyo-e Museum, Matsumoto; blz. 114
Tokugawa Art Museum, Nagoya; blz. 123
Museum of Art, Aomori; blz. 133
Ohara Museum of Art, Kurashiki; blz. 188
Hagi Uragami Museum, blz. 203

Zomer en vuurwerk zijn een onlosmakelijke combinatie geworden in Japan. Het is onderdeel van de rituele begroeting van de zomer, maar niemand denkt daarbij meer aan het afwenden van kwade geesten.

Hanabi is een groot goed in Japan. Het wordt afgestoken om het nieuwe jaar in te luiden en als onderdeel van zomervieringen bepaalt het menige stadsagenda in juli en augustus. Dan valt de duisternis zo tussen 18.30 en 19.30 uur in. Meestal begint het vuurwerk kort daarna.

Chrysanten en pioenrozen

In de bolvormige composities – *warimono* – worden twee types onderscheiden. Beide ontwikkelen een wijde vertakking van 'stampers'. Bij de *botan* (pioenroos) blijft een kleine kern middelpunt en verschijnen verschillende kleuren direct

Spetterende zomers – vuurwerk van chrysanten, bijen en UFO's

Pioenrozen met kamuro: de uiteinden van de stralen lichten nog even op

achtereen. De *kiku* (chrysant) heeft meer kleurlagen in het centrum, die zich met korte tussenpozen ontvouwen.

Nieuwe vormen

Technische ontwikkelingen zijn tegenwoordig vooral gericht op het fonteinvuurwerk. Uit een groep *shells* kunnen enkel- of meervoudig gekleurde figuren onstaan. Soms de bekende pioen- of chrysantformatie. Heel populair zijn de bijen: heel veel witte kernen die een onregelmatige 'vliegroute' afleggen. 'Kometen' lijken daarop, maar zijn meerkleurig en sneller, ze bootsen de onverwachte beweging van de sterren na. Veel bewondering roept altijd de 'melkweg' op: ontelbare witte lichtjes van verschillend formaat vullen de hemel.

De onregelmatig gevormde figuren vormen de grootste uitdaging voor pyrotechnici. De figuren werken alleen goed als het publiek vanuit één specifieke richting toekijkt. Onderwerpen zijn Saturnus, een UFO of vlinder, sterrenbeelden, waaiers, smileys en stripfiguren. Een centrale kern en symmetrie ontbreken. Uiteraard wordt al volop gewerkt aan een spetterende afsluiting van de Olympische Spelen 2020!

Fototip

Als u vuurwerk wilt fotograferen: een statief is eigenlijk onontbeerlijk, evenals afstandsbediening. Een sluitertijd van 1 seconde werkt goed; experimenteer ook met langere lensopentijden.

Grote vuurwerkzomerfestivals

Hokkaido, Toyako: eind april-oktober elke avond van 20.45-21.05 uur.

Yokohama: 2e/3e za.-zo. juli 19-20.30 uur; in Kanazawa-ku (Marine Park) za. eind aug.

Sumida River Tokyo: laatste za. juli 19-20.30 uur, Ryogoku-Asakusa.

Osaka Tenjin: 25 juli 19-21 uur, op de Ogawa bij de Osaka-jo.

Aomori: 7 aug. 19-21 uur, einde van Nepura Matsuri.

Miyajima: 2e helft augustus op het meer voor de Itsukushima.

Omagari, Akita: 4e za. augustus, aan de Marukogawa; overdag en 's avonds.

Onderweg in Japan

Rijstterrassen op Kyushu

Tokyo, Centraal- en Noord-Honshu

Hoogtepunten *

Tokyo: waar vele uitersten samenkomen: oude rituelen en hypermoderne trends, van tempels tot de hoogste wolkenkrabbers en van kimono's tot hedendaagse haute couture. Zie blz. 73

Hakone: trefwoord schoonheid: bijzondere musea in samenspraak met natuur. East meets west. Zie blz. 108

Nikko: mooier kan een tempeldomein niet liggen dan hier in de bergen en bossen. Zie blz. 124

Op ontdekkingsreis

Op zoek naar kawaii: modetrends in Tokyo. In Harajuku worden die gedicteerd. Zie blz. 90

Omotesando, staalkaart van architectuur. Bouwen is hier stapelen, draaien en steeds weer een ander perspectief opzoeken. Grotendeels te danken aan dure designerlabels en bedrijven die hun statement in Tokyo willen maken. Zie blz. 96

Fuji-san: klim naar boven of neem afstand; een frequente nevelkroon maakt een onbelemmerd zicht niet vanzelfsprekend. Zie blz. 104

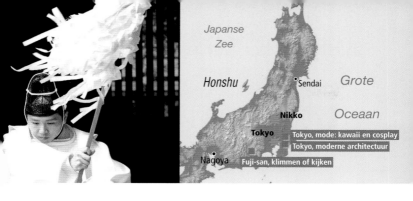

Japanse Zee

Honshu

Sendai

Grote

Nikko

Oceaan

Tokyo

Tokyo, mode: kawaii en cosplay

Tokyo, moderne architectuur

Nagoya

Fuji-san, klimmen of kijken

Bezienswaardigheden

Meiji-jingu: keizerlijke tempel in groot park, vooral tijdens feesten een andere wereld. Zie blz. 95

Shinjuku Gyoen: oase in de stad, hotspot tijdens de kersenbloesem. Zie blz. 99

Kamakura: een enorme Boeddha en een plek vol geschiedenis, gemakkelijk vanuit Tokyo te bezoeken. Zie blz. 102

Takayama: samoeraihuizen en art nouveau in sakestadje. Zie blz. 116

Actief

Kisovallei: wandelen over het Pad door de Bergen, langs traditionele dorpen als Tsumago en Magome. Zie blz. 116

Japanse Alpen: prachtige sneeuw, en 's zomers wandelen en wildwatervaren. En zeker even aapjes kijken. Zie blz. 111

Sfeervol genieten

Onsen: zoveel thermale baden om uit te kiezen: Kawaguchiko, zie blz. 106, Hakone, zie blz. 110, Yudanaka, zie blz. 112, rond Matsumoto, zie blz. 114, Nikko, zie blz. 125. of Zao Onsen, zie blz. 128

Uitgaan

Roppongi, Shinjuku, Asakusa, Ginza: in Tokyo zijn hotspots naar ieders smaak, van kabuki tot karaoke. Zie vanaf blz. 76.

Stadslucht, berglucht

Wereldstad Tokyo staat op het lijstje van alle Japanreizigers. Zeker, het is een aaneenschakeling van bebouwing met veel hoogbouw en wegen daar weer op diverse niveaus doorheen. Maar verbazingwekkend genoeg komt de stad niet over als een gekkenhuis, mede dankzij gedragsregels als afstand houden en rust bewaren. Maar al die mensen zijn toch ergens? Ga ondergronds, een metrostation, winkelcentrum of ander openbaar gebouw in en daar openbaart zich een wereld in een wereld en doemt de vergelijking met een mierennest op: ordelijke stromen mensen.

Natuurlijk zijn daarop uitzonderingen: de drukke toeristencentra als Shinjuku en Asakusa – en het fameuze kruispunt van Shibuya waar honderden mensen per groen licht oversteken.

INFO

Vervoer naar Tokyo

Narita Airport: shuttle bus naar Tokyo Station (JR-Shinkansen) en Ginza Bus Station, duur vijf kwartier tot 2 uur; 1000 yen enkele reis, tickets in de bus, zie accessnarita.jp. De Narita Express gaat tussen Narita-Tokyo Station-Ginza Marriott Hotel, 3020 yen. Narita Sky Access Line tussen Narita en Higashi Ginza Station, 1330 yen. Keisei-trein via Ueno Station of Asakusa naar Tokyo Station/Ginza, resp. vijf kwartier/1,5 uur en 1290/1360 yen enkele reis. Het snelste is de Keisei New Skyliner naar Ueno, 41 min., 2470 yen. Tickets verkrijgbaar bij loketten in de aankomsthal (geen pin of creditcard) of bij de automaten op het station. Ook zijn combitickets mogelijk als trein+dagticket metro.
Taxi: zelfde reisduur als de bussen, 25.000 yen.
Haneda Airport: 20 min. naar Hamamatsucho Station (490 yen), daarvandaan is het 2-3 metrohaltes naar Ginza en Roppongi. Bussen 930 yen naar Tokyo Station, taxi 6000 yen. Tussen beide vliegvelden gaan treinen (1760 yen) en bussen (3100 yen); reisduur circa vijf kwartier.

In de aankomsthal van beide vliegvelden zijn huurautoloketten; parkeren in de stad is lastig en duur.

Vervoer in Tokyo

Het trein- en metronetwerk is in handen van verschillende maatschappijen. De meeste lijnen heeft Tokyo Metro Line, daarnaast heeft Toei Line een viertal voor toeristen relevante lijnen. U koopt kaartjes voor het gewenste trajecttarief dat op borden vermeld staat. Als u er niet uitkomt: koop het goedkoopste kaartje en betaal bij het uitgangspoortje het noodzakelijke tekort bij. Metropassen lonen alleen als u zeker vier ritjes per dag maakt.
Zie www.tokyometro.jp; www.keisei.co.jp; www.kotsu.metro.tokyo.jp.

Overige informatie

www.jnto.go.jp: nationale toeristenorganisatie; Tokyokantoor in Marunouchi (zie plattegrond blz. 78-79).
www.gotokyo.org: veel praktische tips betreffende sightseeing, eten en drinken, winkelen en vervoer.
www.tokyo-park.or.jp: parken in Tokyo, met bloesemkalender en recreatiemogelijkheden.

En als u wat later op de avond ergens in een souterrain een restaurantje in duikt, zijn daar met hulp van bier of sake de decibellen meestal ook talrijker dan waar u inmiddels aan gewend bent.

Van een heel andere orde is een tweede belangrijke toeristische trekpleister, de Fuji-san. Hoogste goed is boven op de berg de zon te zien opkomen. Ten westen van Fuji is een groen landschap met beboste heuvels en theeplantages, met hier en daar rijstvelden. In het uiterste zuiden ligt een zeer verstedelijkte strook, de industrie is dicht gecentreerd rond Nagoya.

Ten noordwesten van Tokyo tronen de Japanse Alpen: bosrijke bergen met een onderbegroeiing van bamboe. 's Winters ontvangt het gebied een flink pak sneeuw. De voornaamste skigebieden liggen rond Nagano.

Tokyo ✳ ▶ R 11

De hoofdstad van Japan is een goede eerste kennismaking met het land. Het laat nog niet meteen de authentiekste beelden zien, maar geeft u de tijd aan de eerste karakteristieken en gewoontes te wennen. Opvallend is dat sommige wijken een compleet andere wereld laten zien. Van de rijke winkelstad, het keizerlijk paleis, de vismarkt en moderne architectuur tot het domein van ninja's, manga's en – nachtelijke – entertainers. Stap in de metro en kom steeds in andere werelden weer boven.

Bestuurlijk vallen binnen Tokyo 23 speciale wijken ('ku'), 26 steden ('shi') plus een reeks gemeenten/dorpen waarvan sommige eilanden zijn. Kortom: Tokyo is niet één stad maar een conglomeraat, waar 13,6 miljoen mensen wonen. De oppervlakte beslaat 2191 km², 0,6% van Japan, waarmee het op een zeer hoge bevolkingsdichtheid komt van 6158/km² (vergelijk Amsterdam: 4888/km²). In de metropool (Groot-Tokyo) wonen 39 miljoen mensen.

De oude naam van Tokyo is Edo. Lang was het niet meer dan een vissersdorp. Toen begin 1600 de Tokugawa's shogun werden, is ingevoerd dat er altijd een samoeraifamilielid in Tokyo moest verblijven, hoewel Kyoto de officiële hoofdstad was. Het zorgde voor groei van Tokyo. In 1868 ging de macht terug naar de keizer – toen Meiji; Edo (Tokyo) werd hoofdstad. De stad heeft in WOII enorm geleden onder oorlogsgeweld.

Imperial Park

Om werkelijk een blik in het keizerlijk paleis te kunnen werpen moet u tijdig een rondleiding reserveren. De aangrenzende parken zijn grotendeels vrij toegankelijk. Op zon- en feestdagen is het een geliefd recreatiegebied en cirkelen fietsende gezinnen op de buitenring.

Imperial Palace 1

Uchibori-dori; openstelling bij verjaardag van de keizer (vanaf 2020 op 23 februari) – en 2 januari, daarnaast gratis rondl. paleis met Engelstalige audio di.-za. 10 en 13.30, eind juli-aug. alleen 10 uur; reserveren op http://sankan.kunaicho.go.jp, beperkt op de dag zelf in de Tour Office. Higashi Gyoen di.-do. en za.-zo 9-16 uur, gratis

De residentie van de huidige keizer is op de plek waar het shogunkasteel stond. Het voornaamste oude overblijfsel is de omwalling: enorme muren met een gracht eromheen. Het huidige kasteel is in 1968 voltooid nadat het in WOII grote schade had opgelopen. De wachttoren bij de Nijubashi-ingang, de **Fujimi-yagura** (1659), is nog origineel. De openbare tuinen zijn verpoosparken waar de bomen ▷ blz. 75

Tokyo

Bezienswaardigheden

1 Imperial Palace
2 Museum of Modern Art
3 Crafts Gallery
4 Yasukuni-jinja
5 National Showa Memorial Museum
6 Tokyo Dome
7 Mitsubishi Ichigokan Museum
8 Idemitsu Museum
9 Bridgestone Museum of Art
10 teamLab Borderless
11 Miraikan: The National Museum of Emerging Science and Innovation
12 Hamarikyu-teien
13 Senso-ji
14 Super Dry Hall
15 Tokyo Skytree
16 Sumida Hokusai Museum
17 Tokyo-Edo Museum
18 Ueno-koen
19 Tokyo National Museum
20 Kyu Iwasaki-teien
21 Nezu-jinja
22 Mori Art Museum
23 Tokyo Tower
24 Tomo Museum
25 Tokyo Midtown
26 National Art Center
27 Nogi-jinja
28 Shibuya Crossing
29 Meiji-jingu
30 Nezu Museum
31 Shinjuku Gyoen

Overnachten

1 Sakura Ryokan
2 The Gate Hotel Asakusa
3 MyStays Asakusabashi
4 Richmond Hotel Tokyo Suidobashi
5 Tokyu Stay Tsukiji
6 Hotel Sunroute Ginza
7 Hotel Villa Fontaine Tamachi
8 Apartment Hotel Sinjuku

Uitgaan

1 Ginza
2 Roppongi Hills
3 Shibuya
4 Shinjuku

Winkelen

1 Nakamise-dori (blz. 85)
2 Kappabashi-dori (blz. 85)
3 Mitsukoshi (blz. 83)
4 Roppongi Hills (blz. 93)
5 Hikarie (blz. 95)
6 Parco (11 blz. 91)
7 Omotesando (blz. 93)
8 Lumine (blz. 99)

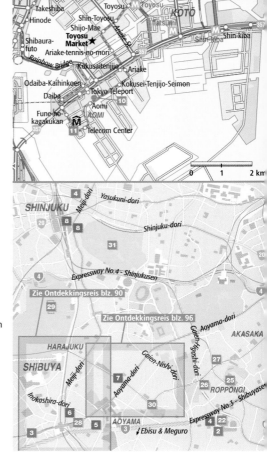

Zie plattegrond Imperial Park & Ginza blz. 78-79

's zomers aangenaam verkoeling geven. In aanleg vooral interessant is de East Garden, de **Higashi Gyoen**. Noordwestelijk daarvan is de **Kitanomaru-koen** vooral populair tijdens de kersenbloesem. Daar bevindt zich tevens de **Budokan-arena**, waar kendo, karate, judo en andere vechtwedstrijden plaatsvinden.

Museum of Modern Art 2

3-1 Kitanomaru-koen, www.momat. go.jp, di.-zo. 10-17, vr.-za. tot 20 uur, 220-500 yen afh. van tentoonstelling, incl. toegang Crafts Gallery; 1e zo. v.d. maand vaste collectie gratis

Het grote, betonnen jarenzestigcomplex – met uitbreiding en renovatie in 1995 – wekt niet direct de indruk dat u in Japan bent. Maar binnen vindt u een toonaangevende collectie moderne kunst van de late 19e eeuw tot heden. Zowel Japanse als westerse stijlen zijn vertegenwoordigd, van prints en foto's/video's tot schilderijen en sculpturen. Onder de belangrijkste erfgoederen zijn de zichtbaar door Duitse romantiek beïnvloede *Kannon* van Naojiro Harada en de sterk aan Matisse en Van Gogh verwante *Nude Beauty* van Tetsugoro Yorozu. De kenmerkendere Japanse werken zijn veelal op zijde geschilderd.

Crafts Gallery 2

1-1 Kitanomaru-koen, di.-zo. 10-17 uur, 0-500 yen afh. van tentoonstelling
In de Crafts Gallery, een dependance van het Museum of Modern Art, worden wisseltentoonstellingen karakteristieke Japanse kunst getoond, van eeuwenoude beschilderde kamerschermen tot hedendaags keramiek. Opvallend is het bakstenen complex (1910) dat als een van de weinige de aardbeving van 1923 doorstond. Het was oorspronkelijk hoofdkwartier van de keizerlijke bewaking en opzettelijk kreeg het pand een westerse uitstraling: het onderstreepte de – nieuwe – positie van Japan in de westerse wereld.

Yasukuni-jinja 4

Kudankita, tel. 3261 8326, www.yasukuni.or.jp, dag. tempel 6-17 uur, gratis; museum 9-16 uur, 800 yen
De tempel met koperen dak en stalen en bronzen poorten werd in 1869 opgericht onder keizer Meiji als eerbetoon aan de gevallenen in naam van de keizer. Daar zijn later ook de namen toegevoegd van slachtoffers uit de Chinees-Japanse Oorlog en WOII. Het monument is omstreden omdat er ook oorlogsmisdadigers genoemd worden. Achter de tempel is het oorlogsmuseum **Yushukan** met de periode van de samoerai-WOII vanuit Japans perspectief.

National Showa Memorial Museum 5

Kudanshita, www.showakan.go.jp, di.-zo. 10-17.30 uur, 300 yen

Historische documentatie en veel voorwerpen uit het dagelijks leven van soldaten – en hun familieleden – in de aanloop naar, tijdens en kort na WOII. Er is een gratis Engelstalige audioguide.

Tokyo Dome 6

Koraku, tel. 3817 6001, www.tokyodome.co.jp, attracties 450-1050 yen
De Tokyo Dome (1988) is de thuisbasis van de Yomiuri Giants (honkbal). Er worden concerten gegeven – hier traden Prince, David Bowie, Billy Joel, Beyoncé, Tina Tuner en de Rolling Stones op. Maar ook vinden truckshows plaats. Tevens daarbij een pretpark met achtbaan en ook kalmer vermaak.

De tuinen van **Koishikawa Korakuen** (9-17 uur, 300 yen) dateren nog van de Edoperiode. Het is een karakteristiek voorbeeld van een landschapstuin met aangelegde heuvels, vijvers, waterval, bomen en stenen. Ook de voorjaarsbloesem en herfstkleuren zijn er fraai.

Uitgaan

Tot begin 20e eeuw was Kagurazaka een geishawijk. Nu zijn er sporen van voorbije glorie en een reeks cafeetjes. De leukste straatjes zijn in de Hyogoyokocho, het wijkje ten noorden van de Waseda-dori, geregeld decor in films en tv-series.

Winkelen

In de wijk Jimbocho, noordoostelijk van het Imperial Park, treft u een grote concentratie – tweedehands – boekenwinkels. Daaronder zijn niet alleen mangawinkels maar ook zaakjes die gespecialiseerd zijn en ukiyo-e en antieke kaarten.

In Kagurazaka zijn bijzondere winkels als het **Puppet House** (1-8

Senso-ji, zie blz. 85

Shimomiya-bicho), herkenbaar aan de Pinocchioachtige clown als uithangbord in de deuropening, met zeer uiteenlopende marionetten. Handbedrukte en geverfde stoffen – theedoeken en sjaals – bij **Kukuli** (1-10 Tsukudocho).

Tokyo-Ginza

De hoofdstraten van Ginza komen wel heel dicht in de buurt van die in westerse hoofdsteden. Er zijn filialen van grote Europese modeontwerpers en exclusieve warenhuizen. Ook in veel horeca wordt met een schuin oog naar Frankrijk gekeken: koffiezaakjes in Parijse stijl en restaurants heten er Chez X of Bon Y. Op feestdagen worden enkele hoofdaders autovrij gehouden en kleine terrasjes opgesteld. Het rollende geld voert in Ginza terug tot de vroege 17e eeuw, toen hier in opdracht van

shogun Ieyasu Tokugawa munten geslagen werden, waarop het zich als het financiële kloppende hart ontwikkelde. Eind 19e eeuw kwamen hier de eerste moderniteiten, zoals straatverlichting op gas, bakstenen panden en enkele decennia later hulden moderne jongeren zich hier in westerse kleding met passende kapsels. In Ginza kwamen de eerste McDonald's en Starbucks, en de primeurs van kledinglabels volgden in de 21e eeuw.

Er zijn een paar interessante musea en wie tijd heeft dieper in de kunstscene te duiken, vindt hier galeries – onder meer in de boetieks van Hermès en Shiseido.

Een heel andere wereld laten de Kabuki-za en de Tsukiji Market zien. Ginza vormt met de aangrenzende wijken Marunouchi – aan de westkant van Tokyo Station – en het noordelijk aangrenzende Nihonbashi het centrum van Tokyo. ▷ blz. 80

Tokyo-Ginza

Bezienswaardigheden
1 Imperial Palace
2 Museum of Modern Art
3 Crafts Gallery
4 Yasukuni-jinja
5 National Showa
  Memorial Museum
6 Tokyo Dome
7 Mitsubishi Ichigokan
  Museum
8 Idemitsu Museum
9 Bridgestone Museum of
  Art

Overnachten
4 Richmond Hotel Tokyo
  Suidobashi
5 Tokyu Stay Tsukiji
6 Hotel Sunroute Ginza

Eten en drinken
1 Mitsukoshi
2 Ginza Corridor
3 Drawing
4 Marunouchi House
5 Palace Hotel
6 Sushi Zanmai / Tsukiji
  Market

Winkelen
1 Mitsukoshi
2 Ginza-dori

Uitgaan
1 Kabuki-za
2 Peter at The Peninsula
3 National Theatre

Mitsubishi Ichigokan Museum 7

Marunouchi Brick Square, mimt.jp, di.-zo. 10-18, vr. tot 21 uur; gesl. bij wisselen tentoonstellingen, entreeprijs wisselt per tentoonstelling

Het Mitsubishi House, naar een oorspronkelijk ontwerp van de Britse architect Josiah Conder dat hier van 1894-1968 stond, is nauwgezet gereconstrueerd. In het roodbakstenen complex worden grote wisseltentoonstellingen gepresenteerd, hoofdzakelijk gericht op 19e-eeuwse westerse kunst, onder meer i.s.m. het Musée d'Orsay. Ook afzonderlijk toegankelijk is het **Café 1894** – in Franse brasseriestijl (11-23 uur), voor uitgebreid tafelen of een tussendoortje.

Idemitsu Museum 8

Marunouchi, idemitsu-museum.or.jp, di.-zo. 10-17, vr. tot 19 uur; 1000 yen

Op de 9e verdieping van het Imperial Theatre is een bijzondere verzameling Japanse kunst te zien, de nalatenschap van Sazo Idemitsu, de grondlegger van de oliemaatschappij Idemitsu Kosan. Geregeld wordt de presentatie gewisseld, maar een verzorgde collectie originele en fraaie kunstwerken is verzekerd, vertegenwoordigd in oude prenten, monochrome *suiboku-ga* (inkttekeningen), kamerschermen, recentere doeken, porselein en kalligrafie. Neem een kopje warme of koude groene thee en geniet bovendien van het uitzicht over het Imperial Park.

Bridgestone Museum of Art 9

Kyobashi, heropening eind 2019, www.bridgestone-museum.gr.jp

Tweemaal zo groot als voorheen zal het museum na verbouwing zijn. De collectie westerse kunst is zeer aanzienlijk – met Picasso, Van Gogh en Franse impressionisten – maar ook met Japanse schilderijen uit de Meijiperiode.

Nihonbashi

In de Edoperiode bestond deze toen nog zompige wijk uit een kluster marktjes aan wateraderen. Hier woonden welvarende kooplui en handelaren. Het vertier was aanwezig in geishahuizen en kabukitheaters. Een tochtje met smalle bootjes over de Nihonbashirivier vormt nog een ode aan het voorbije tijdperk. Uitgebreidere tochtjes zijn mogelijk op de Sumida, tussen Asakusa, de tuinen van Hamarikyu en Odaiba.

teamLab*Borderless (zie Tip blz. 81)

Tip

Odaiba

In de 17e eeuw werden in de Baai van Tokyo forteilanden opgeworpen ter verdediging. Inmiddels is de landwinning fors uitgebreid en is Odaiba een uitgaans- en winkelwijk in Las-Vegas-style, met reuzenrad, Toyota showroom, tv- en telecombedrijven en enkele grote hotels. De Rainbow Bridge vormt de verbinding tussen Tokyo en Odaiba, overdag ook voor voetgangers toegankelijk (3e ma. van de maand, tijdens Tokyo Fireworks en 29-31 december gesloten; 30-45 min. oversteektijd). Fascinerend is een bezoek aan het in 2018 geopende **teamLab*Borderless**, in het Mori Building Digital Art Museum **10** (Palette Town; ma.-do. 10-19, vr.-za. tot 21 en zo. tot 20 uur, 3200 yen; reserveer op borderless.teamlab.art, op de dag zelf zijn de tickets vaak uitverkocht). Verbindende en grensoverschrijdende digitale technologie, waarmee vijf studenten uit Tokyo inmiddels de wereld in trokken, presenteert bezoekers een feest aan kleuren, figuren en sferen, van een lange muur met bloemen- of dierenparade tot lasershows. Kunstwerken komen en gaan, neem ruim de tijd. Voor een hogere zenfactor is er het theehuis of maakt u een kleurplaat; uitleven kan in het Athletic Forest.

Als techniek echt uw ding is, bezoek dan zeker ook het **Miraikan – National Museum of Emerging Science and Innovation 11**, (wo.-ma. 10-17 uur, 620 yen, Dome Theater 300 yen). Maakt van Odaiba een dagexcursie, dan ziet u het uitzicht op de stad bij dag- en avondlicht.

Hamarikyu-teien **12**

9-17 uur, feestd. gesl., 300 yen

Zowel de Tsjukiji Market als de tuinen maakten ooit deel uit van een shogunpaleis. Er staan fraaie, eeuwenoude bomen en ook de hortensia's zijn befaamd. Het theepaviljoen **Nakajima-no-ochaya** is er een plaatje. Veerboten over de Sumidarivier hebben een halte bij de tuinen.

Informatie

TIC/JNTO, westkant Shin-Tokyo Building, tel. 03 3201 3331, dag. 9-17 uur. Engelssprekende staf, veel brochures en kortingsbonnen voor culturele attracties.

Overnachten

In Tokyo is logies te vinden van heel basic en betaalbaar tot zeer luxe en met een fors prijskaartje. Over het algemeen is de wijk Ginza wat duurder dan Taito/Asakusa of Shinjuku. De afgelopen jaren verschijnen er steeds meer boektiekhotels en door robots gerunde hotels als Henn Na Hotel. Zie voor onderstaande adressen de plattegrond op blz. 78-79 (m.u.v. **1**-**3**: op blz. 74-75).

Japans basic – **Sakura Ryokan 1**: 2-6-2 Iriya, tel. 03 3876 8118, www.sakura-ryokan.com. Basaal adres met westerse en Japanse kamers dicht bij Asakusa en Ueno, op loopafstand van metrostation Iriya. Gemeenschappelijke baden.

Panoramisch trendadres – **The Gate Hotel Asakusa 2**: 2-16-11 Kaminarimon, Taito, tel. 03 5826 3877, www.gate-hotel.jp. Locatie uitstekend, moderne kamers maar de grote toppers zijn de lobby en het dakterras op de 13e verdieping. Tevens heel goede keuken, maar in de wijk is ook volop keuze.

Westerse kamers – **MyStays Asakusa-bashi** 3: 1-5-5 Asakusabashi, tel. 03 6858 0600, www.mystays.com. Moderne kamers met eigen badkamer. In de directe omgeving van trein- en metrolijnen, restaurants en supermarkten.

Vrij ruime kamers – **Richmond Hotel Tokyo Suidobashi** 4: 1-33-9 Bunkyo-ku Hongo, tel. 03 5803 2155, suidobashi.richmondhotel.jp. Westers georiënteerd zakenhotel vlak bij de Tokyo Dome.

Een goede vangst – **Tokyu Stay Tsukiji** 5: 4-11-5 Tsukiji, tel. 03 551 0109, www.tokyustay.co.jp. Moderne kamers, sommige met kitchenette, nette prijs. Er zijn meer filialen van Tokyu Stay in de buurt, in Nihonbashi, Shimbashi en Yotsuya.

Kleine kamers op goede locatie – **Hotel Sunroute Ginza** 6: 1-15-11 Ginza, tel. 03 5579 9733, www.sunroute.jp. Modern hotel 10 min. lopen van de metrostations Ginza en Yura-kucho en Tokyo Station. Wifi is gratis in alle ruimtes.

Fris moderne middenklasse – **Hotel Villa Fontaine Tamachi** 7: 4-2-8 Shibaura Minato, tel. 03 5730 7770, www.hvf.jp. Moderne keten, eigentijds en comfortabel, ontbijt westers met een vleugje Japan. Deze locatie ligt top voor bezoek aan Shinawaga en Odaiba (en diverse onderdelen van de Olympische Spelen).

Retrostijl – **Apartment Hotel Shinjuku** 8: 4-4-10 Shinjuku. Kamers met kitchenette, allemaal anders – vintage – ingericht; beneden is een meubelzaakje.

Eten en drinken

Evenals bij overnachten geldt ook voor eten en drinken Tokyo: komt u voor extreme ervaringen (thema's: onderwereld, Alice in Wonderland, robots, klaslokaal, ninja's), vraag dan rond ...

Keldermaal – In de kelderverdieping van warenhuizen als **Mitsukoshi** 1 is een uitstekende foodafdeling. Het is een feest om te zien hoe de zoete en hartige lekkernijen zijn uitgestald en worden ingepakt. Vanaf 17 uur gaan de dagverse producten met korting weg.

Vrijheidsbeeld op Odaiba, met op de achtergrond de Rainbow Bridge

Tip

Tsukiji en Toyosu Market

Verse – liefst rauwe – vis is een grote favoriet van Japanners. Heel groot en goed is het aanbod op de Tsukijimarkt. Daar stond tot 2016 ook de veilinghal, waar rijen tonijnen van recordafmetingen lagen te wachten om in alle vroegte naar de hoogste bieder te gaan. Er is een zeer gevarieerd aanbod van meestal meer dan 400 soorten vis.

Vanwege hygiëne en veiligheid is de veiling verplaatst naar **Toyosu**, de landwinning in de Baai van Tokyo, waar u van achter glas het veilingproces kunt gadeslaan. Hiervandaan wordt de vis nog steeds kraakvers in Tsukiji – en elders in de stad – geleverd. De levendigheid van Tsukiji is gebleven, met winkels en restaurants waarvoor vitrines een collectie lekkernijen laten zien waarvan de herkomst zich nauwelijks laat raden. Het is een uitgelezen plek voor een culinaire streetfood-ontdekkingsreis. Wie op de nuchtere maag nog geen gefrituurde inktvislolly, rauwe of geschroeide oester, zalmeitjes of sashimi wil, neemt er – eerst – een omeletcakeje of rijst-in-noriblad (onigiri). Of geniet van de lust voor het oog. Ook worden thee, gedroogd zeewier, kruiden, aardewerk en eetstokjes verkocht. De restaurants zijn geopend van de vroege ochtend tot het na het middaguur, veel winkels blijven op woensdag, zon- en feestdagen dicht.

Tijd voor een snack of budgetmaaltijd ...?

Onder en naast het spoor – **Ginza Corridor** 2 : Parallel aan het spoor liggen uiteenlopende (etnische) restaurants en ook Starbucks. Pal onder het spoorviaduct is een filiaal van **Sushi Zanmai** (zie 6). Aan de westkant van het spoor roken 's avonds de yakitorikraampjes. Meestal staat er een rij voor de deur van het in 2018 geopende Chinese restaurant **Tim Ho Wan** (die in Hongkong een Michelinster heeft), aan de voet van het winkelcentrum Hibiya.

Keuze op hoogte – **Drawing** 3 . Op de 6e verdieping in Hibiya Tokyo Midtown is een prachtig terras, vrij toegankelijk en uitziend over het paleispark. Waarom niet uitgebreid en comfortabel verpozen en een drankje en hapje nemen bij dit Ginza-waardige adres?

Keuze op hoogte – **Shin-Marunouchi Building-Marunouchi House** 4 . Op de 7e verdieping vindt u bars/ restaurants, waaronder Sawamura, Jiyugaoka Grill, Sobakichi; Rigoletto Wine & Bar en Sobakichi hebben een dakterras met zicht op de achterkant van Tokyo Station.

Thee met decor – **Palace Hotel** 5 : 1-1-1 Marunouchi. Groot en in het oog springend hotel. Als dineren (en logeren) er boven uw budget is, valt een kop thee of koffie wellicht nog daarbinnen en geniet u toch van het sfeervolle interieur.

Sushiontbijt – **Tsukiji Market:** allerhande streetfood en kleine restaurantjes. Op de Tsukiji Square (pal naast het station) ligt het hoofdfiliaal van supersushibar **Sushi Zanmai** 6 ; tevens filialen in de Ginza Corridor en in Shibuya. Ook **Kanno**, midden in Tsukiji, is heel populair (4-9-5 Tsukiji, 5-16 uur).

Uitgaan

Kabuki-za 1 : 4-12-15 Ginza, tel. 03 3545 6800, www.kabuki-bito.jp. Matinee vanaf 11 uur, avondvoorstelling vanaf 16.30 uur. Voorstellingen (4000-18.000 yen) duren soms wel vier uur maar tickets voor 1 akte (1000-2000 yen) zijn ook mogelijk – dan alleen bovenste ring, vnl. staanplaatsen. Tablet met synchrone Engelse vertaling te huur, 500 yen plus borg. In het imposante kabukitheater worden maandelijks verschillende voorstellingen opgevoerd door meesters van het kabukiambacht. Als er geen voorstellingen zijn, kunt u in het museum kostuums en rekwisieten van nabij bekijken (600 yen).

Peter at The Peninsula 2: 1-8-1 Yurakucho, Chiyoda. De rooftopbar op de 24e verdieping van het Peninsula Hotel heeft topuitzicht – perfecte start van het Happy Hour (17-20 uur).

National Theatre 3: Theater met uiteenlopende voorstellingen, ook concerten op traditionele instrumenten als de kyoku (viool), de koto (horizontale harp met 13 snaren), de shamisen (soort luit) en de shakuhachi, de bamboefluit.

In de wijk Ginza zijn exclusieve clubs die vooral door zakenlieden worden bezocht, soms binnengeleid door geisha's.

Winkelen

Mitsukoshi 1 (4-16-16 Ginza, dag. 10-20 uur) is een elegant en groot warenhuis met exclusieve mode en een befaamde delicatessenafdeling in de kelderverdieping (zie 1). Aan **Ginza-dori** 2 zitten vooral de exclusieve westerse merken in grote en moderne panden. **Marunouchi** (zie 3) 1 en 2 zijn mooie winkelcentra maar de wijk heeft ook losse speciaalzaakjes.

Asakusa

Al direct naast het metrostation Asakusa staan ninja's klaar voor een rennend ritje door de wijk. Grote, altijd drukbezochte attractie is de eeuwenoude Senso-ji. De weg naar de hoofdtempel, de Nakamise-dori, voert langs kraampjes met souvenirs als waaiers, antieke sakeflessen en yukata's, bonenbroodjes (*age-manju*), in sesamolie gefrituurde tempura, ijs en andere snacks. De dwarsstraat is tevens flaneergebied voor authentiek gekostu-

Super Dry Hall, hoofdkantoor van Asahi Breweries, met de Flamme d'Or van Philppe Starck

meerde dames en heren. Aan de overkant van de rivier de Sumida torent de Tokyo Sky Tree . Op de Sumida River varen boten naar Nihonbashi, Tsukiji en Odaiba (zie blz. 81 en 86).

Senso-ji 13

's Avonds tot 23 uur mooi verlicht
Volgens overleveringen vonden in het jaar 628 twee broers in de nabije rivier de Sumida een Boeddhabeeld. Er werd een tempel gebouwd om het te kunnen plaatsen. De huidige toegang tot de Senso-ji wordt gevormd door de Kaminari-mon, de Donderpoort. Daar huizen woeste goden: die van de wind – Fujin – en van de donder – Raijin. De vijf verdiepingen tellende pagode is een reconstructie (1973) van een 17e-eeuwse voorganger. Aan de 7e-eeuwse broers gewijd is de naast de hoofdtempel (1649) gelegen Asakusa-ninja. In mei wordt hier de Sanja Matsuri gevierd, een van de drie grote shintofeesten in Tokyo en tevens de drukst bezochte. Net buiten de oostingang ligt het Amuse Museum, met wisselende tentoonstellingen uit een privécollectie kunstnijverheid. Het oogt meer als een winkel – die is er ook.

Super Dry Hall 14

Philippe Starck ontwierp het complex (1989) als hoofdkwartier van het bierconcern Asahi. Een gouden pluim is het visitekaartje – met meer dan 300 ton bepaald geen licht veertje. Op de 22e verdieping (10-21 uur) van de hoge 'bierpul' daarnaast biedt het café-restaurant fraai uitzicht, vooral bij zonsondergang. De meeste bezoekers drinken er … een Asahi, super dry of amber.

Tokyo Skytree 15

8-22 uur, 1030-4000 yen, aquarium dag. 9-21 uur, 2050, kind 600 yen
In 2012 brak de toren het record als hoogste vrijstaande toren: 634 m! Op 350 en 450 m hoogte is het uitzicht op heldere dagen fenomenaal, tot 100 km ver, soms zelfs tot Fuji-san. Ook het uitzicht by night is indrukwekkend. Van de diverse aquaria die veel stadstorens bezitten, heeft de Tokyo Skytree de grootste, met schildpadden en pinguïns.

Sumida Hokusai Museum 16

2-7-2 Kamezawa, hokusai-museum. jp, di.-zo. 9.30-17.30 uur, 400-1200 yen
Het grootste deel van zijn leven bracht de befaamde ukiyo-e-kunstenaar Katsushika Hokusai (1760-1849) zijn leven in Sumida door. De werken die in dit moderne complex worden getoond komen uit collecties van vooraanstaande verzamelaars en laten ook historische wijktaferelen zien. Tevens maakt u kennis met de verschillende techieken die Hokusai ontwikkelde, toepaste en overdroeg. Een groot deel van de ruimte wordt als wisseltentoonstelling ingericht.

Edo Tokyo Museum 17

1-4-1 Yokoami, www.edo-tokyo-museum.or.jp, di.-zo. 9.30-17.30, za. tot 19.30 uur, 600 yen
Het kolossale complex dat op vier enorme poten lijkt te steunen, is grotendeels gevuld met tentoonstellingen die de Edoperiode illustreren, met historische objecten en schaalmodellen.

Informatie

Het Asakusa Culture Tourist Information Center, www.city.taito.lg.jp, biedt volop informatie en een uitzichtcafé. Ninjariksja: 9000 yen, 30 min. (2 pers.).

Eten en drinken

Het horeca-aanbod, van eetcafés tot exquise tafels, is vooral in Asakusa enorm. Aan de hoofdstraat Kamina rimon-dori zit ook een filiaal van de luxe vlees- en visketen Heijoen; westers georiënteerde keuken en dineren met uitzicht biedt het restaurant van The Gate Hotel (zie **2** op blz. 81). Volop sake-café-restaurants vindt u in de passages direct te noorden hiervan. En enigszins verscholen liggen voordelige kleine adresjes aan Kappabashi-hondori en Asakusa-Rokku. Sommige bevinden zich op een bovenverdieping.

Winkelen

Restaurants hebben vaak prachtige voorbeelden van het geboden menu.

Tip

Andere kijk op Tokyo

Boten varen op de Sumida tussen Asakusa en Odaiba, via Tsukiji en de Hamarikyu-tuinen; 40 min. enkele reis – 620/1130 yen, 2160 yen retour, di.-zo., www.tokyo-park.or.jp/waterbus en www.suijobus.co.jp.
Voor bezoek aan Odaiba volgen ook de zelfsturende Yurikamome-treinen (JR-Yamanote Line) een indrukwekkend bovengronds – en boven water –parcours, tussen de stations Shimbashi en Toyosu.
Freewheeling neemt fietsers en wandelaars buiten de gebaande paden mee naar bekende en onbekende bezienswaardigheden. Bike adventure 7000-10.000 yen, urban hiking 6000 yen, incl. lunch; www.freewheeling.jp.
De Sky Bus (hop on, hop off) rijdt langs de grote bezienswaardigheden en voorziet beperkt in Engelstalige informatie. De Sky Duck is de amfibieversie. Een 24-uursspas voor de Sky Hop Bus kost 3500 yen, kind 1700 yen; zie www.skybus.jp.

Plastic noedels en ijsjes – maar ook eetstokjes en allerlei ander keukengerei waaronder perfecte messen en servies in allerlei materialen – zijn te koop aan **Kappabashi-dori en Kappa Bashi Hondori** **1** (**Kappabashi Dogu-gai**). Of speur naar *noren*, de lappen die de toegang tot winkels en restaurants sieren. Vaak zijn ze van linnen en geverfd met natuurlijke kleurstoffen. *Tenugui* zijn de katoenen lappen waarmee cadeaus worden ingepakt en die zelf vaak al een juweeltje zijn. Een filiaal van het altijd open en alles verkopende Don Quijote zit in Asakusa tussen Kappabashi-dori en de overdekte passage. De souvenirstraat van de Senso-ji, met stripfiguren in de hoofdrol, is de Nakamise-dori **2** (plattegrond blz. 74).

Akihabara

Ten zuiden van Asakusa ligt Akihabara, bijgenaamd Electric Town. Hier gaat een ongelofelijke hoeveelheid elektronica en gadgets over de vele toonbanken. Bij het station lokt Yodobashi Akiba vooral fotografen. Tientallen elektronicazaken bevinden zich samengepakt onder de – verhoogde – spoorlijnen. De geallieerden wilden af van alle straatkraampjes en vulden deze ruimte met winkelbebouwing. Te koop: van de kleinste elektronicaonderdeeltjes en kabeltjes tot telefoons en tablets. En geen gebrek aan (sushi)restaurantjes.

Ueno

Het park met de dierentuin en de speelvijver trekt de meeste bezoekers naar Ueno, met in het noorden het Tokyo National Museum – niet te missen voor wie in Japanse kunst is geïnteresseerd.

Ueno-koen **18**

Het grote park is heel populair in de kersenbloesemtijd. Net daarna is de piek van de pioenrozen, in een omheinde tuin (hier entreegeld). De Ueno Toshogu werd evenals die van Nikko gebouwd als eerbetoon aan Ieyasu Tokugawa.

In het park bevinden zich behalve de dierentuin en het Tokyo National Museum nog een reeks kleinere musea (alle op maandag gesloten). Die zijn gewijd aan het vooroorlogse Tokyo (**Shitamachi Museum**) met oude ambachten en winkeltjes, en aan geologie, flora en fauna (**National Science Museum**). Het door Le Corbusier ontworpen **Museum of Western Art** bevat door een scheepsmagnaat nagelaten werken van Tintoretto en Rubens tot Franse impressionisten en Jackson Pollock. Aan de westkant van het park ligt het voormalige huis van nihon-ga-kunstenaar Taikan Yokoyama. In het park is de **Ueno Zoo** (di.-zo. 9.30-16 uur, 600 yen, tot 12 jaar gratis). In de in 1882 geopende dierentuin hebben de makaken een behoorlijke leefplek. Tijdens WOII zijn de toen aanwezige Big Five omgebracht uit angst dat ze zouden kunnen ontsnappen; u ziet er wel beren, grote katachtigen, kleine nijlpaarden en panda's.

Tokyo National Museum 19

Tel. 03 5777 8600, www.tnm.jp, di.-do. 9.30-17, vr.-za. tot 21, zo. tot 18 uur, 620 yen

Alleen al voor de hoogtepunten moet u twee uur uittrekken. Hier is de grootste collectie Japanse kunst bijeengebracht, van antiek aardewerk, samoeraiwapens, zeefdrukken en kimono's tot – een zeer grote collectie – religieuze voorwerpen: Boeddhabeelden, manuscripten en meditatieobjecten. Ga zeker naar de Honkan Room 2 met nationale erfgoederen; een Engelstalige brochure met de hoogtepunten is verkrijgbaar.

Kyu Iwasaki-teien 20

Ikenohata, dag. 9-17 uur, 400 yen

Ten zuidwesten van het Uenopark is

Ninja in Asakusa

de voormalige villa (1896) te bezoeken van de familie Iwasaki, die Mitsubishi oprichtte. Evenals de residentie van Mitsubishi in Ginza/Marunouchi is het ontworpen door Josiah Conder. Het maakte aanvankelijk deel uit van een complex met een twintigtal gebouwen, voor zowel de familie Iwasaki als haar circa vijftig koppen tellende personeel. Het interieur geeft een blik op de sterk door het westen beïnvloede wooncultuur van de Japanse elite rond 1900.

Yanaka, Nezu, Sendagi

Ten noordwesten van Ueno vormen de wijken Yanaka, Nezu en Sendagi onder de naam Yanasen een district waar graag gekuierd wordt. Ook hier staan veel tempels – veelal nog oude houten pandjes. Als een van de weinige wijken doorstond Yanaka de grote aardbeving en bombardementen van WOII. Daarom ziet u hier nog redelijk wat 19e-/vroeg 20e-eeuwse panden. Hier vindt u ook de 'Straat van de 1000 bloesems' uit het gelijknamige boek van Gail Tsukiyama (zie blz. 18). Sinds jaar en dag is het een geliefde wijk van kunstenaars.

Om uw voeten even rust te gunnen, kunt u voor 100 yen de Tozai Megurinbus nemen, die een rondje rijdt door Ueno en Yanaka (Keisei Ueno Station).

Nezu-jinja 21
Bunkyo Todaimae, 0-200 yen
Het Nezutempelcomplex dateert van de 17e eeuw, de Tokugawa-shoguns. Een zuilenreeks vormt een tunnelpad op de heuvel boven de hoofdtempel. Een van die paden komt bij de gedenkplaats van de 6e shogun. En de Bungono-Ishi (Steen van Literaire Grootheden) heeft sinds jaar en dag inspiratie gegeven aan schrijvers …

In april geven de bloeiende azalea's een grootse aanblik. Er vinden geregeld muziek- en sportmanifestaties plaats.

Eten en drinken

Torindo: 1-5-7 Ueno-Sakuragi, 9-17 uur. Klein theehuis aan de noordwestkant van het Uenopark. Sterke groene matcha met kleine zoete zaligheden.

Winkelen

Ameyokocho heeft een levendige markt – met uitstallingen voor de diverse winkels – tussen de stations Ueno en Okachimachi, met kleding, tassen, cosmetica, gedroogde kruiden en andere etenswaren en verse vis. Het was ooit vooral een markt voor zoetigheden (*ame* = snoepje), maar het woord ame kreeg een dubbele lading toen Ameri-

kaanse producten na WOII hier verhandeld werden.

Zuidoostelijk het Nezupark uit, komt u door een straatje met kunstnijverheid – veelal staan de producten buiten uitgestald.

Roppongi & Akasaka

Roppongi is het district van de Japanse Eiffeltoren en hip en stijlvol uitgaan. Roppongi Hills is daarbinnen een wijk in een wijk waar kunst, winkelen en uitgaan samenkomen. Ook de buitenruimtes – met de fameuze spinsculptuur van Louise Bourgeois – is een iconisch middelpunt voor evenementen en een geliefd trefpunt.

Mori Art Museum 22

Mori Tower, Roppongi Hills, www. mori.art.museum, 10-22, di. tot 17 uur, City View 10-23 uur, Sky Deck 11-20 uur, div. entreetarieven

Onderdeel van Roppongi Hills is het Mori Art Museum. Er zijn doorgaans enkele paralleltentoonstellingen, waarvoor verschillende entreetarieven gelden. Avant-garde is een belangrijk trefwoord; daarin is het zeker toonaangevend en vernieuwend, wel iets voor kenners. Geput wordt uit de grote eigen collectie en leenwerken. Tegen meerprijs kunt u naar het observatieplatform van Tokyo City View. Niet door glas belemmerd bent u pas op het Sky Deck (nog een extra ticket), op 270 m.

▷ blz. 93

Skyline met Tokyo Tower, vanaf het Sky Deck in Roppongi/Mori Art Museum

Typisch Tokyo – op zoek naar kawaii

Op het eerste oog brave kostschool-meisjeskleding. Maar zo is de *maiden*-kleding zeker niet bedoeld. De strik-ken zijn een flinke maat groter, de *polkadots* een stuk overtuigender en de rokken vaak meerlaags maar wel korter dan de kostschooldirec-trice goed zou keuren. Meer nog is het een statement, net als de cosplay waar achter knuffeldieren heel wat meer dan aaibaarheid schuilgaat. Harajuku is het decor.

Praktisch: www.tokyofashion.com
Begin: Metrostation Harajuku
Eten en drinken: crêpes bij **Angels Heart** [1] en **Marion** [2]; **Moss Burger** [3]; **Hikarie** [4].

Schattig – kawaii – troef

Letterlijk betekent kawaii: schattig, lief-lijk. In de modewereld zitten daar meer lagen achter: liefde, schoonheid, ero-tiek. Vertaald naar kleding komen fans uit op ruches, lintjes, petticoats, zuur-stokkleurtjes en veel accessoires. Maar toch binnen vaste kaders, je kunt in de wereld van zuurstok en chocola ook net de verkeerde schattigheid opzoeken. In Harajuku is het een kwestie van de menigte volgen. En een crêpe eten met mooi gekleurd fruit, chocola en ijs.

Takeshita-dori heeft de grootste con-centratie maiden- en cosplaykleding. Favorieten zijn **Liz Lisa** [1], het even schattige **Cute Cube** [2] en voor tutu's en zoete accessoires: **Dokidoki** [3].

Van cosplay naar crossplay

In een aantal gevallen is kleding overduidelijk een performance act. In brede zin is cosplay ('costume play') een gekostumeerd rollenspel, in Japan specifiek een straatmode met banden in de popcultuur. Bronnen zijn behalve popartiesten en films ook manga en anime. Als een personage van het andere geslacht wordt uitgebeeld, heet dat crossplay. Het motief kan puur de bewondering zijn door fans die zich als hun idool kleden. Populaire bandleden zien we veel, maar ook sciencefiction- en fantasyfiguren. Het gaat de cos- en crossplayer niet in de laatste plaats om aandacht voor hem of haar zelf en hij of zij wordt dan ook graag gefotografeerd.

Breed publiek

In Harajuku komen vooral op zondagen jeugdige cosplayers samen. Daar zijn ook veel winkels op dit modebeeld ingespeeld, vooral aan en rond Takeshitadori. Opvallend is de belangstelling voor victoriaanse jurken. Ook gothic in allerlei varianten is populair. Omotesando heeft oostwaarts vooral de grote westerse labels, voor manga en anime blijft u vóór Omotesando Hills. Aan de Meiji-dori is een grote concentratie upscale outdoorzaken.

In de warenhuizen van **Tokyu Plaza 4** en **Laforet 5** zijn diverse hedendaagse ontwerpers vertegenwoordigd. Vintage streetwear is hoofdmotto van trendsetter **WEGO 6**. De afgelopen jaren was dat vooral baggy-kleding voor mannen, bravere uitstraling voor de dames en veel comfortabele sweaters met allerhande opdruk; denk ook aan een mangafiguur als Yuzu. Met **Milk 7** zit u al aardig in de cosplay. Maak ook een ommetje door de minder drukke **Cat Street 8**, met **W-Closet, District (United Arrows), Duffer en Hare** voor kijken, klasse en comfortabel, sport en outdoor van WISM, Psycho Bunny van

Robert Godley en trendbrillen bij Paris Miki. Het is er niet gauw te vroeg voor de fruitpannenkoeken van Kiseki of de kreeft van Luke's.

Het label The Bathing Ape – inmiddels **BApe 9** genoemd (filialen in Harajuka en t.n.v. Shibuya Station) – is gebaseerd op de film *Planet of the Apes*. Vervolgens werd het door hiphopartiesten opgepakt en in beeld gebracht.

Uniqlo 10 – Unique Clothing Wearhouse – begon met werkkleding voor mannen, in 1998 met een winkel voor urban wear in Harajuku en is inmiddels internationaal op de markt als Japanse H&M. De succesformule: draagbare kleding in veel kleuren.

Warenhuis **Parco**  heeft nauwe banden met Comme des Garçons, Issey Miyake en – voor sportschoentrendvolgers – Onitsuka Tiger. Voor namen als Limi Feu – en onder de westerse labels ook Iris van Herpen – is **Seibu** 12 een goed adres. Stylistas met een beperkt budget gaan naar **Spinns** 13, met een eigen label en steeds nieuwe lichtingen modestudenten. Ook handgemaakte en vintage kleding voor een individueel statement. Trendsetter voor jonge vrouwen – Japans en buitenlands – is **Shibuya 109** 14, met de opvallende glanzende kokergevel. Meer redenen zijn er om **Hikarie** 15 in te lopen: ook de kelderverdieping met lekkernijen.

Gevestigde Japanse ontwerpers

Internationaal tellen veel Japanse ontwerpers mee. Zoals **Michiko Koshino**. Haar familie had al generaties lang kimono's gemaakt. Zelf vestigde ze haar naam als ontwerpster – met bomberjackets – in de Londense clubscene. Ook David Bowie hoorde tot haar klanten.

Comme des Garçons is een van de grootste Japanse modelabels, in 1969 gestart in Tokyo door Rei Kawakubo en sinds 1981 in Parijs. Kenmerkend was aanvankelijk het originele en overwegende gebruik van zwarte en verweerde stoffen – terwijl kleuren de mondiale trend waren. In 2005 werden dames- en herenkleding samengevoegd. Junya Watanabe en Tao Kurihara werkten voor Comme des Garçons voordat ze hun eigen succesvolle label vestigden.

Shohei Kato is in 2014 afgestudeerd aan het Bunka Fashion College; inspiratie kwam van de straten in Harajuku en met HEIHEI levert hij een kawaiibijdrage aan het huidige straatbeeld.

Issey Miyake behoeft geen nadere uitleg, al zullen weinig mensen zijn bijzondere maar prijzige kleding in de kast hebben hangen. Bij hem werkten Chisato Tsumori en Eri Utsugi, inmiddels beiden gevestigd kawaiiontwerpers – hun kleding vindt u bij Laforet en Parco. Eri Utsugi stond aanvankelijk ook aan het hoofd van Frapbois, een hip urban merk dat vrouwelijke vormen benadrukt; grote rol voor capribroeken en accessoires.

Hysteric Glamour is de lijn die **Nobu Kitamura** baseerde op de Amerikaanse popcultuur van de jaren zestig en zeventig. De lijn richt zich vooral op tieners en twintigers. 'Hysteric' is geregeld de respons op zijn ontwerpen: sommige artikelen zijn binnen een dag geheel uitverkocht, zoals de op Andy Warhol geïnspireerde lijn in 2006. U vindt het in Laforet, Isetan en Parco.

Yohji Yamamoto staat achter **Yamamoto + Noir**: kostuums voor films en opera, maar ook meer dan honderd ontwerpen voor Elton John. Yamamoto's dochter Limi heeft een punklijn met zowel vrouwelijke als ruige elementen.

Billionaire Boys Club (BBC) is de overtreffende trap van hip in Japanse streetwear: baggy met heftige kleuren en opdruk. BBC bracht een ode aan Tokyo met de capsule line: astronautenafbeeldingen verwezen naar de beperkt beschikbare ruimte als in de capsulehotels. Heren, is het uw stijl? Boek dan een kamer in **Century Shibuya** 1.

Tokyo Tower 23

Shiba-koen, 9-23 uur, 900-2800 yen

De felrode Eiffeltoren (1958), een 333 m hoge replica van het origineel (die inclusief tv-antennes 324 m meet), valt met de eromheen oprijzende moderne hoogbouw niet eens meteen op. Er zijn souvenirwinkels en attracties van uiteenlopend allooi aan de voet van de toren. Het hoogste uitzichtplatform is op 250 m.

Mooi uitzicht – voor de prijs van een drankje – hebt u ook vanuit de rooftopbar van het Prince Park Tower Hotel.

Tomo Museum 24

Toranomon, www.musee-tomo.or.jp, di.-zo. 11-18 uur, wisselend entree

Een bijzonder gebouw met steeds weer bijzondere tentoonstellingen, gewijd aan modern en hedendaags keramiek. Aan de basis van het museum ligt de collectie Japans keramiek van Tomo Kikuchi.

Tokyo Midtown 25

Suntory in Galleria 3F, ma. en wo.-zo. 10-18, vr.-za. tot 20 uur, circa 1000 yen

Bij oplevering in 2007 had het woon-, werk-, winkel- en ontspanningscomplex met de Midtown Tower (248 m) het hoogste gebouw van de stad – maar inmiddels ruimschoots door de Sky Tree Tower overtroffen. Op de top van de Midtown Tower is het Ritz-Carlton Hotel gevestigd.

In Midtown bevindt zich het **Suntory Museum of Art,** herkenbaar aan een metalen lamellengordijn als gevel. Onderwerp zijn mooie en nog mooiere objecten op het gebied van lifestyle – met een filosofisch tintje. Wisselend wordt (Japans) aardewerk en porselein, lakwerk, textiel en glas getoond. Met bijzondere museumwinkel en sfeervol café; op donderdagmiddag theeceremonies. Ruimte voor beeldende kunst en discussie biedt het glazen complex **21_22 Design Sight**, een project van Issey Miyake en Tadao Ando.

National Art Center 26

Kokuritsu Shin-Bijutsukan, www. nact.jp, ma. en wo.-zo. 10-18, vr. tot 20 uur, entree wisselt

Shibuya Crossing

Onder deze enorme hoed worden tentoonstellingen uit werken van grote nationale en buitenlandse kunstinstellingen gepresenteerd – er is dus geen eigen vaste collectie. Een blikvanger is het gebouw zelf al: een golvende glasconstructie van Kisha Kurokawa (1934-2007). Ook de museumwinkel is een aanrader.

Nogi-jinja 27

Akasaka, vlooienmark 4e zo. van de maand van 9-16 uur

Generaal Maresuke Nogi en zijn vrouw pleegden – hier – ritueel zelfmoord na de begrafenis van keizer Meiji in 1912. Daarop werd de tempel opgericht. Nogi had zijn sporen verdiend in de Russisch-Japanse oorlog.

Voorjaarsritueel in de Meiji-jingu

Ebisu

Met honderden bars en een grote concentratie stijlvolle restaurants – met een filiaal van de gelauwerde chefkok Joël Robuchon dat er werkelijk als een Frans kasteel uitziet – is Ebisu uitgaanswijk bij uitstek. De naam komt van Yebisu, het bier dat hier in de 19e eeuw werd gebrouwen. Op de plek van de voormalige brouwerij ligt Yebisu Garden Place; het is vooral een winkeldomein, waaronder het warenhuis Mitsukoshi, en er is een biermuseum.

Eten en drinken

Mystery dinner – **Ninja Akasaka:** Tokyo Plaza 1F, 2-14-3 Nagatacho, Chiyodu-ku, www.ninjaakasaka.com. Ninjavoorstelling aan en rond de tafels: de magie en behendigheid van de onzichtbare strijders leiden wel af van het eten. Sterrenkeuken – **Kikunoi:** 6-13-8 Akasaka, tel. 03 3568 6055. Twee Michelinsterren, kaiseikidiners – ook de interieurs veranderen met de seizoenen. Intussen de derde generatie chefkok, Yoshihiro Murata. Twee andere filialen van Kikunoi zijn in Kyoto. Jasje-dasje mee – **Chateau Taillevent-Robuchon:** Yebisu Garden Place Tower, tel. 03 5424 1338, www.robuchon. jp. Verfijnde combinatie van de Franse en Japanse keuken van Joël Robuchon. La Table is de casual versie met twee Michelinsterren. In het driesterrenrestaurant zijn de prijzen ruim het dubbele. Robuchon heeft tevens een tweesterrenfiliaal in Roppongi Hills. Levendig – **Gonpachi:** Nishi-Azabu, tel. 03 5771 0170. Groot (grill)restaurant, vleesspiezen van de bbq, maar ook noedels, sushi en tempura; geregeld livemuziek. Uitgaanstoren – **Toranomon Hills:** modern complex (247 m hoog), met het Andaz Hotel en diverse café-restaurants.

Winkelen

Roppongi Hills 4 (plattegrond blz. 74) is het winkelcentrum van Roppongi Crossing. Aan Tokyo Midtown was in 2018 volop verbouwing gaande. Antieke samoeraizwaarden en replica's, maar ook helmen en andere toebehoren zijn te koop bij **Japan Sword** (3-8-1 Toranomon, tel. 03 3434 4321); niet alles zal de douane kunnen passeren.

Shibuya & Harajuku

Het beroemde kruispunt, de videoreclames, de lovehotels en de jeugdsubculturen geven Shibuya een karakteristiek en stereotiep gezicht. Grootschalige bouwprojecten rond het station van Shibuya duren tot 2025 voort.

Tegenover het drukke stadsgewoel is het Yoyogipark een oase van groen met een van de belangrijkste tempels van de stad. Het park ligt tegen de wijk Harajuku, geliefd winkelgebied bij de jeugd – en verderop aan de Omotesando 7 (plattegrond blz. 74) bij bemiddelder publiek. Alleen al de afwisselende architectuur maakt dit een bijzonder doel en is daarom zeker niet alleen voor winkelliefhebbers geschikt.

Shibuya Crossing 28

Soms steken er wel duizend mensen tegelijk over als het licht op groen springt: niet alleen rechtlijnig en zorgvuldig de tegenliggers ontwijkend maar ook diagonaal. Het is een iconische plek uit films als *Lost in Translation* en *The Fast and the Furious*. Kenners herkennen de hoge omringende gebouwen met opvallende lichtreclame. Populaire plek om het spektakel te bekijken is Starbucks op de tweede verdieping in het Tsutayagebouw; of neem even afstand van de massa en ga naar de 11e verdieping van winkelcentrum Hikarie.

Meiji-jingu 29

Shibuya-ku / Yoyogi Park; dag. 8 en 14 uur wordt de grote trom geslagen

In 1920 werd dit tempelcomplex opgericht ter nagedachtenis aan de grote keizer Meiji en keizerin Shoken. Het complex is na verwoesting in WOII volledig herbouwd (1958) maar heeft een authentieke uitstraling. De hoge bomen van het uitgestrekte park geven verkoeling op warme dagen. Een enorme torii van eeuwenoude cypressen vormt de toegangspoort. Geregeld zijn er religieuze processies – vooral in voor- en najaar – en huwelijksceremonies, waarbij deelnemers in bijzondere rituele kleding gestoken zijn. Fotogenieke plek vormen de wijn- en sakevaten, offergaven bij de zuidtoegang. Er is diverse horeca in het park.

Nezu Museum 30

Minamiaoyama, tel. 03 3400 2536, www.nezu-muse.or.jp, di.-zo. 10-17 uur, 1100-1300 yen

Zakenman Kaichiro Nezu (1860-1940) was een groot verzamelaar van Aziatische kunst: schilderijen, kalligrafie, beelden, porselein, lakwerk, houten en bamboe voorwerpen, textiel en wapens; ook bracht hij een grote verzameling theesets bijeen. Na zijn overlijden werd hier een museum ingericht, op de plek waar de familie woonde; er zijn intussen meer privécollecties toegevoegd. In het huidige fraaie complex (2009) van Kengo Kuma worden werken wisselend getoond. Van half april tot half mei is het beroemde 18e-eeuwse gouden kamerscherm met de irissen van Korin Ogata te zien.

Overnachten

Bucketlist of budgetoptie – Dogenzaka. Een grote concentratie lovehotels vindt u in de wijk Dogenzaka, ▷ blz. 99

Omotesando – Tokyo's staalkaart van moderne architectuur

Aanvankelijk was Omotesando de statige toegang tot de Meijitempel. De processie en rijen zijn er nu voor de hipste restaurants en nieuwste modecollecties. De recente stadsontwikkeling maakt het ook een verrassende verkenning van hedendaagse architectuur.

Start: Omotesando Station

Niet onlogisch in zo'n grote stad is dat er altijd wel een verbouwing van wegen, gebouwen of stations gaande is. Daarbij is de stad na de enorme aardbeving van 1923 en de zeer grote oorlogsschade van WOII weer van de grond af opgebouwd.

Japanse renovatiemethodes kenmerken zich door hun rigoreuze aanpak: complete panden of straten worden afgebroken wat ruimte geeft voor verrassingen.

Architect Hiroshi Nakamura (Tokyo 1974) tekende **Tokyu Plaza** . De kaleidoscopisch spiegelende ingang werkt als een magneet en lokt winkelpubliek, maar wie omhoog kijkt, ziet een kasteelachtige façade. Statigheid is misschien wel zijn rode draad, of hij nu een boomhut of stadskantoor tekent. Daarbij houdt hij van optische trucs.

Het bedrijf Audi zit niet meer in het pand, maar zorgde er wel voor dat de **'IJsberg'** , de zigzaggende glaszuil, er kwam. De Britse architect Benjamin Warner werkt al sinds de jaren tachtig veelvuldig in Japan. Bij het ontwerpen dacht hij aan petflessen die door de shredder waren gehaald.

Draaien en stapelen

Gyre is een intellectueel ontwerp van het Nederlandse architectenbureau MVRDV. De term 'gyre' staat voor ronddraaien. Bijzonder uitgewerkt is het concept circulatie: de looproutes verbinden op verrassende wijze de verschillende niveaus en terrassen. In het complex zit de **MoMA Design Store** : dependancewinkel van MoMa New York.

De flagshipstore (2003) van **Dior** doet ergens inderdaad denken aan een jurk, met de suggestie van een verhullende bruidssluier, wat ook de bedoeling was van de SANAA-architecten; het 'verhullen' is in meer van hun ontwerpen te herkennen (Louvre Lens). Bij kunstlicht heeft dat een heel ander effect, misschien nog wel indrukwekkender. Het interieur is ontworpen door de Amerikaan Peter Marino.

Aan de buitenzijde is **Omotesando Hills** van Tadao Ando een licht, speels glazen blok, maar kijk zeker even binnen naar de effecten die hij heeft bewerkstelligd, hoe de spiraalvorming en dieptewerking zijn toegepast.

Blokken getint glas zijn gestapeld om de collectie van **Louis Vuitton** ook hier een interessant onderkomen te geven; Jun Aoki mocht vervolgens ook de Vuittonwinkel in Ginza (2004), New York en in Hong Kong tekenen. Het vakconcept gaat binnen verder. Naast

Vuitton staat aan de Omotesando de Tokyo Union Church, een jarendertig-ontwerp van missionaris-architect John Van Wie Bergamini.

Voor **TOD's** 8 benutte Toyo Ito (inderdaad van de Ito-toren in Amsterdam) ten volle het kostbare grondvlak. Welbeschouwd is het gewoon een hoge kubus, maar de omhulling maakt het bijzonder. Bekijk het ook vauit een hoger perspectief, de voetgangersoversteek. Buurman **Boss** 9 zit er vrijwel tegenaan; vanuit sommige hoeken als een toren van Pisa, van Norihiko Dan.

Naast het kolossale grijze complex van **Gucci** 10 zit sinds 2018 het opvallende restaurant The Strings 1 : in New York Style luxe en biedt een combinatie van mode, lifestyle en culinaire trends.

Gaas en sluiers

Gazen en gaasjes waaien als een trendy wind door de wijk. Die van Stella McCartney 11 is een mooi voorbeeld, van architect Takenaka. Benieuwd naar meer gaas – of zin in een ananascakeje? Loop dan de Miniaoyama noordwaarts naar **SunnyHills** van Kengo Kuma: een houten vlechtscherm als reuzenmand. Zijn leitmotiv is: traditionele Japanse bouwvormen in een nieuw concept.

Een glazen sluier over de stenen gevel geeft binnen een warme gloed, waar conische compartimenten de indruk van luchtbellen in water wekken. De presentatie van de collectie is bij **Comme des Garçons** 12 ook vaak interessant.

Vissenogen en lappendeken

Met Herzog & de Meuron is het altijd scoren, ook hier bij **Prada** 13 (2003): een tijdloze kristal die aan de buitenkant fish-eye-effecten geeft. Binnen werken de lenzen omgekeerd. Daarnaast ligt de flagshipstore van **Marc Jacobs Tokyo** 14 door Jaklitsch/Gardner Architects. Die zochten naar mazen in de regelgeving en zetten deze hoge lan-taarn neer, waarvan het bovendeel niet ingericht of bewoond mocht worden en porseleinen tegels een voorzetmuur vormen. Een Tsjechisch kasteel was een van de inspiratiebronnen. Vind dan zigzaggend uw weg langs Dries Van Noten en agnès b. naar de Aoyama-dori. Of *call it a day* en ga naar **Blue Note** 1 , jazzclub en een prima plek voor een mooi en lekker hapje en drankje.

Het **Spiral Building** 15 (1985) baande de weg voor nieuwe architectuur aan de Aoyama-dori. Het lappendekeneffect staat symbool voor de onsamenhangende stijlen in Tokyo. Geometrische vormen zijn het visitekaartje van Fumihiko Maki; de spiraalvorm ziet u binnen, waar u via een lichte helling naar de eerste verdieping loopt. In het pand is een galerie/winkel/café. Het hoofdgebouw van de **United Nations University** 16 (1992) is een modern trapgevelcomplex van Kenzo Tange.

Prada van Herzog & de Meuron

bijgenaamd Love Hotel Hill. Kamers vanaf 6200 yen, drie uur circa 4500 yen. Voor overnachten kunt u niet voor 22 uur terecht.

Eten, drinken en uitgaan

Shibuya Hikarie 5 (plattegrond blz. 74): d47 Shokudo, lunch met uitzicht op het beroemde kruispunt, in het grote winkelcentrum Hikarie.

Karaokebars zijn er in Dogenzaka (Mino+Ark) en ten noorden van station Shibuya (Big Echo). Womb (1-16 Maruyamacho) is een club met grote dancefeesten; Vision (2-10-7 Dogenzaka) heeft vier verdiepingen clubmuziek.

Shinjuku

In Shinjuku City alleen al wonen meer dan 300.000 mensen. Voeg erbij dat daar twee belangrijke spoorlijnen samenkomen en zie als optelsom twee miljoen mensen die op een gemiddelde dag Shinjuku Station / Seibu Shinjuku betreden. Vooral aan de westkant van de sporen is een architectonisch interessante stadsontwikkeling te zien. Het kantoor van het stadsbestuur, Tokyo Metropolitan Government Offices, heeft uitzichtpanorama's – achter glas – in twee torens op 200 m hoogte; zelfs de Fuji-san is daarvandaan op heldere dagen te zien. Beide zijn gratis toegankelijk, er is er altijd één tot 23 uur open.

Shinjuku Gyoen 31

Di.-zo. 9-16.30 uur, 200 yen
Wonderlijk groot is het contrast van de drukke stad met het enorme Shinjuku Gyoen. Het was het landgoed van de daimyo van Tsuruga, vervolgens begin 20e eeuw als rustpunt aangelegd voor de keizer, maar sinds 1949 een oase voor iedereen. Er zijn Franse, Engelse en Japanse tuinen, een (sub)tropische kas en een theehuis. Het park is een van de hotspots tijdens de kersenbloesem, met vroege en late bloeiers, en de herfstkleuren (half november-begin december).

Eten en drinken

Michelinster – **Shinjukukappo Nakajima:** Hihara Building, 3-32-5 Shinjuku (naast Shinjuku Sanchome), tel. 03 3356 4534. Michelinchef serveert toplunch, waarvoor lange wachtrijen staan; voor diners rekent u tot het tienvoudige af. *Spiesje prikken* – Yakitorikraampjes maken een rokerig straatje naast het spoor bij station Shinjuku-nishiguchi (Omoide Yokocho), en izakaya's zijn er talloos aan Yasukuni-dori.

Olympische Spelen 2020

Tokyo is volop in voorbereiding voor de Olympische Spelen en de Paralympische Spelen van 2020. Het nieuwe National Stadium wordt het centrale meesterstuk, een ontwerp van Kengo Kuma met een karakteristiek houten frame. Opvallend is dat veel wedstrijdlocaties in het centrum liggen. De openingsceremonie zal plaatsvinden in een nieuw stadion ten zuiden van de National Garden (Akasaka). Handbal en tafeltennis komen in het Yoyogi Park. Judo, gewichtheffen en wegraces op de fiets in/direct bij het Imperial Park. Een twaalftal stadions en banenparken ligt in het havengebied Ariake, het Olympic Village in Harumi.
Volg de details op tokyo2020.jp.

Tussen die uitersten speelt zich het overige culinaire leven van Shinjuku af, met daarbinnen **Tempura Tsunahachi** (Caretta Shiodome, 2F). Of ga voor de delicatessen in de kelder van warenhuis Isetan en picknicken in het park. In het nieuwe winkelcentrum NEWoMan zitten trend- en sfeervolle restaurants.

Uitgaan

24-uurseconomie vindt u in de uitgaanswijk Shinjuku, ten noordoosten van het gelijknamige station. In Kabukicho, ten noorden van Yasukuni-dori, dat overwegend het ruigere soort. Als 's ochtends de reinigingsdiensten de sporen van nachtelijke avonturen uitwissen, is het feesten nog maar nauwelijks ten einde. Shinjuku 2-chome is het hart van de homoscene.

Karaoke – Uw kansen voor karaoke liggen bij **Utahiroba** (Kuyakusyo-dori, tel. 03 3209 5570), **Big Echo** (3 Chome-26-2), en in **Karaoke-kan** (30-8 Udagawa-cho, tel. 03 3462 0785, 11-06 uur) zongen eerder Bill Murray en Scarlett Johansson in *Lost in Translation*.

Jazz – Serieuze en al decennia respectabele livejazz biedt de Shinjuku Pit Inn (1 Shinjuku-ku, tel. 03 3354 2024, www.pit-inn.com; aanvang 2.30 en 20 uur, 1300-3000 yen). Een grote selectie heeft de draaitafel van **JazzBar Samurai** (jazz-samurai.seesaa.net. 3-35-5 Shinjuku, 18-01 uur).

Winkelen

Aan het Shinjuku-Station grenzen Lumine 1, 2, 3 en de vierde en nieuwste poot daarvan: **NEWoMan** 8 (plattegrond blz. 74), met volop Japanse designerkleding en upscale restaurants.

Elektronica – **Bicqlo:** 29-1 Shinjuku. Zeer grote selectie camera's, elektro-

nika en sportartikelen. Ook de straten pal ten westen van Shinjuku Station zijn een elektronicamekka.

24-uur shoppen – **Don Quijote:** 1-16-5 Kabuki-cho en een nog groter filiaal 10 minuten daarvandaan, 1-12-6 Okubo. Kleding van gewoon tot superluxe, cosmetica en elektronika, 24 uur open.

Pen en inkt – **Sekaido:** 3-1-1 Shinjuku. Al 80 jaar een begrip voor schilder- en tekenmaterialen – ook striptekenen.

Meer dan camera's – **Yodobashi Camera:** 1-11-1 Nishi-Shinjuku. Camera's en bijbehorende tassen, horloges, videospelletjes, koffers; met outlet.

Yokohama ▶ Q 11

Yokohama is onderdeel van Groot-Tokyo en heeft een inwonertal van 3,6 miljoen. Dankzij de haven waar de stad omheen is gebouwd, waait er doorgaans en aangename wind. De wijken rond het station zijn modern en de stadsvernieuwing is er nog in volle gang. Yokohama is een congres- en winkelstad en ook het kunstmuseum is voor sommigen het primaire doel van een bezoek. Yokohama heeft een van de grootste Chinese gemeenschappen van Japan, met meer dan vijfhonderd Chinese restaurants en winkels, tien Chinese poorten en twee oude Chinese tempels.

Geschiedenis

Halverwege de 19e eeuw was Yokohama een vissersdorp met enkele tientallen huizen. Met die rust was het gedaan toen de Amerikaanse commodore M.C Perry in 1853 zijn *black ships* de Baai van Tokyo in voer en de aanzet gaf voor de 19e-eeuwse ontsluiting van Japan. De geschiedenis van Perry is een verhaal apart: zijn grootse handelsverdrag bleek niet met de keizer doch met de shogun van Kanazawa gesloten te zijn. Yokohama bloeide op van de zijdeexport. Westerse huizen werden tussen de Japanse gebouwd. De eerste spoorlijn van Japan lag tussen Yokohama en Tokyo-Shimbashi. Door de aardbeving van 1923 en zeer grote verwoestingen tijdens WOII is vrijwel alle historische bouw een reconstructie.

Landmark Tower en Yokohama Port Museum

Minato Mirai, Landmark Tower 10-21/22 uur, 1000 yen; Yokohama Port Museum di.-zo. 10-17 uur, per onderdeel 400, combiticket 600 yen

In de 296 m hoge toren overziet u vanaf de 69e verdieping, het Sky Garden Observation Deck, de stad. Op heldere dagen is zelfs de Fuji-san in beeld. De Sky Lounge van het Royal Park Hotel is op de 70e verdieping, restaurants zijn er op de 68e.

Aan de voet van de toren ligt het Nippon Maru Memorial Park, met in het water het marinetrainingszeilschip Nippon Maru (1930) dat tot 1984 de wereld rond voer en nu als museumschip inzoomt op de nautische geschiedenis. Tevens onderdeel van het havenmuseum aan wal is de collectie werken van illustrator Ryohei Yanagihara.

Yokohama Museum of Art

21 Minato Mirai, tel. 045 221 0300, yokohama.art.museum, vr.-wo. 10-18 uur, 500 yen, meerprijs voor speciale tentoonstellingen

De in Japan zo populaire Franse impressionisten maar ook Picasso en surrealisten zijn vertegenwoordigd. Heel bijzonder is de grote collectie fotografie: in Yokohama vonden pionierwerken plaats op het gebied van fotografie. Elke drie tot vier maanden wordt de tentoonstelling uit eigen collectie gewisseld, daarnaast wordt met internationale musea (zoals de Tate) samengewerkt. Het gebouw (1989) is een ontwerp van Kenzo Tange.

Mitsubishi Minatomirai Industrial Museum

Minato Mirai, www.mhi.com, wo.-ma. 10-17 uur, 500 yen

Raketten, vliegtuigen, schepen en de technologieën worden hier – ook in het Engels – uitgelegd; met flightsimulator.

Hara Model Railway Museum

1-1-2 Takashima (Yokohama Mitsui Building), www.hara-mrm.com, wo.-ma. 10-17 uur, 1000 yen

Waar de eerste treinrails in Yokohama werden gelegd is nu een zeer uitgebreid modeltreinmuseum te bezoeken, gemaakt door en privébezit van Nobutaro Hara. U ziet er niet alleen Japanse maar ook Europese en Amerikaanse modellen en heel veel toebehoren.

Kirin Yokohama Beer Village

1-17-1 Namamugi, Tsurumi-ku (Noord-Yokohama, 7 min. lopen van Namamugi Station), di.-zo. 10-17 uur, rondl. 10-16 elk uur, gratis toegang

Landmark Tower en Nippon Maru

Kirin Yokohama is een van de negen Kirinfabrieken van Japan. Hier worden 2000 flessen en blikjes per minuut gevuld en verpakt. U ziet het proces vanachter glas. Een rondleiding duurt een uur, voor Engelstalige uitleg krijgt u een infoblad; natuurlijk kunt u proeven.

Informatie en oriëntatie

Een wandelpromenade voert van het JR-station Yokohama naar Minato Mirai, waar de meeste attracties zich bevinden. U passeert dan het Nissan-hoofdkwartier, met een grote showroom en gadgetwinkel. De grote cruiseschepen leggen aan in Osanbashi. Achter de kades van Osanbashi ligt Chinatown.

Uitgaan

De havenstad biedt volop vertier in de vorm van bars en clubs. Theatervoorstellingen of concerten in onderstaande zalen zijn echte buitenkansjes.
No – **Yokohama Noh Theatre:** Kamonyama Park, 27-2 Momijigaoko, tel. 045 263 3055, dag. 9-20 uur, entreegeld voor voorstellingen. Beleef een muziektheatervoorstelling als in de 14e eeuw.
(Orgel)concerten – **Yokohama Minato Mirai Hall:** Queen's Square (haven), 2-3-6 Minato Mirai, tel. 045 682 2020. Een van de grootste concertzalen, met een pijporgel van de firma C.B. Fisk.
Podiumkunsten – **Kanagawa Arts Theatre/Kenmin Hall:** 3-1 Yamashita-cho (Chinatown), tel. 045 662 5901, www.kanagawa-kenminhall.com. Breed aanbod theater, dans en muziek.

Informatie en vervoer

yan.yafjp.org (cultuuragenda)
Het JR-station Yokohama bevindt zich 1,5 km ten noorden van Minato Mirai. Van Tokyo-Shibuya vertrekken elke vijf minuten treinen naar Yokohama, reisduur 30 min., 270 yen, vanaf Shinjuku elke 20-30 min., 550 yen.
Zie voor diverse havencruises yokohama-cruising.jp en royalwing.co.jp.

Kamakura ▶ Q 12

De voornaamste reden om Kamakura te bezoeken is het enorme Boeddhabeeld. En dan zijn er nog een tachtigtal tempels en wandelmogelijkheden. Het aardige plaatsje is uitstekend toegerust voor hongerige toeristenstromen. Kamakura is een eenvoudige treinrit van Tokyo verwijderd. Als u een hele dag te besteden hebt, kunt u bijvoorbeeld op station Kita-Kamakura uitstappen, enkele neventempels bezoeken, waaronder de **Engaku-ji**, de herdenkingstempel voor de slachtoffers van de Mongoolse invasie van 1274 en 1281, met een houten beeld van Shaka-Boeddha. Kencho-ji is het hoofdkwartier van de Rinzaischool. Net voorbij de Jochi-ji, aan de westkant van de spoorlijn, start een vijf kilometer lang wandelpad (Ten-en trail) naar de Grote Boeddha. Dit pad voert over de omringende heuvels, door bamboe- en loofbos van het Gejiyama Park en langs een hooggelegen theehuis.

Geschiedenis

Een stukje 12e/13e-eeuwse geschiedenis werd een favoriet onderwerp in kabukivoorstellingen en is nog altijd een reden voor de grote belangstelling voor Kamakura. Krijgsheer Yoritomo Minamoto had een reeks imposante monumenten laten plaatsen, waaronder zentempels. Het boterde niet bepaald met zijn broer Yoshitsune, die legeraanvoerder was. Dat conflict mondde uit in de *seppuku* (rituele zelfmoord) van Yoshitsune

Grote Boeddha (Kotoku-in), Kamakura

(zie ook blz. 129). Vervolgens kwam de macht in handen van de Hojo-clan. In het aangezicht van de keizerlijke troepen uit Kyoto pleegden ook de laatste Hojo-leider en 800 van zijn manschappen seppuku. Het militaire belang van Kamakura is reeds lang voorbij.

Kotoku-in

Dag. 8-17.30 uur, 300 yen, toegang tot binnenste van het beeld 20 yen
De 13 m hoge Grote Boeddha (Daibutsu) zit op een voetstuk, in meditatiehouding. Het beeld staat voor de Amida Nyorai, die zielen in het paradijs ontvangt. In het binnenste van het beeld ziet u dat het uit bronzen platen bestaat met een holle kern. Het moeten magische krachten zijn die het beeld sinds de 13e eeuw hebben beschermd tegen brand, vloedgolven, aardbevingen en oorlogsgeweld. Wel is de goudlaag in de loop der tijden verdwenen.

Hase-dera

Dag. 8-17/17.30 uur, 300 yen
De Hase-dera is de locatie van de Kamakura Kannon, die in 721 door een monnik uit één boom vervaardigd moet zijn. Dat beeld is ruim 9 m hoog en later met bladgoud bedekt.

Fuji-san 1 ▶ Q 12

U hoeft niet per se de berg Fuji (3776 m) op te lopen (zie blz. 104) om ervan te kunnen genieten. Ook dan moeten de weersomstandigheden wel meezitten. Meestal is de Fuji-san omhuld door wolken en nevel. Het verhoogt de opwinding en de vreugde als die – even – optrekken en de magische piek tevoorschijn komt. Het loont zeker de moeite soms rustig af te wachten, want de wolken veranderen in hoog tempo van positie. In de zomer ▷ blz. 106

Fuji-san: klimmen of kijken?

Een plaatselijk gezegde luidt: 'Een wijze beklimt eens de berg Fuji, een gek doet het tweemaal.' De zwaarte van de beklimming heeft alles te maken met de weersomstandigheden, die in korte tijd sterk kunnen wisselen. Echt een heel stuk veiliger is de tocht bij daglicht. Tijdens zomernachten trekt een spoor van lichtjes lijnen op de toegangspaden.

Duur: 4-10 uur omhoog
Praktisch: het officiële klimseizoen is juli-augustus, als de vorst tot 's nachts beperkt blijft, maar van half april tot begin december zijn er klimmers.
Informatie: www.mt-fuji.gr.jp; www. mountain-forecast.com.
Logies: www.fujisanhotel.com, en.city. fujiyoshida.yamanashi.jp, zie ook Overnachten, Eten en drinken op blz. 108.

De Fuji op

In de zomer en vroege herfst is het haast een pantoffelparade de Fuji-san 1 op. Er wordt het liefst zo getimed dat men de zon ziet opkomen vanaf het 3776 m hoge perspectief. Dat resulteert in een nachtelijk dansend lint van zaklampen. Tijdig boven aangekomen breekt de zon door de onder u liggende wolken of nevel. De populariteit en de heterogeniteit van het publiek – inclusief grootmoeders en jonge kinderen, soms op slippers – suggereert dat het een zondagswandeling betreft naar meneer Fuji, maar onderschat de tocht niet. De scherpe lava op het pad en de vaak zeer lage temperatuur boven maken de tocht niet ongevaarlijk. Houd het liever bij een korte verkenning als daar enige reden toe bestaat. Wie de Fuji-san goed wil zien, kan beter naar een uitzichtpunt op een van de omringende bergen gaan.

Tien stations

Er is een zevental toegangsroutes, variërend van anderhalf tot meer dan vier uur. Het traject is verdeeld over tien stations, waarbij de eerste aan de voet van de berg is en de tiende op de top. Op vier plaatsen, aan verschillende kanten van de berg, zijn stations nr. 5, de gebruikelijke startplaatsen. Het populairst is, aan de noordzijde, het Kawaguchiko 5th Station (2300 m), met de Yoshida-trail, per bus of auto te bereiken. Reken hiervandaan op een beklimming van ruim 5 uur. Een alternatieve wandeling voor wie niet per se naar boven wil is de Ochudo Trail: die volgt ongeveer de hoogtelijn.

Praktisch

Er zijn 17 berghutten op de Fuji-san, waaronder bij het 7th en 8th Station. In de hutten zijn snacks en eenvoudige maaltijden te koop. Voor logies is telefonisch (kan in het Engels) reserveren noodzakelijk, een bevestiging enkele dagen voor aankomst is verstandig. Ter plaatse betaalt u contant. Tijdens de Obonweek, half augustus, ontstaan er soms files op de berg ... Daarentegen wordt juist de kameraadschap met vele nationaliteiten samen de berg op als groot pluspunt van de tocht ervaren.

Uitzicht op de Fuji-san

Bij Yamanakako zijn goede en lichtere alternatieven voor de klim de Fuji-san op, waarbij de berg zelf juist fotogeniek in beeld komt. De *Mikuniyama Panoramadai* gaat van de oostkant van het meer van Yamanakako omhoog, over een kam die de Mikuniyama, Narakiyama en Oborayama (1363 m) passeert en eindigt bij de Kagosakatempel. Trek ongeveer vier uur uit. Circa drie uur, maar met meer stijgen en dalen, neemt de *Takazasu-yama Myojinyama* in beslag. Startpunt van beide routes is de Iriguchi bushalte (bij Dallas Village). De 1413 m hoge Ishiwariyama is eveneens bij helder weer een prachtig uitzichtpunt: rondwandeling van drie uur, start en finish bij de hete bronnen van **Ishiwari-no-yu**: een welkome beloning. Ook bij Hakone zijn uitzichtpunten (blz. 108).

is de Fuji sneeuwvrij. Als er helder weer voorspeld is, vormen omringende heuvels uitstekende wandeldoelen om daadwerkelijk de berg der bergen in het vizier te krijgen. De meren geven als bonus de weerspiegeling van de berg. Zicht op de berg hebben automobilisten ook geregeld vanaf Route 469 tussen Fujinomiya en Gotemba – een mooi alternatief voor de tolweg. Zie ook de plattegrond op blz. 105.

Yamanakako

Het Yamanakako Lake is het grootste meer van de Five Lakes, ontstaan door uitbarsting van de Fuji, en het dichtst bij de berg. Vooral aan de noordkant – bij Nagaike-Shinsui – weerkaatst de Fuji-san in het meer. Kom rond zonsopgang (in juli circa 5 uur): de luchten zijn er dan meestal het mooist. Wie hier in de wintermaanden is: zonsondergang bij Asahigaoka (aan de zuidkant van het meer) vertoont de fameuze *diamond Fuji* als de zon precies de top passeert net voor hij ondergaat; de weerkaatsing daarvan is een schitterende bonus.

Een rondje fietsen om het meer beslaat ongeveer 14 km. Bij het plaatsje Yamanakako ligt het **Hana-no-miyako Park**; vooral de tulpen eind april/begin mei, zonnebloemen in de zomer en herfstkleuren zijn er hoogtepunten.

In het **Yamanakako Forest Park of Literature** is een drietal musea gewijd aan schrijvers/dichters. Wie was ook al weer Yukio Mishima? Het **Mishima Yukio Literary Museum** is aan hem gewijd met boeken en handgeschreven manuscripten. Soho Tokukomi schreef veel vanuit een huisje aan het Yamanakoko Lake; hier is behalve voor Tokukomi ook aandacht voor tijdgenoten, waaronder een aantal familieleden. Een entreeticket (500 yen) geeft toegang tot beide musea, geopend di.-zo. 10-16.30

uur. In het park vindt u ook het **Haiku Museum Fuseian** (di.-zo. 10-17 uur), met handgeschreven manuscripten van de eigentijdse haikudichter Tomiyasu Fusei. Veel van zijn meer dan 500 haiku's zijn een ode aan de magische berg.

Fujiyoshida

De plaats Fujiyoshida ligt wel erg dicht bij de Fuji-san en zal bij een uitbarsting niet aan een drama ontkomen. Het **Fuji-san Museum** (wo.-ma. 9-17 uur, 400 yen) doet op moderne wijze – ook Engelstalig – verslag van de geschiedenis van de befaamde berg. In het **Mount Fuji Radar Dome Museum** worden weermetingen gecoördineerd en getoond (aan de hand van een simulatiekamer) van de omstandigheden op de top van de Fuji-san.

In Fujiyoshida vertrekken bussen naar het 5th Station. De plaats heeft basale logeeradressen waar al sinds jaar en dag berggangers onderdak vinden.

Kawaguchiko

Grote bedrijvigheid is te vinden rond het meer van Kawaguchi: daar is het JR- station. Kijk er door de *tourist traps* heen, of doe uw voordeel met de fujitaartjes, de zwanenbootjes en de aapjesshow. **Fuji-kyu Highland** heeft enorme achtbanen. Daarnaast heeft Kawaguchi een heel bijzonder museum (zie hieronder) en een mooie concertzaal.

Itchiku Kubota Art Museum 2

2255 Kawaguchi, bus 18, tel. 0555 76 8811, 1300 yen; zie kaart op blz. 105
De meester-kunstenaar Itchiku Kubota (1917-2003) gebruikte textiel om uitdrukking te geven aan zijn gedachten en beelden. Vroeg in zijn carrière maakte hij theaterkostuums. Van zijn

barre tijden in dienst en als krijgsgevangene in Siberië vertelde hij vooral over de schitterende zonsop- en ondergangen. Eenmaal terug richtte hij zich op tsujigahana, 16e-eeuwse verftechnieken. Kubota gaf zijn tekeningen reliëf door het op minuscule schaal afbinden van de zijde. Tientallen jaren experimenteerde hij daarmee. Zijn opus magnum werd *Symphony of Light*, een reeks van 46 kimono's die samen een doorlopende afbeelding laten zien van landschap en seizoenen. Zorgvuldig wordt gestikt, uitgehaald en herstikt zodat daar geen verf wordt opgenomen. Na tientallen verfbaden wordt gerekt, gespannen, overtollig water weggehaald, gestoomd ter fixatie en gestreken.

Kubota brak na een tentoonstelling in de jaren negentig in Washington internationaal door – ook in Tilburg is zijn werk te zien geweest. Hij had een serie van tachtig kimono's gepland te maken voor zijn complete symfonie; daaraan wordt door zijn opvolgers gewerkt. In een prachtig cipreshouten bijgebouw van het complex is steeds een groot deel van de 46 originele voltooide werken te zien. Een introductiefilm van 20 minuten laat het proces zien en geeft een beeld van de kunstenaar. Er is tevens een sfeervolle tearoom met zicht op een kleine waterval.

Overige meren

Een populaire bezigheid op het meer van Saiko is zalmvissen. Shojiko is het kleinste meer van de Five Lakes, maar levert een karakteristieke aanblik op de Fuji-san, alsof die een kind omarmt

Fuji-san vanaf Kawaguchiko

(infoborden helpen u dat te ontdekken). Het meer van Motosuko is het diepste, met groen water. Het staat afgebeeld op het 1000-yenbriefje, met besneeuwde top.

Fugaku Cave

2068-1 Aokigahara, Kawaguchiko, ten zuiden van Lake Saiko, bus 72, dag. 9-17 uur, 350 yen

De grot –met het hele jaar ijspegels –is ook een gevolg van uitbarsting van de Fuji-san. De gemiddelde temperatuur bedraagt 3 °C. In ongeveer een kwartier loopt u door de 200 m lange gang.

Onsen/hot springs

Benifuji-no-yu: vanuit de baden naar de Fuji kijken, ook onder de sterrenhemel; Yamanakako, 10-21 uur, di. gesl. m.u.v. juli-aug. tel. 0555 20 2700. Geen zicht op de berg maar wel in een fraai complex: zusterbad Ishiwari-no-yu. Ook bij Kawaguchiko en Saiko vindt u onsen.

Overnachten

Zie kaart op blz. 105.

Meerzicht – **Sunnide Resort Yamanashi** [1]: Kawaguchiko, tel. 0555 76 6004, www.sunnide.com. Zowel westerse en Japanse kamers als cottages aan het meer. Diverse – kleine – thermale baden ook in de openlucht.

Eersterang – **Fuji Lake Hotel** [2]: Funatsu 1, Kawaguchiko, www.fujilake. co.jp. Aan het meer, 9 min. lopen van station Kawaguchiko, platform met uitzicht op de Fuji.

Klein en fijn – **Nishimiyasou** [3]: 331-2 Kodachi, Kawaguchiko, tel. 0555 72 1745. Kleinschalig adres met zeer gastvrije eigenaren, Japanse kamers en onsen.

Nog dichter bij Fuji – **Hatago Sakuraya** [4]: 300-19 Yamanaka, Yamanakako, te boeken via booking.com. Rus-

tig, afgelegen adres met taxiservice en gebruik van fietsen. Onsen, speelgelegenheid, geen restaurant maar wel mogelijkheid zelf iets te maken, ook de kamers op gezinnen gericht.

Eten en drinken

Lake Yamanaka Hoto Restaurant [1]: 134 Yamanaka, tel. 0555 62 5154, 11-14.45 en 17-20 uur, do. gesl. Aan het meer, tevens goede vegetarische schotels. De **Kawaguchiko Cheese Cake Garden** [2] (1173 Azagawa, Kawaguchiko) heeft als typische snack *Fuji-powdered cheesecake*.

Hakone ✳ ▶ Q 12

De magische vulkaanbergen, het verkoelende meer en de bruisende bronnen lokken sinds jaar en dag toeristen. Op hoogtijdagen concentreren die zich op het Ashino-ko, waar de (piraten) rondvaartboten, catamarans en waterfietsen hun baantjes trekken. Wandelen is ook populair, vooral in combinatie met de kabelbaan of pendelbus.

Bij de Owakudanikrater bewijzen gekookte eieren dat het constant borrelende water er werkelijk kookt. Op de bosrijke heuvels is volop rust te vinden. Maar uiteindelijk gaat het daar toch om de uitzichten, natuurlijk op de Fuji-san. De Hakone Ropeway helpt u een eind op weg. De vulkanische gassen uit de Owakudanikrater belemmeren soms langdurig het gebruik van het tweede deel van de kabelbaan. Ter vervanging gaan dan bussen omhoog.

Ook de Kintoki-san (1213 m), waarheen diverse paden omhoog voeren, biedt goed uitzicht, tevens café-restaurant; trek voor de beklimming een goed uur uit.

Het uitgestrekte Hakone heeft een reeks opvallende kunstmusea. Beauty

Favoriet

Pola Art Museum ▶ Q 12

Indrukwekkend, harmonieus in de
groene omgeving van Hakone opgenomen complex. Verzamelaar Tsuneshi
Suzuki (1930-2000) legde de basis voor
de collectie impressionisten en art-
nouveauglas. De presentatie met fiber
optic lighting geeft natuurlijk licht.
Er hangen Van Dongens, Van Goghs en
ook niet de minste werken van Monet,
Manet, Renoir, Toulouse-Lautrec en
Picasso. Daartussen hangt werk van Japanse tijdgenoten Saburosuke Okada
en Seiki Kuroda. Er zijn meer glaswerken van Émile Gallé, René Lalique en
de gebroeders Daum dan waar men in
Nancy van dromen kan. Heel bijzonder is de collectie kammen, spiegels
en andere cosmetische toebehoren.
Een promenade voert door het mooie
dichte bos waar het complex in ligt.

is niet alleen een trefwoord dat in de natuur terugkomt, de schone kunsten doen ook een duit in het zakje. En er zijn heerlijke en mooie onsen-ryokans.

Okada Museum of Art

493-1 Kowakudani, tel. 0460 87 3931, dag. 9-17uur, 2800 yen

Beneden is een prachtige collectie Chinese kunst, boven Japans keramiek en *kyotoware*, het aardewerk voor alledaags gebruik. Het in 2013 geopende museum is een erg mooie introductie in de Aziatische aardewerk-, porselein- en lakcultuur, maar ook schilder- en beeldhouwkunst zijn vertegenwoordigd. In de uitgebreide, beboste tuin liggen voetbaden.

Lalique Museum

Sengokuhara, tel. 0460 84 22 55, www.lalique-museum.com; dag. 9-17 uur, 1500 yen, i.c.m. Pola Art Museum 2700 yen

Door de deels glazen pui van het museum ziet u de Pullmanwagon waarvoor René Lalique zijn fameuze libelledecoraties maakte. De trein fungeert als theehuis. De uitzonderlijke basiscollectie bevindt zich in een afzonderlijk complex. Prachtige interieurstukken, tiara's en hangers die Lalique ontwierp voor actrice Sarah Bernhardt, vazen met vrouwen-, vogel- en slangenmotieven. En waar Lalique bij uitstek zijn roem mee vestigde: uitgebreide series parfumflesjes en ornamenten voor auto's.

Shiga Kogen

Overnachten

Hakone heeft veel accommodatie, ook grootschalig en aan de buitenzijde niet altijd aanlokkelijk, daartussen bijzondere ryokans. De prijzen liggen in Hakone hoger dan gemiddeld in Japan. Authentiek – **Yushintei:** 193 Yumoto-chaya, Hakone, tel. 081 460 85 5348, www.yushintei.co.jp. Fijne tatamikamers, onsen, zeer goed en uitgebreid eten – aan hoge tafel – in sfeervol privé-kamertje met westerse klassieke muziek.

Stijl en smaak – **Yutorelo-an:** 1300-119 Gora, Hakone, tel. 0570 78 3244, www.yutorelo-an.jp. Prachtig wellnesshotel vlak bij het Naka-Gora Station. Binnen- en buitenbaden, heerlijk eten.

Informatie en vervoer

Zie www.hakone.or.jp.
Vanaf het spoorwegstation Hakone-Tozan gaat een sightseeing shuttlebus naar de diverse deelgemeentes.

Japanse Alpen ✳ ▶ P-Q 10-11

Centraal-Honshu bestaat uit een machtige bergrug: de Japanse Alpen. Sommige reizigers gaan er een dag of twee heen. Met de Shinkansen is Nagano makkelijk te bereiken. Ze nemen dan een kijkje bij de fotogenieke sneeuwaapjes, overnachten in een authentieke plaats als Yudanaka of Takayama en gaan dan verder. Maar de bergen kunnen ook een hele vakantie vullen. Bijvoorbeeld in de schitterende Kamikochi-alpenvallei: de natuur is daar vergelijkbaar met de Rocky Mountains maar de sfeer onmiskenbaar Japans.

Nagano ▶ P 10

Sinds de Olympische Spelen van 1998 staat Nagano op het netvlies van westerse toeristen – het waren de spelen van Gianni Romme, Ids Postma en Marianne Timmer. **Shiga Kogen** is er het grootste skigebied van het land; ten noordwesten van Nagano liggen de pistes van **Hakuba**. Japanse toeristen komen al eeuwen naar Nagano voor de Zenko-ji.

Zenko-ji

491 Motoyoshi-cho, www.zenkoji.jp,

dag.9-16 uur, hondo 500 yen
De ware pelgrim komt voor de dienst rond zonsopgang: zie website voor exacte tijd. Dan ziet u de Zenko-ji in zijn mystiekste gedaante, met declamerende priesters, trommelende monniken en vaak honderden volgelingen.

Het heiligste der heiligen bevindt zich in de O-kaidan, achter een aarde-donkere toegangstunnel (u komt niet verder dan het eind van de gang): de Ikko Sanzon Amida-Nyorai, een gouden Boeddhabeeld dat door de Boeddha zelf gemaakt zou zijn. De 7e-eeuwse keizerin Kogyoku verordonneerde dat het beeld nooit publiekelijk getoond zou worden. Eens in de zeven jaar, tijdens het Gokaichofestival, begin april tot eind mei, wordt een kopie getoond; eerstvolgend in 2022.

Togakushi ▶ P 10

Twintig kilometer ten noordwesten van Nagano ligt Togakushi, omringd door de gekartelde bergkammen Togakushi-yama en Iizuna-yama. De **Togakushi Minzoku-kan** is een museum (dag. 9-17 uur, 600 yen) op de voormalige plek van een ninjaschool. Het wa-

ren de meest gevreesde vechters, inge-
huurd door daimyo's om te spioneren
of te liquideren. Hun ninjutsutechnie-
ken waren gebaseerd op het nagenoeg
onzichtbaar en onhoorbaar opereren.
Hun wapens waren even ongebruikelijk als doeltreffend; het museum bezit
er een aantal voorbeelden van.

Obuse ▶ P 10

Obuse is een geliefde toeristenplaats
20 km ten noordoosten van Nagano. De
huizen hebben verzorgde tuinen en er is
een respectabele sakebrouwerij, van **Ma-
suichi-Ichiura.** Streeklekkernijen vormen de gesuikerde kastanjes en kastan-
jeijs. De omgeving bestaat grotendeels
uit noten- en fruitboomgaarden en wijn-
stokken, daartussen maken traditionele
huizen, tempels en galeries het mooie
landelijke Japanse plaatje compleet.

Yudanaka Onsen

Yudanaka Station
De bronnenplaats heeft negen publieke
baden, vrij toegankelijk voor hotelgasten maar tegen betaling ook voor daggasten. In dit stadsdeel staan nog oude
tempels en huizen, vooral aan Yuda-
naka-dori. Een opvallend beeld is de
Hyaku Shaku Kannon, een enorm
Boeddhabeeld. De erbij gelegen tempel
en het beeld zijn te betreden (200 yen).
Binnen in de Boeddha treft u 33 kleine
beelden, afkomstig uit andere tempels.

Jigokudani Yaenkoen – Snow Monkey Park

4 km van Shibu Onsen, 2,5 km van
Kanbayashi bushalte; dag. 8.30-17,
winter 9-16 uur, 800, kind 400 yen
Zelfs de makaken in Japan zijn dol op
baden ... vooral als ze het koud hebben.
Dat betekent dat u in de zomermaanden soms even geduld moet hebben om
een badderende makaak te zien. Maar
ook klimmend, klauterend, spelend en
stoeiend zijn ze publiekslievelingen.

Jigokudani Yaenkoen

De dieren lopen vrij rond maar zijn aan het warme water verknocht geraakt in de jaren 60. De eigenaar van de onsen begon de dieren te voeren, waarop ze niet meer weg wilden. Inmiddels is het een kolonie van ongeveer 200 apen.

De toegang is een smalle weg, waarvoor automobilisten op hoogtijdagen extra wachttijd moeten uittrekken omdat de parkeerplaats snel vol raakt. Daarvandaan is het 10 of 25 minuten over een bospad omhoog lopen, afhankelijk van de route, om de dieren goed te zien en de zwavel te ruiken. In voor- en najaar is dat pad modderig, in de winter besneeuwd. Er is een kleine ruimte naast het ticketoffice met apen-weetjes.

Hokusai-kan

485 Obuse-machi, 12 min. lopen van Obuse Station, tel. 026 247 5206, dag. 9-17 uur, 1000 yen

Een van de grote kunstenaars uit de omgeving was Katsushika Hokusai (1760-1849), die beschouwd wordt als toonaangevende ukiyo-e-meester. In Obuse werd een studio voor hem ingericht waar Hokusai – op 83-jarige leeftijd – enkele zeer grote plafond- en muurschilderingen maakte.

Overnachten en eten

Vanaf onderstaande adressen kunt u naar de sneeuwapen lopen, alle serveren kaisekidiners. Een uitgebreidere lijst vindt u op www.shibuonsen.net.

Kleinschalig – **Senshinkan Matsuya ryokan:** 2222 Hirao, Shibu Onsen, tel. 0269 33 3181, eihachi.com. Eeuwenoud houten huis, 11 gastenkamers.

Familiebedrijf met topbaden – **Suminoyu ryokan:** 2091 Hirao, Shibu Onsen, tel. 0269 33 3128, www.suminoyu.com/en. Familiebedrijf in 2e generatie, 12 kamers, baden op de bovenste verdieping – met uitzicht.

Hogere segment – **Kokuya ryokan:** Hirao, tel. 0269 33 2511, www.ichizaemon.com. duurdere segment, al in 16e generatie. Er zijn negen kamers met privébaden. De bronnen komen een paar meter naast het hotel boven, de tamago-eieren worden erin gekookt.

Moderne ryokan – **Shibu Hotel:** 2173 Hirao, Shibu Onsen, tel. 0269 33 2551, www.shibuhotel.com. Moderne versie van een ryokan, vrijwel alle kamers tatamistijl, eigen baden maar ook enkele westerse kamers. De rivier is te horen.

Bed en/of bad – **Biyunoyado ryokan:** 2951-1 Hirao, Yudanaka Onsen, tel. 0269 33 4126. In het centrum van Yudanaka, iets verder weg van Snow Monkey World. Baden ook voor niet-hotelgasten toegankelijk (800 yen).

Minakami ▶ Q 10

De provincie Gunma, ten oosten van Nagano, is een heel goed gebied voor liefhebbers van vooral wandelen, klimmen, mountainbiken en raften. 's Winters valt er een flink pak sneeuw en zijn er pistes. Minakami is enigszins ingericht op toeristen, met logies en aanbieders van boottochten.
Zie enjoy-minakami.com.

Overnachten en wandelen

Tenjin Lodge Minakami: 220-4 Yubiso, Minakami, Tone, tel. 0278 25 3540, www.tenjinlodge.com. Relaxte lodge met 16 kamers, op gezinnen gericht, van Australiër Kieren en de Koreaanse Bo. Gasten doen in de huis/eetkamer bordspelen of spelen met de huishond. Smakelijk internationaal getinte dagmenu's, veel tips voor activiteiten in de omgeving. Een wandeling van een goed uur brengt u al bij een toppanorama over de Ichinokuravallei – met gletsjer.

Matsumoto-jo

Matsumoto ▶ P 11

Zuidelijk in de provincie Nagano is Matsumoto een goede toegang tot de Japanse Alpen. Het heeft een indrukwekkend kasteel, dat pas goed op waarde en grootte is te schatten als u er vlak bij staat.

Verder heeft de stad een toonaangevend museum voor ukiyo-e en het stadsmuseum dat onder anderen aandacht besteed aan Yayoi Kusama. Daartegenover is een concertzaal. Uit Matsumoto kwam Shinichi Suzuki (1898-1998), de man van de muziekmethode gebaseerd op herhaling en luisteren voordat het muzikale notenschrift geleerd hoeft worden. Suzuki ontwikkelde daarvoor een eigen 'taal'.

Er zijn veel onsen in en rond Matsumoto. Ten noordoosten van de stad hoort het bronnengebied van Asama Onsen tot de oudste, waar al meer dan 1000 jaar ter ontspanning en genezing van kwalen gebaad wordt. Heel mooi in de bergen liggen de Shirahone Onsen: wie hier drie dagen baadt, zou de eerstvolgende drie jaar niet meer verkouden worden. De onsengebieden van Kamikochi, Utsukushigahara en Norikura hebben bovendien prima wandelmogelijkheden.

Nakamachi

Nakamachi is een sfeervolle historische wijk ten zuiden van het kasteel. Karakteristiek zijn daar de *kura*panden met zwartwitte geometrische vlakverdeling. Veel van die panden hebben een bestemming als originele winkel, galerie, café of ryokan. Een toeristisch straatje is daar de Nawate-dori, aan de Metobarivier, ter hoogte van de Yohashiratempel. Een cederhouten ronde bal aan de daklijst, een *sugi-tama*, was vroeger een teken dat er sake gebrouwen was.

Matsumoto-jo

Bezoek binnen 8.30-17 uur, 's zomers langer open, 610 yen

De opeenstapeling van vijf dakconstructies, zes verdiepingen, voert terug op een ruim vier eeuwen oude bouwgeschiedenis. Het donkere kasteel van Matsumoto is daarmee het oudste van het land. Bovenal is het fotogeniek, vanuit verschillende hoeken aan de overzijde van de gracht. Binnen ziet u de smalle raamopeningen, dikke steunberen en balken, steile trappen en glanzende donkere plankiervloeren, en een collectie wapens. Vanaf de top van de donjon reikt het zicht over de stad met op de achtergrond de bergen.

Japan Ukiyo-e Museum

2206-1 Shinkiri, tel. 0263 47 4440, www.japan-ukiyoe-museum.com, di.-zo. 10-17 uur, 1200 yen

Op het gebied van prentdrukkunst heeft dit museum topwerken van topkunstenaars in bezit. Vooral die uit de 19e eeuw zijn ruimschoots vertegenwoordigd en geven een gedetailleerde indruk van leven en gewoontes. Bijzonder illustratief zijn de voorbeelden waarbij u zowel een vroege als latere druk van een bepaald onderwerp ziet. Er wordt thematisch geëxposeerd; de kwetsbaarste oude prenten worden zeer beperkt aan licht en lucht blootgesteld.

Matsumoto City Museum of Art

Tel. 0263 39 74 00, matsumoto-artmuse.jp, di.-zo. 9-17 uur, 410 yen

Yayoi Kusama (1929) werd in Matsumoto geboren. Deze internationaal gelauwerde kunstenares heeft in dit museum een vaste tentoonstelling onder de titel The Place for My Soul. Buiten herkent u wellicht de tulpen, de visionary flowers, die ook bij station Euralille in Lille (Rijsel) staan. Stippen in allerlei uitingen, twee- en driedimensionaal, vormen haar leitmotiv in de levensboom. Ook hier ziet u haar visitekaartje: de pompoenen. Fascinerend is de spiegelgang met rode mureneachtige wezens. Al op jonge leeftijd leed Kusama aan hallucinaties, die een verruiming aan haar kunstzinnige frame gaven. De ultieme uiting daarvan is de cabine waarin bezoekers 30 seconden alleen worden gelaten; spiegels en lichtstippen in wisselende kleuren wekken de suggestie van een buitenaardse omgeving. Hoofdrolspelers in dit museum zijn ook de landschapsschilder Kazuo Tamura – u ziet er taferelen van Japan en ... Brugge – en de kalligraaf Shinzan Kamijo.

Timepiece Museum

21-15 Chuo, di.-zo. 9-17 uur, 300 yen

Een wisselende reeks uurwerken wordt getoond uit de particuliere collectie van verzamelaar Chikazo Honda (1896-1985); daaraan worden nog steeds klokken en horloges toegevoegd.

Overnachten

In Matsumoto zijn volop westers georiënteerde hotels. Zie voor Asama Onsen www.asamaonsen.com.

Oude charme – **Marumo Ryokan:** 3-10 Chuo, tel. 0263 35 0115. Sfeervolle en zeer betaalbare ryokan in Nakamachi: deels in een houten pand uit de Meijiperiode en deels in een witgepleisterde aanbouw. Met kleine bamboetuin en klassieke muziek op de achtergrond.

Schoonheid in eenvoud – **Matsumoto Hotel Kagetsu:** 4-8-9 Ote, tel. 0263 32 0114, hotel-kagetsu.jp. Ruim een eeuw oud maar inmiddels gerenoveerd en ingericht met westers-klassiek meubilair. Gratis gebruik van fietsen. Een paar straten ten zuidoosten van het kasteel.

Eten en drinken

Boekweitnoedels (soba) worden in tal van variaties geserveerd; ook *sanzoku-yaki*, gemarineerde en gefrituurde kip, is een favoriet. En *sasamushi*: gestoomde paling in rijst, ingepakt in bamboeblad. *Basashi* is paardenvlees, rauw gegeten, sashimistijl dus. De *taiyaki* ziet er weliswaar als een vis uit, maar is een zoete snack: een deegwaar gevuld met rodebonenpure of vanilleroom.

Als echte sakestad heeft Matsumoto een respectabel aanbod izakaya's. Aan Brewery Lane ligt een klein (bier)brouwerijcafé.

Info en evenementen

welcome.city.matsumoto.nagano.jp
Ofune Matsuri: 4-5 mei processie van schier onbestuurbare en loodzware houten 'boten' (*butai*) door de straten, begeleid door tromgeroffel.
Craft Fair Matsumoto: laatste weekend van mei grote keramiekbeurs in de openlucht.
Taikofestival: laatste weekend van juli de beste taikodrummers van het land op een podium in het kasteelpark.
Bon-bon: 1e zaterdag in augustus straatfeest met dansgroepen.
Seiji Ozawa: festival klassieke muziek, half augustus-begin september, waarachter cellist en dirigent Hideo Saito de drijvende kracht was.
Op zondagen om 13.30 en 15 uur authentieke Japanse muziek op de shamisen in Geiyukan (10-Chuo, 2-Chome, Nakamachi, tel. 0263 32 1107, 700 yen), tevens theedrinken.

Kisovallei ▶ P 11

Ten zuiden van de Japanse Alpen ligt de Kisovallei. De vallei vormde een belangrijke transportroute tussen Kyoto en Edo, het oude Tokyo. Het Pad door de Bergen (Nakasendo) heeft een nieuw leven als Kiso-ji, waarover gewandeld wordt. De heuvels zijn dichtbebost met ceder en larix. Aan de westkant troont de Ontake-san (3063 m), een actieve vulkaan die in 1979 nog is uitgebarsten, terwijl men tot dan toe aannam dat hij uitgeblust was. Langs de route bevinden zich voormalige postkoetsplaatsen als Magome, Tsumago en Narai, met tal van gerestaureerde panden.

Het complete traject van de Kiso-ji bedraagt 70 kilometer, maar een dagtraject is ook goed mogelijk, bijvoorbeeld van Tsumago naar Magome (7 km) of omgekeerd, eventueel ook terug. Ook een aantrekkelijk deel is dat van Nojiri door rijstvelden en bossen naar Tsumago.

Overnachten

Vooral in Tsumago treft u een goed aanbod minshuku en ryokan.
Authentieke basis – **Daikichi:** 902-1 Nagiso-cho, tel. 0264 57 2595. Kleine keurige kamers, plaatselijke groente en wijn.
Herberg met traditie – **Fujioto:** Nagiso-machi, tel. 0264 57 3009, www.tsumago-fujioto.jp. Terug naar de tijd van samoerai en shogun, maar wel hedendaags comfort; sfeertuin en goede streekkeuken.

Takayama ▶ O 11

Takayama telt ongeveer 90.000 inwoners. Die wonen verspreid over een uitgestrekt oppervlak. In de omrin-

Takayama Hida no Sato

gende Hida Mountains wonen en werken nog steeds houtbewerkers. Daarbij is de stad de nummer één op gebied van spinazieteelt van het land.

Takayama werd ongeveer vier eeuwen geleden gesticht door een daimyo. Handelaren vestigden zich langs de rivier en bouwden er spoedig – boeddhistische – tempels en samoerai bouwden er hun huizen. Daar is nog een respectabel aantal van te zien. Ook het brouwen van sake kent hier een lange voorgeschiedenis. In het centrum zijn de oude houten huizen en sake de voornaamste toeristische attracties. Er is een klein en vrij toeganklijk historisch museum, welbeschouwd het relaas van twee lokale families: een deed in hout, de ander brouwde sake. Hun geschiedenis wordt geïllustreerd aan de hand van archeologische objecten, historische en hedendaagse kunstwerken en folklore.

Overigens kwam de houtbewerkers nog een belangrijke vaardigheid van pas: ze konden snel een (houten) gebouw neerhalen, wat hen belangrijke leden van het brandweercorps maakte. Aan de oostkant van de Enakogawa, in Higashiyama Teramachi, staat een geconcentreerde reeks tempels: dertien voor boeddhisten en vijf voor shinto.

Tussen de Miyagawa en de Enakogawa ligt het Shiroyama-koen, een park met de resten van het oude kasteel.

Een fiets komt in Takayama goed van pas – verhuur bij het station en diverse winkels in het centrum. Het openlucht- en kunstmuseum bevinden zich ten noorden van Takayama-centrum in Hida. De enorme tempel met gouden dak en rode bal is de hoofdtempel van de Creator of the Universe, van de volgelingen van Sukyo Mahikari. Een klokkenspel roept dagelijks om 9 uur dienstgangers op. Bij het altaar staat een enorm aquarium met koikarpers.

Hida no Sato / Hida Folk Village

Hida Folk Village, tel. 0577 34 47 11, www.hidanosato-tpo.jp, dag. 8.30-17 uur, 700 yen

Gevouwen handen

In een hoek van 60 graden lijken de daken van de huizen in Shirakawa op devoot gevouwen handen, **gasshozukuri**. Dat heeft natuurlijk vooral een praktische achtergrond: de steile helling zorgde ervoor dat er geen dik pak sneeuw op de daken bleef liggen. De bedekking was van oudsher gras, dat elke 25-35 jaar vervangen moest worden. Meer naar het zuiden bedekte men de daken met houten pannen. Onder de nok van de doorgaans grote dakoppervlakken werden zijdewormen gekweekt, buskruit gemaakt en andere industriële activiteiten ontplooid. Door een toeristische invulling zijn veel gassho-zukuri en daarmee de cultuur van deze oude bouwtechnieken bewaard gebleven.

Dit goed opgezette openluchtmuseum met een dertigtal traditionele panden vindt u buiten het centrum. Hier is extra aandacht voor de befaamde timmerlieden en houtbewerkers van deze contreien. Heel interessant zijn de bouwdetails van de verschillende huizen: daken en nokverbindingen. Moest er extra licht invallen om fijn handwerk te kunnen verrichten, dan kreeg het dak een grote inkeping. Op veel plaatsen is Engelstalige uitleg en worden workshops gegeven, waaronder weven. Voor jonge kinderen is het een leuke laagdrempelige bestemming: ze kunnen zich verkleden, origami vouwen, stempels verzamelen en – uiteraard zonder schoenen – kruip-door-sluip-doorkamers en -zolders verkennen.

Hida Takayama Museum of Art

1-124-1 Kamiokamoto, tel. 0577 35 35 35, www.htm-museum.co.jp, half mrt.-half jan. dag. 9-17 uur, 1300 yen

Groot is het contrast met het moderne kunstmuseum, gewijd aan Europese art nouveau. De openingshal bevat de beroemde Laliquefontein in amethistkleurig glas met metaal, grotendeels van originele materialen (zie foto blz. 48). De fontein was speciaal ontworpen en vervaardigd voor de opening van een exclusieve winkelgalerij aan de Champs Élysées. Vervolgens komt u in zalen met nog meer Franse topstukken – sieraden en vazen – van René Lalique, Maurice Marinot, Émile Gallé en zeer verfijnd houtwerk van Louis Majorelle. Ook zijn er enkele kenmerkende glaswerken van Louis Comfort Tiffany en vertegenwoordigers uit de Wiener Werkstätte, vervolgens een compleet interieur van de Schotse ontwerper Charles Rennie Mackintosh. Verpozen kunt u net als in Glasgow ook hier in stijl in de Willow Tearooms. De museumwinkel heeft volop souvenirs uit de art nouveau maar ook Scandinavisch hedendaags design.

Furukawa

Oude pakhuizen en sakebrouwerijen bij de rivier en tempels met mooi houtsnijwerk maken Furukawa bezienswaardig; u hoeft er alleen maar de Ichinomachi voor op en neer te lopen. Het is een kleine en rustige versie van Taka-yama. Alleen tijdens de Matsurifeesten – 19-20 april – stromen de bezoekers toe. Furukawa ligt 12 km ten noorden van Takayama, aan de spoorlijn naar Toyama.

Shirakawa

Op de Haku-san, de hoogste top van de Ryohaku-kam en ten westen van Takayama, ligt het bergdorp Shirakawa. In 1995 kwam het op de UNESCO Werelderfgoedlijst omdat het unieke bouwkarakter, de A-vormige huizen, er zo gaaf was bewaard gebleven. Shirakawa en omringende dorpen waren lang van de buitenwereld afgesloten waardoor hun historische karakter behouden bleef. Als een van de sneeuwrijkste delen van het land is Shirakawa ook nu 's winters geregeld afgesloten van het grote geheel. Bussen rijden in een klein uur tussen Takayama en Ogimachi (2470 yen enkele reis); een (huur) auto is hier praktisch.

Een grote concentratie gassho-zukurihuizen vindt u in het openluchtmuseum **Gasshozukuri Minkaen** (dag. 9-16/17 uur, 600 yen). Van de 26 huizen is een aantal van elders hierheen verplaatst bij het indammen van de Shokawa. Een afzonderlijke bezienswaardigheid is het grote Wada (dag. 9-17 uur, 300 yen), als museumpand ingericht met meubilair, lakwerk en decoraties.

Overnachten

Het zeer op toeristen ingestelde Takayama heeft veel hotels; de meeste budgetopties liggen bij het station.

Voordelig en gezellig – **Rickshaw Inn**: 54 Suehiro-cho, tel. 0577 32 2890, www.rickshawinn.com. Nog geen 10 min. lopen van het JR-station. Traditionele én westerse kamers, gemeenschappelijke lounge en een kleine keuken waar gasten gebruik van kunnen maken. Ook zespersoonssuite.

Ontspannen bij de openhaard – **Sosuke**: 1-64 Okamoto-machi, tel. 0577 32 0818, irori-sosuke.com. Sfeervol pand met oude openhaard in de lounge, Japanse kamers en er worden prima (keuze)maaltijden geserveerd.

Huis aan de rivier – **Sumiyoshi**: 4-21 Honmachi, tel. 0577 32 0228, sumiyoshi-ryokan.com. Met antiek ingerichte ryokan bij de Miyagawa, één- tot zevenpersoonskamers in Japanse stijl.

Vlak bij het openluchtmuseum – **Oyado Hachibei**: 388 Kamiokamotomachi, tel. 0577 35 2111. Kleinschalige en uitstekende ryokan op loopafstand van het openluchtmuseum en het Museum of Art. Bad met bronwater, gemeenschappelijke eetkamer, parkeerplaats en desgewenst kunt u gebruikmaken van de frequente pendel met het JR-station (tussen 15 en 17 uur).

Eten en drinken

Hida is ruim 400 jaar bekend als sakestreek. Ooit waren er meer dan vijftig sakestokerijen alleen al in Takayama. Izakaya's zijn er vooral tussen het station en de Miyagawa. De kunst is er een te vinden waar ook locals komen.

De *sansai ryori* bevat groente en kruiden uit de omgeving, meestal wordt die in combinatie met soba – boekweitnoedels – geserveerd. In de hoba miso is er misopasta toegevoegd en het geheel geroosterd. Het rundvlees uit Hida wordt geroemd, erg lekker als vleesspies. *Mitarashi-dango* zijn geroosterde rijstballen aan een stokje.

Toyama ▶ O 10

Op heldere dagen kan Toyama bogen op de charme van de nabijheid van de zee en een achtergrond van een mooie bergrug. Wie er is beland, wacht een paar aardige bezienswaardigheden. Verder is het vooral een halte op doorreis, tussen de Japanse Alpen en Kanazawa.

Toyama-jo

1-62 Honmaru, 9-17 uur, 210 yen
Vermoedelijk rond 1543 verrees dit kasteel in het landschap. De originele toren doorstond de branden en aardbevingen niet; de huidige is in 1954 gebouwd en vormt de kern van een stadspark.

Toyama Glass Art Museum

5-1 Nishi-cho, dag. 9.30-18, vr.-za. tot 20 uur, 200 yen basiscollectie, tentoonstellingen meerprijs
Zowel het complex (Kengo Kuma, 2015) als de tentoonstelling hedendaagse glaskunst is een bezoek waard. Het internationale boegbeeld op dit terrein, Dale Chihuly, heeft een kernrol in de Glass Art Garden. Ook Tomas Hlavicka en Youko Togashi behoren tot de grote huiskunstenaars. De huidige directeur Ryoji Shibuya studeerde onder meer aan de Gerrit Rietveld Academie.

Folkcraft Village

Minzoku Mingei, bus 92 vanaf Toyama Station, dag. 9-17 uur, 100 yen per museum, 520 yen passe-partout
Een serie kleine musea, gewijd aan traditionele ambachten en bouwkunst. Twee ervan zijn gassho-zukuri; één is gewijd aan geneeskunde sinds de Edo-periode, de ander aan textielnijverheid. In een voormalige hoeve vindt u een bijzondere collectie keramiek uit alle windstreken van Japan. Kunstenaar Gyujin Takamura was vooral geïnspireerd door Chinese en Japanse folklore.

Naast het Craft Village staat de tempel Chokei-ji (1786) met 500 beelden van boeddhistische volgelingen: stuk voor stuk hebben ze een andere uitdrukking of houding.

Toyama City Office View Tower

Shinsakuramachi, gratis toegang
Wie van stadsuitzichten houdt, spoedt zich naar de toren, in een kantoorgebouw circa 8 min. lopen van het station.

Tip

Dak van Japan

Van half april tot half november is de Tateyama-Kurobe Alpine Route een bijzonder reistraject tussen Ogiza en Toyama. Vooral van augustus tot oktober lokt die veel reizigers, die de 90 km afleggen per bus, trein, kabelbaan en bergtrein om over 'het dak van Japan' naar de Japanse Zee te gaan. De route neemt al gauw zes uur in beslag, dus start op tijd; tickets kosten circa 11.000 yen enkele reis. Op heldere dagen is dat zeer goed besteed. Trek als u er tijd voor hebt liever meer dagen uit. Zie www.alpen-route.com.

Eten en drinken

Al eeuwenlang wordt in Toyama forel-sushi gegeten. Het maken ervan blijkt volgens een film in het **Manamoto Co., Ltd Trout Sushi Museum** (37-6 Nano-cho, tel. 076 429 7400, dag. 9-17 uur, gratis) een tijdrovende handeling. In het fabrieksmuseum kan ook gegeten worden, uiteraard forel.

Suhi-ya – **Sushitama:** 5-8 Kakeosakaemachi, tel. 076 491 1897, www.sushitama.com. Een breed palet sushi, volgens locals een echte aanrader. Er zijn een paar locaties.

Kanazawa ▶ O 10

Niet meer in de Japanse Alpen maar in de zompige kuststreek ligt de grote stad Kanazawa. Het was reeds halverwege de 19e eeuw een van de grootste steden van Japan. De grandeur is nog af te lezen aan het kasteel en het daarnaast gelegen fraaie park. De bloeitijd van Kanazawa lag in de 15e eeuw. De regerende Togashi moesten het onderspit delven door het samenspannen van (rijst)boeren en (boeddhisten)monniken. Tot grote ontwikkeling kwam de kunstnijverheid op het gebied van zijdeverven en lakwerk. De streek Kawa was enige tijd een autonoom boeddhistisch bolwerk, tot in 1583 de daimyo op hoger gezag werd geïnstalleerd. Maatstaf voor de rijkdom was de rijstproductie, die hier zeer hoog lag.

Nagamachi is een wijk met oude straten en panden. Higashi Chaya is een wijk van historische theehuizen en geishascholen.

Kanazawa-jo

Marunouchi, dag. mrt.-half okt. 7-18, half okt.-feb. 8-17 uur, park gratis, interieur kasteel 310 yen

De vestingmuren dateren van de 16e eeuw, maar u betreedt het kasteeldomein via een 18e-eeuwse poort. Een deel van het complex is zorgvuldig herbouwd aan het begin van de 21e eeuw. Het vrij toegankelijke kasteelpark ligt hoog en is heel uitgestrekt. Binnen is vooral het houtwerk interessant en er zijn schaalmodellen van bouwdetails.

Kenroku-en

Kenrokumachi, dag. mrt.-half okt. 7-18, half okt.-feb. 8-17 uur, 310 yen

Onder de Maeda-clan kwam de naast het kasteel gelegen tuin tot ontwikkeling, die tot de top-3 van tuinen van Ja-

Kenroku-en

pan wordt gerekend. Alle kenmerkende elementen zijn er terug te vinden: waterval, kronkelende waterloop, stenen bruggetjes, doorkijkjes, uitzichten en een theehuis. Sinds 1874 is de tuin openbaar. In het voorjaar bloeien de kersenbomen, spoedig gevolgd door de paarse irissen in het water. Onder de bijzondere boomsoorten valt de karasakinomatsupijnboom. Deze en anderen bomen – zeker als ze door hoogwaardigheidsbekleders zijn geplant – worden gestut en gesteund; hier wordt geen reus geveld.

Kanazawa 21

Tel. 076 220 28 00, www.kanazawa21. jp, dagen en tijden, vaste collectie 350 yen, meerprijs voor wisseltentoonstellingen

Kanazawa 21 Museum, Ehrlich-bad

Aan de zuidkant van de Kenroku-en belandt u langs een tempelcomplex in de 21 eeuw. Het 21st Century Museum of Contemporary Art heeft enkele parallelle wisseltentoonstellingen voor moderne kunst. Er zijn een paar vaste objecten, waaronder het bad van Leandro Ehrlich waar mensen in/onder staan, en de *Blue Planet Sky* van James Turrell: een opening in het plafond waardoor de lucht een wisselende invulling geeft.

Overnachten

Westers-Japans – **Kanazawa Sainoniwa Hotel:** 2-4-8 Nagata, tel. 076 235 3128, www.sainoniwa-hotel.jp. Combinatie van westers en Japans, uitgebreid ontbijtbuffet, baden, tuin met waterpartij op de binnenplaats. Gebruik van fietsen en shuttle van en naar het station; goede prijs-kwaliteitverhouding. Huiselijk – **Murataya ryokan:** 1-5-2 Katamachi, tel. 076 263 0455, www.murataya-ryokan.com. Plezierig en huiselijk adres, niet ver van kasteel en tuin.

Eten en drinken

De streekkeuken van Kanazawa heeft als bijzonderheid de visschotels, waaronder zeebrasem, rivierkreeft en krab; op de Omichomarkt kunt u ook sushi vinden. Daarnaast zijn eend en kip in allerlei variaties en vooral met wasabi ook geliefd in Kanazawaschotels.

Een van de traditionele theehuizen van Higashi Chaya is **Ochaya Shima**, 13-21 Higashiyama, dag. 9-18 uur, 500 yen, thee 500-700 yen; soms zijn er muziek- en dansvoorstellingen. Bijzonderheden van het ertegenover gelegen theehuis **Kaikaro** zijn de roodgelakte trap en de prenten op de kamerschermen; 14-8 Higashiyama, dag. 9-17 uur, 750 yen, inclusief thee 1200 yen.

Vervoer

Een fiets is in Kanazawa een praktisch vervoermiddel, ook om ontspannen de rivier te volgen en diverse wijken te verkennen; bezienswaardigheden liggen te ver uiteen om te lopen. Busjes rijden een vijftal routes (100-200 yen; zie www. kanazawa-tourism.com).

Nagoya ▶ O 12

Zware oorlogsschade noopte tot vrijwel volledige herbouw van het industriële Nagoya. Het resultaat is een moderne metropolis met hoogbouw. Daarin is een hoofdrol weggelegd voor Toyota, dat het hoofdkwartier heeft in het 47 verdiepingen tellende complex aan de Midland Square. U kunt er een kijkje nemen bij het productieproces, wat echt niet alleen iets voor autofreaks is.

Wie door de minder mooie schil van de stad heen kan kijken, vindt er stadse geneugten als een groot culinair aanbod en cultureel en technologisch interessante zaken.

Nagoya-jo

1-1 Honmaru, dag. 9-16.30 uur, 500 yen
Ieyasu Tokugawa liet het kasteel in 1610 bouwen om de Tokaidoroute tussen Edo en Kyoto te beveiligen en weerstand te kunnen bieden aan aanvallen vanuit Osaka. Tot 1930 was het kasteel keizerlijk bezit, toen werd het overgedragen aan de stad. Het kasteel liep door de aardbeving van 1891 en als militair hoofdkwartier tijdens WOII veel schade op. Een aantal prenten en schilderijen, van meesters uit de School van Kano, werd gespaard en kon worden teruggeplaatst. Een reconstructie van het paleis, de Honmaru Goten, is in 2018 voltooid. De stenen toren is afgebroken en wordt vervangen door een authentiek houten exemplaar (voltooiing 2022).

Tokugawa Art Museum

1017 Tokugawa-cho, di.-zo. 10-17 uur, 1400 yen; tuin di.-zo. 9.30-17.30 uur, 300 yen, tuin plus kasteel 1550 yen
Het museum heeft een paar grote speerpunten. Letterlijk: als u één collectie samoeraizwaarden zou moeten kiezen, dan is hier een zeer grote, met authentieke wapens. Tevens een belangwekkende collectie traditionele kostuums en maskers van no-voorstellingen en theeattributen. Een van de grootste schatten is de geschilderde rol met *The Tale of Genji* (zie blz. 155) uit de 12e eeuw. Die is zo kwetsbaar dat die slechts van 10 november tot begin december te zien is, daarbuiten ziet u een reproductie.

In de tuin achter het museum, de **Tokugawa-en**, bloeien half februari-half maart de abrikozenbomen, de tweede helft van april de pioenrozen, gevolgd door de irissen; ook de herfstkleuren in november zijn fraai. Lunchtip: **Houzentei**, het museumrestaurant.

Nagoya City Science Museum

Shirakawa Park, tel. 052 201 4486, www.ncsm.city.nagoya.jp, dag. 9.30-17 uur, museum 400 yen, incl. planetarium 800 yen
Een ruimteraket, planetarium en een enorm complex met natuurkundige en technologische fenomenen – veel om zelf te doen en ontdekken. Informeer naar Engelstalige info voordat u een kaartje koopt voor de 50 minuten durende shows in het planetarium.

Toyota Plant Tour & Kaikan Museum

1 Toyota-cho, Aichi, www.itchiku-museum.com, gratis rondl. (Engelstalig) ma.-vr. 10.30 uur (tot 13 uur)
Het productiesysteem van Toyota is mede tot stand gekomen door de naoorlogse crisisperiode. Toyota implementeerde als eerste de methode van *lean production* binnen de gehele organisatie.

Samoerai en zomerfeesten

Noord-Honshu beslaat vooral de regio Tohoku: 'noordoosten'. Ook hoort u wel de naam Michinoku. Het is het gebied dat nog het langst door samoerai werd beheerst. Hier ziet u beduidend minder tempels dan in het zuiden, hoewel de streek ook een pelgrimsroute heeft en spirituele media. Terugkerend thema zijn hier de samoeraistadjes en min of meer ruïneuze kastelen, waarvan we in dit hoofdstuk een selectie vermelden. Hoewel er zeker ook een paar industriële agglomeraties zijn, zoals Sendai, Niigata, Akita en Aomori, is het voor toeristen de streek van rijstvelden, bergen, bossen, rivieren en (krater)meren.

In Noord-Honshu ligt ook het in 2011 zwaar door een aardbeving en daaropvolgende tsunami getroffen gebied van **Fukushima**, waarbij 20.000 mensen het leven verloren. De schade die ontstond aan de kerncentrale, hemelsbreed ongeveer vijftig kilometer ten zuidoosten van Fukushima, leidde tot een kernramp. Eind 2018 herinnerden alleen borden met de – inmiddels acceptabele – stralingsindicatie er nog aan.

Veel bezoekers gaan begin augustus naar Akita en Aomori, waar bijzondere zomerfeesten gevierd worden.

Nikko ✴   ▶ Q 10

Ten noorden van Tokyo is het bergtempelcomplex van Nikko (Werelderfgoed) een belangrijke attractie. Nikko was welbekend bij shinti en boeddhisten maar een bloeitijd brak aan na het overlijden van Ieyasu Tokugawa, die voor een tempel ter zijner eer Nikko had uitverkoren. Zijn kleinzoon Iemitsu deed daar een schepje bovenop. Nadat de keizer weer in het zadel was gekomen, werd Nikko vooral geliefd als verkoelende uitvalsbasis voor de zomerse hitte in Tokyo. De plaats ligt aan de zuidkant van de Daiya-gawa, de tempels en musea liggen aan de bosrijke noordkant. De bijna 4 km lange hoofdstraat van Nikko heeft volop winkels met lekkernijen en min of meer authentieke souvenirs: houten poppen, kalligrafie, aardewerk, *geta* (houten slippers).

Tosho-gu

Dag. 8-16/17 uur, 1300 yen, Tosho-gu Museum of Art (Bijutskan) 800 yen
Bospaden en trappen voeren u naar zeer rijk gedecoreerde tempels en een vijf verdiepingen tellende pagode, alle met verfijnd en kleurrijk houtwerk. Bij de Shinkyu (Heilige Stallen) beelden geschilderde houten apen de lijfspreuken van het tendai-boeddhisme uit, waaronder: luister niet naar kwaad, kijk niet

Yabusameruiters bij de Tosho-gu

naar kwaad en spreek geen kwaad. De Okusha is het heiligdom van Ieyasu. In het moderne museumgebouw worden de tempelschatten bewaard, waaronder drie eeuwenoude mikoshi die tijdens processies worden rondgedragen. Ook worden fraaie ukiyo-e, wapens en huishoudelijk gerei tentoongesteld. Het café, met diverse koffievarianten, gebak en softijs, is ook voor niet-museumbezoekers toegankelijk.

Rinno-ji

8-16/17 uur, 400 yen, incl. bezoek aan Taiyuin-byo 900, schatkamer 300 yen
Voor de in de 8e eeuw door Shodo Shonin gebouwde boeddhistentempel prijkt diens standbeeld. In de Sanbutsu-do staan drie enorme vergulde beelden, van de Duizendhandige Kannon, de Amida-Boeddha en Kannon met een paardenhoofd. Er zijn tot 2021 grootschalige renovaties gaande, maar de beelden zullen te zien blijven. De Homotsuden bevat de tempelschatten.

Futarasan-jinja

8-16.30 uur, tempel vrij toegang
Deze tempel (766) liet Shodo Shonin bouwen als eerbetoon aan de goddelijke verschijning van de bergen Nantai, Nyotai en Taro, respectievelijk man, vrouw en kind. De tempel is een belangrijk doel voor wie hulp nodig heeft bij huwelijk, zwangerschap en bevalling.

Het mausoleum van Iemitsu, voorbij de Futarasan – bij de Taiyuin-byo, valt op met Chinese elementen.

Overnachten

Hotels bevinden zich in ruime mate in en net buiten Nikko. In de omgeving zijn enkele onsenresorts, zie ook de Nikko-infowebsite. Onderstaande adressen zijn kleinschalig en servicegericht.

Uitstraling – Nikko Akarinoyado Village Revage: Sfeervol kleinschalig en verzorgd complex met tuin, onsen voor privégebruik. Uitstekende maaltijden, westers-Japans. Dicht bij de tempels.
Slapen in het groen – Teddy Bear House Nikko: 1543-507 Tokorono, tel. 0288 25 3022, www.nikkoteddybearhouse.com. Kleinschalig adres, ruime kamers met eigen badkamer. Mooie, rustige locatie bij Kirifuriwatervallen (buspendel). Kies halfpension.
Rustig in rivierdal – Hotel Kagoiwa Onsen: Takatoku 51, tel. 0288 76 2020, www.kagoiwaonsen.jp. Buiten Nikko, desgewenst shuttle van en naar het treinstation Nikko. Ruime Japanse kamers en buiten-onsens; restaurant eenvoudig ingericht maar prima keuken; uitzicht over het vogelrijke rivierdal.

Taiyuin-byo, mooi voorbeeld van Wabi – natuur en kunst in harmonie

Vervoer

Nikko is per trein vanaf Tokyo, Asakusa Station te bereiken. Tobu Line rijdt met de Kaisoku (2 uur 20 min., 1360 yen) en de moderne Spacia (1 uur 50 min. 2750 yen), tevens dag- en meerdaagse passen; www.tobu.co.jp. JR (Nikko Line) rijdt via Utsonomiya, duur circa twee uur, tarieven een stuk hoger dan Tobu Line tenzij u gebruikmaakt van uw JR-Rail Pass.

Info en evenementen

Nikko City Tourism Association: tel. 0288 22 1525; nikko-travel.jp/english/. Op 18 mei wordt de begrafenis van Ieyasu in scène gezet: een kleurrijke processie met meer dan duizend priesters, samoerai en boogschutters. Yabusame (boogschutters) half mei en half oktober.

Sendai ▶ R 9

Het oude, levendige centrum van Sendai heeft brede lanen. Eromheen is veel (haven)industrie. Het driedaags Tanabata-sterrenfeest (zie hiernaast) trekt twee miljoen bezoekers.

De stad werd in 1603 gesticht door daimyo Date Masamune. Door steun te leveren aan Ieyasu Tokugawa verwierf hij een groot gebied. Daar zou zijn clan de daaropvolgende 270 jaar in het zadel blijven. Ongetwijfeld droeg het opmerkelijke uiterlijk van Date bij aan zijn mythevorming: hij had maar één oog en droeg een eigenaardige helm met een sikkel. Hij is veelvuldig model voor hedendaagse mangafiguren. In het **Sendai City Museum** (di.-zo. 9-17 uur, 460 yen) is een hoofdrol voor Date Masamune weggelegd; ook ziet u daar zijn befaamde helm en zwaard. Naast

Watermannen

Aan het Asakakanaal bij Koriyama hebben Nederlandse waterdeskundigen een grote bijdrage geleverd. Ingenieur Cornelis Johannes van Doorn, die zijn sporen had verdiend bij de aanleg van het Noordzeekanaal en de afsluitdijk van het IJ bij Schellingwoude, trad in 1871 als deskundige in dienst van de Japanse overheid. Daar was hij betrokken bij de havenaanleg in Edo (Tokyo), Nobiru/Sendai, Osaka en Yokohama. Bijzondere vermelding verdient zijn betrokkenheid bij het project voor de irrigatie van de Asakavlakte – destijds een door watergebrek onvruchtbaar gebied – met water uit het Inawashiromeer. Er werd gebruikgemaakt van de natuurlijke daling van het land voor de toevoer van water, over een traject van 52 kilometer. Dit maakte ook de ontwikkeling van Koriyama mogelijk tot de huidige stad met circa 350.000 inwoners.

Het leidde tevens tot een vriendschappelijke band tussen Brummen (Hall), de geboorteplaats van Van Doorn, en Koriyama. Bij het Asakakanaal staat een bronzen standbeeld van Van Doorn bij de brug met de zestien sluizen.
Naast Van Doorn waren de waterbouwkundigen Johannis de Rijke, George Arnold Escher en Isaac Lindo bij Japanse waterwerken betrokken. Louis van Gasteren schreef *Die Eeuwige Rijst Met Japansche Thee* (2003) op basis van brieven van deze watermannen. Tevens bewerkte Van Gasteren dit materiaal al eerder tot een boek (2000) en tot de gelijknamige documentaire *In een Japanse stroomversnelling* (2002), waarin prins Willem-Alexander opent. Boek en documentaire geven een levendig beeld van Japan in de 19e eeuw. Onder veel Japanners zijn de namen van deze watermannen nog bekend.

zijn kleurrijke mausoleum, de **Zuiho-den** (dag. 9-16.30 uur, 550 yen), en die van twee van zijn opvolgende nazaten, worden persoonlijke grafschatten en een video over de opgravingen getoond.

Van de **Aoba-jo**, het kasteel, zijn slechts ruïneuze resten over; in de Exhibition Hall (dag. 9-17 uur, 700 yen) is een computersimulatie die toeschouwers het kasteel in voert.

Overnachten

In de goedkoopste klasse bij het station: Smile (Kokuboncho) en Central Sendai. **Sfeer – Bansuitei Ikoiso Ryokan:** 1-8-31 Kimachi-dori, tel. 022 222 7885, www.ikoisouryokan.co.jp. Aan de rand van het centrum, bij Route 48. Gemoderniseerde tatamikamers, oogt bij de entree als een theehuis. Ontbijt en dagmenu worden in de eetkamer geserveerd.

Info en evenementen

Zie sendaitanabata.com/en.
Sendai Tanabata: 6-8 augustus, het moment waarop de sterren Vega en Altair elkaar in het heelal ontmoeten. Vega en Altair zijn de verschijningen van goddelijke Orihime en Hikoboshi (zie hieronder). De menigte loopt rond met bamboestokken waaraan kleurrijke papieren en plastic slingers of figuren en briefjes met gedichten en gebeden zijn bevestigd. De legende noemt de 7e dag van de 7e maand, maar vanuit de Chinese kalender vertaald valt de Sendai-Tanabate in augustus.

Matsushima ▶ S 9

De beboste eilandjes in de baai van Matsushima, ten noordoosten van Sendai, is een van de erkende idyllische landschappen van het land. Wat ook betekent dat er veel – Japanse – toeristen op afkomen (mijd weekenden en feestdagen). Op een oppervlakte van ongeveer 12 bij 14 km liggen 260 eilandjes, in allerlei vormen; de meeste hebben dierennamen gekregen omdat hun contouren daar ergens (soms heel in de verte) aan doen denken. Uit de witte rotsen zijn door het water poortbogen uitgeslepen en weten pijnbomen te groeien. In de ondiepe delen van de baai wordt al honderden jaren aan oesterteelt gedaan.

Rondvaartboten vertrekken vanuit Matsushima en Shiogama. Sokanzan is een van de favoriete uitzichtpunten.

Orihime en Hikoboshi

Prinses Orihime weefde prachtige kleding, vlak bij een hemelse rivier – de Melkweg. Ze werkte zo hard dat ze eenzaam was, en wanhoopte dat ze nooit een geliefde zou vinden. Haar vader was de God van de Hemelen en regelde een ontmoeting met Hikoboshi, die koeien hoedde aan de andere kant van de Melkweg. Ze werden onmiddellijk verliefd en trouwden. Orihime stopte met weven en Hikoboshi liet zijn koeien zelf hun weg vinden in het heelal. Daarop werd vader boos en verbood de geliefden elkaar nog langer te zien. Na Orihimes smeekbeden kwamen ze uit op één jaarlijkse ontmoeting, als ze althans hun werk weer oppakten. Toen ze elkaar na een jaar weer zouden ontmoeten, bleek het onmogelijk de Melkweg over te steken. Daarop kwamen eksters Orihime te hulp en maakten een brug voor haar. Nu is het zo dat eksters niet komen als het regent. In dat geval moeten de geliefden weer een jaar wachten op een nieuwe kans. In Sendai hoopt men dan ook vooral op 7 augustus op goed weer.

Yamagata ▶ R 9

Van het oude kasteel van Yamagata rest nog slechts een poortgebouw. Eind 2018 waren werkzaamheden gaande om op de kasteellocatie een park aan te leggen. Aan de buitenzijde van de greppel staat een reeks tulpen- en kersenbomen. Het voormalige ziekenhuis (Saiseikan) aan de rand van het domein is gebouwd in een pseudowesterse stijl met achthoekige toren. Het is ingericht als historisch museum (dag. 9-16 uur, vrij toegang) met tevens een collectie medische gereedschappen en apparatuur.

In de provincie Yamagata bepalen rijstvelden een groot deel van het aanzicht; er zijn tientallen sakebrouwerijen.

Hirashimizu

Liefhebbers van aardewerk vinden in randgemeente Hirashimizu volop pottenbakkers. De klei komt uit de plaatselijke rivierbedding en bevat ijzer, dat ook zichtbaar is op het aardewerkproduct. In Hirashimizu vindt u deze (familie)bedrijfjes vooral in de nabijheid van de boeddhistentempel **Heisen-ji.**

Yamadera

Ten noordoosten van Yamagata ligt in een landelijke vallei de plaats Yamadera, het domein van een reeks sfeervolle bergtempels (dag. 8-17 uur, 300 yen). Hun oorsprong voert naar de Heianperiode (8e-12e eeuw) toen de boeddhisten hier op last van de keizer moesten verrichten. De dichter Basho schreef hier in de 17e eeuw zijn mooiste haiku's. De tempels liggen verspreid op de heuvel, te betreden over ruim duizend treden, omlijnd met bemoste beelden, altaartjes en lantaarns; mogelijk ziet u ook een bosgems. Yamadera is per trein vanuit Yamagata te bereiken, het tempelcomplex ligt vlak bij het station.

Zao Onsen

Zao Onsen heeft zeer goede pistes en druk is het er dan ook vooral in het skiseizoen. De combinatie van droge Siberische wind en sneeuw pakt de bomen op de **Juhyo Kogen** in tot 'ijsmonsters'.

Het hele jaar is het een aangename bronnenbadplaats dankzij de al eeuwenlang bekende Bron van Schoonheid en Bron van Gezonde Kinderen. De

Kratermeer van Okama bij Zao Onsen

zuurgraad van het water is er hoger dan van citroensap. Er zijn publieke baden in een reeks chaletjes (6-22 uur, 200 yen) en Genshichi Roten-no-Yu is een openbaar openluchtbad (9-21 uur, 450 yen).

Wandelen

Vanaf het bergstation van de Sanroku/Sancho Line loopt u in drie kwartier naar de top van de Kumano (1841 m), daarvandaan ziet u het groene kratermeer van Okama. Of u rijdt de Zao Echo Line tot net onder de piek van de Kattadake (1758 m); de laatste honderden meters is tolweg (540 yen). Vervolgens loopt u in een goed halfuur de Kumano op. Ook langere tochten zijn mogelijk.

Overnachten

Sfeer van weleer – **Oomiya Ryokan:** 46 Zao Onsen, tel. 023 694 2112, www.oomiyaryokan.jp. Hooggelegen en stijlvol onsenresort in de sfeer van honderd jaar geleden, uitstekende keuken.
Tips van de eigenaar – **Yoshidaya Ryokan:** 13 Zao Onsen, tel. 023 694 9223. Engelssprekende staf, Japanse sfeer, gedeelde badkamer; onsen 24 uur per dag beschikbaar.
Goed gezinsadres – **Zao Onsen:** 963 Zao Onsen, tel. 023 666 6525, forest-zao.co.jp. Middelgroot middenklassehotel met ruime tot zeer ruime kamers, naar keuze westerse bedden met een aangrenzende tatamiruimte. De binnen- en buitenbaden zijn zichtbaar aangetast door het zure water, maar onverminderd heilzaam.

Informatie en vervoer

Zao Onsen Tourism Association, tel. 023 694 9328, www.zao-spa.or.jp. Ook voor hulp bij het reserveren van logies.
Hanagasa Matsuri: 5-7 augustus, groot stadsfeest met een 10.000-koppige dansende menigte, trommelaars en praalboten die meegetorst worden.
Met JR East Shinkansen reist u tot Fukushima, dan met reguliere treinen naar Yamagata Shinjo Station; kortst mogelijke reistijd 3,5 uur. Naar Zao Onsen gaan bussen.

Hiraizumi ✳ ▶ R 8

De Fujiwara lieten in Hiraizumi in de 11e eeuw tientallen fraai gedecoreerde boeddhistentempels en paleizen bouwen. Hun machtsvertoon wekte de toorn van Yoritomo Minamoto, die vanuit Kamakura zijn domein trachtte te vergroten en bestendigen, wat hem uiteindelijk zou lukken; het leidde tot de shogundynastie Kamakura. Legendarisch is het verraad dat Yoritomo's halfbroer Yoshitsune pleegde. Yoshitsune was opgeleid door het monnikenleger van Hiraizumi, waar Yoritomo zijn pijlen op richtte. Daarop vluchtte Yoshitsune, hetzij naar de eeuwigheid door middel van seppuku – zijn hoofd zou in sake aan Yoritomo zijn aangeboden – dan wel naar Mongolië. In het stadsfeest van Haraizumi heeft hij in elk geval de hoofdrol. De tempels, tuinen en erfgoedschatten hebben als symbool van het pure boeddhistische land UNESCO-Werelderfgoedstatus.

Chuson-ji

202 Koromonoseki, tel. 0191 46 2211, www.chusonji.or.jp, 9-16.30/17 uur, 800 yen, audioguide 500 yen
De Chuson-ji werd in de vroege 12e eeuw opgericht om overleden zielen geborgenheid te bieden – zowel verwante als vijandelijke! De indrukwekkende Konjiki-do, de gouden hal met het 12e-eeuwse mausoleum, is in de ja-

Favoriet

Jodo-teien & Motsu-ji, Hiraizumi

Van het ooit belangrijke tempelcomplex van de Fujiwara (dag. 8.30-17 uur, 500 yen) is weinig over, maar de Jodo-tuinen uit de Heianperiode ziet u er wel. Hoofdelement is een grote vijver met daarin eilandjes van uitgebalanceerde rotsen. Gedoseerd fleurrijk zijn de tuinen achtereenvolgens door de bloeiseizoenen van kers, azalea, lotus, iris en lespedeza. Een unieke aanblik geeft het park de 4e zondag van mei tijdens het dichtersfestival **Gokusei-no-En**, een ode aan de haikudichter Basho. Deelnemers zitten in traditionele kleding onder een parasol aan de oevers van het smalle beekje en krijgen via het water sake toegeschoven. Hun werken worden ten slotte gedeclameerd. Over dit festijn ziet u meer in het kleine museum naast de tempel.

ren zestig in een glazen omhulling geplaatst en alleen op enige afstand te bewonderen.

De **Sankozo** bevat tempelschatten als beelden, sutrarollen en verfijnde versieringen van lakwerk die oorspronkelijk in de Konjiki-do hingen. Het notheater doet dienst tijdens het Hiraizumi Festival, 1-5 mei; er zijn dan tevens gekostumeerde optochten.

Takkoku-no-Iwaya

1-6 Kitazawa (wegnr. 31), tel. 0191 46 4931, dag. 8-17 uur, 300 yen

Ongeveer 6 km van Hiraizumi Station is een tempel deels in de rotswand gebouwd, met ernaast een uitgehouwen afbeelding van Boeddha. Het complex is gewijd aan Bishamon, de god van oorlog en krijgers, maar ook van voorspoed en rechtvaardigheid. De route vanuit Hiraizumi voert door een idyllisch rijstveldenlandschap; bij het station zijn fietsen (ook elektrische) te huur.

Geibikei

Tel. 0191 47 2341, boottocht 8.30-16 uur, 1600 yen

Ongeveer twintig kilometer ten oosten van Hiraizumi heeft de rivier de Geibikei een mooie kloof gevormd. De rotswanden over een twee kilometer lang traject zijn her en der hoog maar vertonen vooral hun fantasieprikkelende vormen. Dat geeft de zingende punteraars die toeristen in bootjes over de rivier loodsen volop – Japanse – gespreksstof. Op uiterste punt mogen passagiers een kwartiertje uitstappen, daar wordt nering gehaald uit de verkoop van geluksstenen die men in een rotsopening aan de overkant van de rivier mikt.

Vlak bij de start van de bootexcursie is een traditionele papierschepperij, Kamisukikan, waar al honderden jaren papier gemaakt wordt op basis van camellias.

Overnachten

B&B – **Minpaku Hiraizumi**: 117-17 Shirayama, Hiraizumi, tel. 0191 48 5866, ook via booking.com te boeken. Kleinschalig B&B-adres van zeer vriendelijke eigenaren; verzorgde, dubbele tatamikamer, ook geschikt voor gezinnen. Een paar honderd meter van de tuinen, gratis parkeren. Hiraizumi heeft openbare onsen. Meer logies is er in **Ichinoseki**.

Info

Ichinoseki heeft een Shinkansenstation, daarvandaan kunt u per reguliere trein naar Haraizumi (10 min.).

Tonovallei ▶ s 7

De brede en vruchtbare vallei, omringd door laaggebergte, is een landbouwgebied. Hier hebt u bij uitstek de kans om – weg van de doorgaande wegen – tussen rijstvelden te fietsen. Er zijn karakteristieke magariyahuizen, sommige zijn als folkloristisch museum ingericht. Daar ligt de nadruk op demonen en andere doorgaans vervelende wezens die de Tonovallei teisteren. Zoals Kappa, een lelijk waterwezen dat als icoon op allerlei panden en attributen staat afgebeeld. Fietsverhuur vindt u bij het toeristenbureau van Tono en bij de jeugdherberg.

Fukusen-ji

Apr.-dec. 8-17 uur, 300 yen

Voorbij Denshoen is deze tempel geen drukbezochte, maar zeker indrukwekkend complex. In de hoofdtempel staat een 17 m hoog houten beeld van Kannon. Er zijn twee prachtige pagodes, van twee en van vijf verdiepingen, sfeervolle waterpartijen en zowel bloesem als herfstkleuren zijn hier schitterend.

Hoofdtempel van Fukusen-ji

Akita ▶ R 7

Akita, de hoofdstad van de gelijknamige provincie, is een haven- en industriestad, gericht op de nabije olievelden. Van het kasteel uit de Naraperiode zijn schamele resten over; het **Kubota-jo** was hoofdkwartier van de daimyo onder de Tokugawa. Aan de rand van het park **Senshu-koen** staat het **Museum of Art** (dag. 10-18 uur, 310 yen), een ontwerp van Tadao Ando uit 2013, met vooral werk van Tsuguharu Foujita (zie blz. 49).

Grote aantrekkingskracht heeft Akita's rijstzomerfeest, de **Kanto Matsuri**, begin augustus. Verlichte praalvlotten met enorme koppen van samoerai, sumoworstelaars, kabuki en demonen worden omgeven door *haneto*: springdansende, verklede mensen, met lampionnen. Meelopen kan, voorwaarde is wel een passende outfit – ter plaatse te koop of te huur. Aansluitend is er vuurwerk bij de haven. Lees meer over de matsuri in het **Kanto Festival Centre** (dag. 9.30-16.30 uur, 100 yen), ten westen van het park Senshu-koen. Hirosaki, ten zuidwesten van Aomori, heeft een eigen zomerlantaarnfeest (Neputa Matsuri).

De daimyo van Akita vestigde in 1620 in **Kakunodate, ten oosten van Akita,** een militaire buitenpost met zo'n 80 huizen voor samoerai en een veelvoud daarvan voor winkeliers en ambachtslieden. Diverse panden zijn als samoeraimuseum ingericht, zoals Aoyagi-ke (dag. 9-17 uur, 500 yen) en het veel kleinere Ishiguro-ke (300 yen).

Towada-Hachimantai National Park ▶ R 7

Dit park omvat het stroomgebied van de Oirase, het Towadameer en de vulkanische bergen Hakkoda, Hachimantai, Iwate en Akita-Komagatake. Vooral tijdens de herfstpiek (eind oktober) is het filerijden in de Oirasevallei, waar de rivier diverse stroomversnellingen en watervallen heeft. Op het Toyadakratermeer gaan rondvaarten (50 min.).

Towada Art Center

120-9 Nishi-Nibancho, tel. 0176 20 1127, towadaartcenter.com, di.-zo. 9-17 uur, 510/1000 yen

Ter afwisseling van natuurexcursies is een bezoek aan het modernekunst-museum van **Towada** zeker de moeite waard. Een reeks paviljoens bevat grote werken en installaties van internationale kunstenaars, waaronder Ron Mueck, Hans Op de Beeck en Yoshitomo Nara. Buiten staan sculpturen van Yayoi Kusama en een soort blobitecture ('Am I a house?') van Erwin Wurm.

Overige nationale parken

De oostkust van Noord-Honshu wordt tussen Kesennuma en Aomori beschermd als **Sanriku Fukko National Park**. De rotskust laat een prachtig staaltje erosie zien, met zuilen, tunnels en vreemdvormige (schier)eilandjes.

Wandelen

Langs de Hachimantai Aspite Line zijn diverse parkeerplaatsen waarvandaan wandelingen starten. Net onder de top is een netwerk met uitzichtrijke routes die een half tot twee uur in beslag nemen langs meertjes, en hoogveen, deels over vlonderpaden. **Matsukawa** is een basaltkloof door gemengd loofwoud, aan wegnr. 318. Fotogeniek is ook de vulkaanpiek van de Iwate-san (2041 m), met aan de voet een enorm lavaslakkenveld. De laatste uitbarsting was in 1919, maar nog geregeld blaast hij stoom af.

Vervoer en overnachten

Shinkansen heeft in het noorden haltes behalve in Kakunodate en Akita ook in Aomori en Morioka, waarvan de laatste een goede startbasis is voor verkenning van de vulkaanvlakte van Hachimantai.

Aomori ▶ R 6

Op de uiterste punt van Honshu was Aomori lang een belangrijke veerhaven voor de verbinding met Hokkaido. Sinds de spoortunnel er ligt, is het veerbelang afgenomen. Wel komen er nog veel bezoekers af op de **Nebuta Matsuri**, het beroemde zomerfestival. In Nebuta Wa Rasse (dag. 9-19 uur, 600 yen) wordt een tipje van de magische feestsluier op gelicht van het 300 jaar oude stadsfeest; vier originele praalwagens zijn te zien en regelmatig vinden er trommel- en dansvoorstellingen plaats.

Aomori Museum of Art

185 Chikano, tel. 017 783 3000, di.-zo. 9-18 uur, 510 yen

Architect Jun Aoki liet zich bij het ontwerp van het moderne museumcomplex inspireren door de nabije opgraving Sannay Maruyama: het grondplan komt daarmee overeen, maar bovengronds staat een modern wit paviljoen. Aoki is vooral befaamd vanwege zijn Vuittongbouwen in Tokyo, New York en Hong Kong.

Grote witte muren faciliteren veel expositiemogelijkheden. Tot de vaste collectie waaruit geput wordt, behoren 120 werken van Yoshitomo Nara (1959), die internationaal furore maakte met zijn manga-/popartportretten van kinderen met ver uiteen staande ogen en een vileine blik: het op het eerste oog schattige meisje blijkt een zaag, mes of pistool in haar hand te houden. Daarnaast fotografische verslaglegging van de Vietnamoorlog, drie grote werken van Chagall – ontworpen als balletdecor – en een aantal stukken van (prent)kunstenaar Shiko Munakata (1903-1975), aan wie het **Munakata Shiko Memorial Museum** is gewijd (Matsubara, di.-zo. 9.30-17 uur, 500 yen). Zijn grafsteen is gemaakt naar die van zijn grote voorbeeld: Van Gogh.

Kyoto en West-Honshu

Hoogtepunt ✳

Kyoto: de oude hoofdstad heeft de fraaiste tempels, gezellige wijken, is theestad bij uitstek en heeft heel aangename winkelpassages. Per fiets komt u overal. Zie blz. 136

Koya-san: in het zuiden van Kansai staat het einddoel van een lange pelgrimsroute; in plaats van te voet kunt u er per auto of openbaar vervoer heen. Het is een sfeerrijke plek in de bergen. U kunt ook bij de monniken logeren. Zie blz. 162

Hiroshima: stad vol littekens maar ook met optimisme, kunst en plezier. Zie blz. 190

Op ontdekkingsreis

Door de poorten van Fushimi-Inari: een berg vol oranjerode poorten, bewaakt door vossen. Bedoeld als dankzegging voor welvaart – het spirituele effect krijgt u al lopend de heuvel op. Zie blz. 148

Watervallen in een ninjabos: hoor, luister en kijk naar wat het water te melden heeft. Zie blz. 164

Hiroshima Peace Park: het zwarte hoofdstuk uit de geschiedenis, de atoomaanval in 1945. Een spiegel van wat nooit meer mag gebeuren. Zie blz. 194

Honshu

Kyoto, betreed de poorten van Fushimi-Inari

Kyoto

Hiroshima

Kobe • • Osaka

Peace Park

De 48 watervallen van Akama

Bezienswaardigheden

Kinkaku-ji: de gouden tempel met prachtige tuin blijft tot contemplatie uitnodigen. Zie blz. 141

Kiyomizu-dera: pelgrims komen al sinds de 8e eeuw naar deze indrukwekkende boeddhistentempel. Zie blz. 147

Manga Museum: op en top Japans cultuurgoed. Zie blz. 139

Todai-ji: in Nara staan veel mooie tempels, maar de Grote Boeddha moet u zeker gaan zien. Zie blz. 158

Himeji-jo: stralend wit, hooggelegen kasteel, binnen een gladgeboend labyrint. Zie blz. 184

Motonosumi-Inari: wat is er mooier, de rode poortenreeks of het diepblauwe water? Zie blz. 201

Actief

Fietsen tussen de theeplantages: Uji, met theestop. Zie blz. 155

Kumano Kodo: pelgrimstocht om niet zonder reflectie te lopen. Zie blz. 163

Sfeervol genieten

Gionwijk: het 19e-eeuwse Kyoto trekt dagelijks als parade voorbij. Zie blz. 144

Kurashiki: in de wijk Bikan waant u zich in het Japan van de 19e eeuw. Zie blz. 188

Miyajima: de O-torii roepen elk uur een andere sfeer op. Zie blz. 199

Uitgaan

Pontocho: zomerterrassen boven de rivier, goed trefpunt. Zie blz. 153

Osaka: 24-uur uitgaan. Zie blz. 175

Kansai: keizers, kunst en kerkscholen

In West-Honshu komt u ongetwijfeld alle karakteristieken van Japan tegen: de mooiste tempels, bijzondere tuinen en landschappen, historische en kunstzinnige hoogtepunten en levendig stadsgewoel.

Kyoto is toeristisch de belangrijkste stad. Eeuwenlang was het de keizerlijke residentie en onder de vele tempels van Kyoto en het nabije Nara bevinden zich diverse hoofdvestigingen van kerkscholen. De in WOII zwaar getroffen havenstad Osaka krijgt meestal geen schoonheidsprijs maar er zijn ook mooie en interessante bezienswaardigheden. In het zuiden bevinden zich de befaamde tempels van Koya-san, een gebied waardoorheen zware pelgrimsroutes voeren. Verrassend is de stad Kobe, herrezen na een van de grootste aardbevingen van de 20e eeuw.

Het district van Kobe en Kyoto tot Wakayama in het zuiden heet Kansai.

Kyoto ✳   ▶ N 12

De oude hoofdstad is een van de favoriete steden van Japan. Er zijn alleen al meer duizend boeddhistentempels en nergens ziet u zoveel fraai historisch uitgedoste dames – en heren – als in flaneerwijk Gion, mede te danken aan de vele allochtonen in Kyoto, vooral uit China en Korea. Echte geisha's zijn er ook. Er is een groot verschil in de wijken onderling. Het verrassende zit vaak in het kleine: een stijlvolle entree tot een theehuis of restaurant, de perfecte minimalistische presentatie van een buurttempel, het licht door de bloesem of het gebladerte, de rust van stenen in een zentuin. Met tijd, aandacht en een beetje extra moeite, liefst op de fiets en/of lopend, ziet u heel veel meer.

Kyoto Station 1

Doe bij aankomst met de trein de eerste stadsindrukken op vanaf het dak van het indrukwekkende Kyoto Station. Daarmee legt de stad niet gelijk zijn ware ziel bloot, maar het woud van neonverlichting is beslist indrukwekkend; op de brede stationstrap zijn steeds wisselende lichttaferelen. De uitbreiding van het station komt van de tekentafel van Hiroshi Hara. Het nabije baken is de 131 m hoge **Kyoto Tower** (9-21 uur, 770 yen).

To-ji 3

Dag. 8.30-16.30/17.30 uur, terrein gratis, tempels 500-1000 yen

De vijf verdiepingen tellende pagode, de Goju-no-te, is 57 m hoog – de hoogste van het land. Ze vormt een wezenlijk onderdeel van de skyline van Zuid-Kyoto en is voor veel bezoekers het eerste contact met vervlogen tijden. Op de 21e van de maand is op het tempeldomein de Kobo-Sanmarkt. De kondo heeft een bonte verzameling Chinese, Indiase en Japanse stijlen en huisvest de Helende Boeddha (Yakushi).

Higashi Hongan-ji 3

5.30-17 uur, gratis

Een paar straten noordelijk van de Kyoto Tower is de hoofdtempel Goeido een ontzagwekkend houten complex van formaat in deze boeddhistische oase. De Hongan-ji is de Oostelijke Tempel van het Ware Woord. Shogun Ieyasu Tokugawa gaf in 1602 opdracht tot de bouw om de concurrerende en sterk aan macht winnende Nishi Hongan-ji het hoofd te bieden. In 2016 werden renovatiewerkzaamheden voltooid.

De **Nishi Hongan-ji** 4 is de tempel van het Reine Land, de Jodo Shinshu. De oprichter Shinran had als tantra het

Kyoto Station

uitspreken van de nembutsu: Loof de Amida Boeddha, wat voldoende was om gered te worden. De twee scholen verschillen nog altijd fundamenteel over hun leer.

Netsuke Art Museum 5

46-1 Mibukayougosho-cho, www.netsukekan.jp, di.-zo. 10-17 uur, 1000 yen

In de wijk Mibu, waar het Kyoto Seishu Netsuke Art Museum staat, woonden in de Edoperiode boeren, nazaten van samoerai. Het pand is uit die periode, de vroege 19e eeuw.

Sinds 2007 is er een uitzonderlijke netsukecollectie te zien (lees ook blz. 140). Neem de tijd om de zeer verfijnde figuren goed te bekijken, voor sommige zou een loep van pas komen. Details op de oude stukken hebben een symbolische betekenis. Ook is er een serie eigentijdse mitsuke van na 1945.

Nijo-jo 6

Hoofdingang aan de Horikawa-dori, wo.-ma. 8.45-16 uur, 600 yen

De nieuwe militaire macht in de persoon van shogun Ieyasu Tokugawa kreeg in dit kasteel een gloriërend visitekaartje. Dikke muren en wachttorens en kostbare decoraties – de beschilderde kamerschermen bevinden zich in een afzonderlijke galerij – ▷ blz. 139

Fietsstad Kyoto

Fietsen in Kyoto is een perfecte manier om verschillende wijken te verkennen. Er zijn diverse verhuurders en veel hotels hebben fietsen voor hun gasten. Ook de wat buiten het centrum gelegen tempels zijn per fiets bereikbaar, al hebt u dan wel geregeld hoogtemeters te overwinnen. Probeer als het even kan langs de rivier noordzuidrichtingen te overbruggen. Parkeren doet u in fietsenstallingen.

Lopend ziet u in de smalle straatjes nog altijd het meest; pas goed op voor fietsers op de trottoirs ... vooral als u uit een winkel of eethuis stapt.

Kyoto

Bezienswaardigheden

1. Kyoto Station
2. To-ji
3. Higashi Hongan-ji
4. Nishi Hongan-ji
5. Netsuke Art Museum
6. Nijo-jo
7. Manga Museum
8. Museum of Kyoto
9. Imperial Palace
10. Daitoku-ji
11. Kinkaku-ji
12. Ryoan-ji
13. Koryu-ji
14. Tenryu-ji
15. Bamboo grove
16. Okochi-sanso
17. Monkey Park Iwakayama
18. Shugakuin Rikyu
19. Ginkaku-ji
20. Heian-jingu
21. Fureaikan
22. Nanzen-ji
23. Kiyomizu-dera
24. Kyoto National Museum
25. Sanjusangen-do
26. Tofuku-ji

Overnachten

1. Hotel Granvia Kyoto
2. New Miyako Hotel
3. Matsubaya Ryokan
4. Vessel Kyoto Gojo Hotel Campana
5. Ryokan Nakajimaya
6. Watazen Ryokan
7. Gion Ryokan Q-beh

Eten en drinken

1. Iyemon Salon
2. Kaboku
3. Kyoto Nama Chocolat Organic Tea House
4. En
5. Ju-An

Winkelen

1. Nishiki
2. Daimaru
3. Takashimaya
4. Kyoto Station
5. Gion-Kiyomizu-zaka
6. Kyoto Handicraft Center
7. Aeon Mall

illustreren de macht en het geld, dat door de plaatselijke daimyo werd opgebracht. De shogun kwam er zelden en strijd is er nooit geleverd. Pauzeren kan bij de Nijo-jo in het authentieke matchacafé.

Manga Museum 7

Karasuma-Oike, 452 Kinbuki-cho, tel. 075 254 74 14, kyotomm.jp, 10-18 uur, wo. gesl., 800 yen

In een voormalige basisschool zitten gangen vol mangalezende bezoekers. In de collectie van ruim 300.000 stuks vinden zij hun weg naar hun favoriete series en deeltjes. Meertalig zijn de instructies hoe zelf manga te maken. Eerst is er een verhaal, dan wordt een schets gemaakt en vervolgens uitgewerkt. In de geschiedenis van de manga gaat men in het museum terug tot de 12e-eeuwse tempelschilderingen van de Kozan-ji in Kyoto – nu in het Kyoto en Tokyo National Museum. Met veel voorbeelden wordt de verdere ontwikkeling geschetst, de verschillende vormen van manga en de grote namen daarachter. Figuranten uit succesvolle manga werden hoofdrolspelers in games en zijn ook commercieel geëxploiteerd in een grootschalige productie van speelgoed en accessoires. Zie ook blz. 51.

Museum of Kyoto 8

Sanjo-Takakura, www.bunpaku.or.jp, di.-zo. 10-19.30 uur, 500 yen, tentoonstellingen toeslag

Stadsgeschiedenis en stadscultuur zijn de rode draad van het roodbakstenen museum. Het gebouw behoorde aanvankelijk aan de Bank of Japan en is een mooi voorbeeld van de westerse invloed van de late 19e eeuw. Ook in de kunsten zijn zowel westerse als Japanse stijlen vertegenwoordigd. Heel karakteristiek zijn de kyoningyo, de in Kyoto gemaakte poppen. Er is een straatje nagemaakt uit de Edoperiode, met winkels en restaurants.

Imperial Palace 9

sankan.kunaicho.go.jp, reserveren bij Imperial Household Agency noordwestelijk in het park, kom minstens een halfuur voor aanvang; gratis entree en rondl., Engelstalig ma.-vr. 10 en 14 uur, duur 50 min.

Dit paleis was de officiële residentie van de keizer van de 12e tot de 19e eeuw en is nog steeds keizerlijk bezit. Het zeer uitgestrekte park is vrij toegankelijk, maar de gebouwen van de hofhouding zijn alleen met rondleidingen te bezoeken. Het park is rechtlijnig en niet echt sfeervol. Voor een picknick kunt u beter naar de **botanische tuinen** (9-17 uur, 200 yen) gaan, een paar haltes noordelijk met de metro of volg fietsend de Kamogawa (rivier).

Daitoku-ji 10

Murasakino/Daitokuji-cho, 9-16.30/17 uur, +/- 400 yen per tempel

Daitoku is een eigen wijkje met tem-

Netsuke

In een kimono zitten geen zakken. Vrouwen stopten hun dringende benodigdheden in hun mouwen, maar de kimono van mannen leende zich daar niet voor. Spullen als hun eigen *hashi* (eetstokjes), schrijfgerei, vuursteen, doosjes met kruiden of thee werden in tasjes aan hun ceintuur gehangen. De netsuke – een gordelknoop – zorgde ervoor dat de tasjes aan het koord achter de ceintuur (*obi*) bleven hangen. Ze vloeiden uit tot de fraaist bewerkte sierobjecten, van hout, ivoor, metaal of keramiek. Soms worden net-

suke door sumoworstelaars gedragen, verder zijn het nog puur sierobjecten.

Leestip

Als u nog niet bevangen bent door de netsukekoorts, lees dan van Edmund de Waal *The Hare with Amber Eyes* (2010), ook vertaald uitgegeven als *De Haas met de amberkleurige ogen*. De Waal is zelf keramist en gepassioneerd en deskundig verzamelaar en schetst daarin een spannend relaas van de herkomst van enkele kostbare netsuke. Een stuk Japans-Frans-Joodse geschiedenis krijgt u er zomaar – uitgebreid – bij.

pels omgeven door oude bomen en daartussen woonhuizen. De theeceremonie had hier in de 16e eeuw een belangrijke basis. Verschillende tempels zijn te bezoeken, het befaamdst is de Daisen-in (1509), een indrukwekkend architectonisch complex en een rotstuin met grind waarin met de verticale stenen een Chinees landschap wordt uitgebeeld.

In de **Ryogen-in** ziet u beschilderde panelen; steen en mos beelden hier een kraanvogel en een schildpad uit, symbolen voor een lang en gezond leven.

Kinkaku-ji ☀

Tel. 075 461 00 13, www.kinkaku-ji. or.jp, 400 yen

Het Gouden Paviljoen is de hoofdattractie van dit zenboeddhistische tempelcomplex, UNESCO Werelderfgoed. Zo stellen we ons Japan voor: een pand met pagodedaken, dat weerspiegeld wordt in het water, omlijst door mooie bomen en mysterieuze rotsen. Afhankelijk van het seizoen zijn er kleurelementen als

ontluikend groen, paarse irissen, gele waterlissen, rood herfstblad of besneeuwde bomen. Andere gebouwen zijn de voormalige slaapvertrekken van de priesters. Het complex is een schoolvoorbeeld van de ingetogen Muromachiarchitectuur (1338-1573), een plek die tot contemplatie uitnodigt.

Op de fiets naar Kinkaku is duidelijk merkbaar dat de tempel hoger ligt dan het stadscentrum. IJs en sake met goudsnippers zijn passende versnaperingen.

Ryoan-ji 12

Dag. 8-17 uur, 500 yen

De rotstuin van Ryoan-ji is het symbool van Kyoto op veel afbeeldingen. De vijftien zorgvuldig in het zand geplaatste stenen zijn het werk van een onbekend gebleven ontwerper, uit de Muromachi- of Edoperiode. Het is een zeer puur voorbeeld van een hira-niwa-zentuin: vlak en zonder waterpartijen. De veelvoorkomende drukte haalt wel wat van de magie weg, probeer vroeg te komen – of op weekdagen.

Kinkaku-ji

Koryu-ji

Uzumasa Hachioka-cho, dag. 9-17 uur, 700 yen

Dit is vermoedelijk de oudste tempel van het land, in 622 opgericht als eerbetoon aan prins Shotoku, pleitbezorger van het boeddhisme in Japan.

Er staan beelden van Boeddha, Kannon, Miroku en Bosatsu; het beroemdste is het houten bodhisattvabeeld *Miroku-Bosatsu-Hanka-Shii-zo*, dat een Koreaans hofgeschenk was aan Shotoku.

Arashiyama ▶ N 12

Niet in de laatste plaats vanwege de zentuin van Tenryu en het bamboebosje is Arashiyama een drukbezochte plek – bij voorkeur begint u daarom hier in alle vroegte. Ook de bijzondere villa Okochi-sanso is een aanrader. Neem de Tozai-metrolijn en vervolgens de tram, ook gaan er treinen naar Arashiyama. Fietsend houdt u het gemakkelijkst de Marutamachi-dori aan als leidraad.

Tenryu-ji

8.30-17.30 uur, 500 yen

De tuin is de grootste troef van dit complex. In de vroege zomer bloeien hier de waterlelies en ook de kersenbloesem en herfstkleuren zijn er bijzonder fraai. De zentuin is alle vier seizoenen aantrekkelijk.

Bamboebos van Arashiyama

Bamboo grove 15

Zonsop- tot zonsondergang, gratis
Kom vóór de grote menigte, liefst nog voor de ninja's met hun riksja's de serene aanblik verstoren, het ochtendlicht geeft bovendien een bijzondere glans. Echt tussen de bamboe loopt u eigenlijk niet, maar over een omheind licht kronkelend pad.

Okochi-sanso 16

9-17 uur, 1000 yen, incl. thee met zoetigheid
Samoeraifilms maakten de acteur Denjiro Okochi (1898-1962) beroemd, maar zijn passie was het zenboeddhisme. Tientallen jaren werkte hij aan zijn tuin en park. Het omringende decor is een natuurlijk verlengstuk. Noordelijk van de villa bevindt zich een reeks weinig bezochte tempels; een prachtige mostuin heeft Gio-ji (9-17 uur, 300 yen).

Monkey Park Iwatayama 17

8 Arashiyama Genrokuzan-cho, 5 min. lopen van Hankyu en Randen Arashiyama Station, tel. 075 872 0950, 9-17, winter tot 16 uur, 550 yen
Japanse makaken, hier graag snow monkeys genoemd, verkiezen overdag het park en menselijk gezelschap – met hun voerende handen; 's avonds vertrekken de apen weer de omringende bossen in. Het uitzicht over de stad is indrukwekkend.

Shugakuin Rikyu 18

Bezoek – gratis – na ruim van tevoren reserveren bij de Imperial Household Agency, zie 9
Zeker als u al eerder in Kyoto was, loont de voorbereiding voor een bezoek aan deze voormalige keizerlijke villa op een uitgestrekt domein zeer de moeite. Het is een reisje naar de 17e eeuw – toen de optrekjes werden gebouwd voor keizer Gomizuno-o om van zijn pensioen te kunnen genieten. Hij laafde zich aan het landschap en aan Japanse dichtkunst; ook van keizerlijke hand zijn nog handschriften te zien. Het theehuis Rinun-tei op het hoogste punt was zijn ultieme retraite naar de natuur. Bezoekers zien eerst een introductiefilm (Engels ondertiteld) en gaan dan met gids over het domein.

Higashiyama ▶ N 12

Een serie topattracties van Kyoto bevindt zich aan de oostkant van de rivier. Daaronder zijn de Ginkaku-ji, de Kiyomizu-dera en Fushimi-Inari niet te missen bestemmingen.

Ginkaku-ji 19

Higashiyama, tel. 075 771 57 25, www. shokoku-ji.jp, 500 yen
Een zilveren tempel als tegenhanger van de gouden tempel, maar zilver blinkt er niet. Wel een mooie zentempel, gesticht in 1482. Behalve het gebedshuis staat er het privéverblijf van de voormalige shogun. Treft u het dat deze te betreden is, dan ziet u er sobermooie, 18e/20e-eeuwse wandschilderingen. Blikvanger is de zentuin, met zorgvuldig bijgehouden golfmotief en de stilistische 'Fuji-san'. Loop het uitgestippelde rondje voor een mooi uitzicht op de stad.

De tempel ligt op de route *Tetsugaku-no-michi*, het Filosofenpad, van Ginkaku-ji naar de Nanzen-ji, langs een kanaal en over een steen- en grindpad.

Heian-jingu 20

6-17/18 uur, gratis
De Otorii is hier 24 m hoog en een voorproefje van de grote tempel, gebouwd in 1895 ter gelegenheid van het 1100-jarige bestaan van de stad; die werd na brand in 1976 herbouwd. Er zijn opvallende Chinese kenmerken aan het dak van het poortgebouw. ▷ blz. 146

Favoriet

Gion

Een heel druk bezochte wijk in Zuid-oost-Kyoto. Ooit lagen hier vooral theehuizen die vermoeide pelgrims een rustpunt boden. Halverwege de 18e eeuw ontpopte Gion zich als ultra-uitgaanswijk, waar bezoekers in de eerste plaats met muziek en dans werden vermaakt – en gelaafd. Theeceremonies en traditionele dinerdansvoorstellingen zijn er ook nu te vinden – meestal in exclusieve ryokans. Veel van de geisha's die u ziet zijn Chinese en Koreaanse bewoners en bezoekers van Kyoto; ze hebben hun kimono of yukata voor een uur of een halve dag gehuurd.

Meet&Greet een maiko – een geiko (geisha) in opleiding – is in Gion onderdeel van het toeristisch aanbod. Daarna herkent u wel de ware maiko's en geiko's.

Fotogeniek is de Taihei-kaku, de overdekte tempelbrug.

Museumpark

Aan de zuidkant van de tempel bevinden zich enkele musea. Het **Fureaikan** 21 (9-17 uur, gratis) is gewijd aan volksnijverheid als lakwerk en textiel. Op zondag zijn daar maikodansen (14, 14.30 en 15 uur, 15 min. durend).

Het **Museum of Modern Art** (MoMAK; di.-zo. 9.30-17.30, vr.-za. tot 20 uur, 430-1500 yen) wisselt elke paar maanden de collectie, die uiteenloopt van nihon-ga tot westerse kunst, zowel prints en schilderijen als keramiek, textiel, lakwerk en fotografie. Daartegenover ligt het **Municipal Museum** (di.-zo. 9-17 uur), geopend ter gelegenheid van de kroning van keizer Hirohito.

Het **Hosomi Museum** (di.-zo. 10-18 uur, afhankelijk van tentoonstelling 1000-1300 yen) met een specialistische kleine collectie Edokunst is iets voor de ware liefhebber. De sfeervolle bijbehorende tearoom is ook voor niet-museumbezoekers toegankelijk. Ten oosten van dit museumkwartier, op weg naar de Nanzen-ji, vindt u de **Kyoto City Zoo** (9-17 uur, 600 yen) – hier met rode panda tussen de bamboe. Maar ook Aziatische olifanten, amoertijger, giraffes, zebra's, leeuwen en een nijlpaard; de behuizing is krap.

Nanzen-ji 22

Fukuchi-cho, 8.30-17 uur, tuin 500 yen, San-mon 500 yen.

Keizer Kameyama bracht hier zijn laatste jaren door. Na zijn overlijden in 1291 werd het een zentempel. Het is het hoofdkwartier van de Rinzaischool. Plafondschilderingen sieren poort- en hoofdgebouw. De tuin is ook hier de grote attractie, u kunt er met een kom thee van genieten. Het loont de moeite

Geisha, geiko, maiko

De witte maskerachtige gezichten, de kleding, de poses, het intrigeert zonder twijfel. In Kyoto komt u zeker geisha's tegen – of als zodanig verklede dames.

Onterecht worden geisha's vaak als prostitués bestempeld: vermaakdames zijn ze in brede zin. Geisha's heten in Kyoto geiko's, met witte boord aan hun kimono; een geiko in opleiding is een maiko, met rode boord. Het zijn in de kunsten hoog opgeleide vrouwen met een brede algemene ontwikkeling – tegenwoordig is ook het beheersen van Engels een belangrijk onderdeel. Ze oefenen vijf jaar intensief hun *skills*: de nauwkeurig voorgeschreven houdingen en het looppatroon, kleed- en visagie-etiquette, dansen, zingen en het bespelen van muziekinstrumenten. Of zie de ultieme gratie en behendigheid waarmee geiko's visjes fileren … Wereldberoemd is het boek *Memoirs of a Geisha* (1997) – in het Nederlands vertaald in *Dagboek van een geisha* en in 2005 verfilmd. Sayuri, de hoofdfiguur, is weliswaar grotendeels ontsproten aan de fantasie van schrijver Arthur Golden en niet gespeend van karikaturen, het schetst wel een nauwgezet beeld van de wereld van de besloten (geisha)vrouwengemeenschappen en het keurslijf waarin ze zich bewogen. Diverse scènes uit de film zijn in Kyoto opgenomen bij de Fushimi-Inari en de Kiyomizudera.

Mineko Iwasaki, de geisha die voor Goldens boek model stond, was niet tevreden met het resultaat en bracht zelf haar verhaal naar buiten. Het is eveneens in het Nederlands vertaald: *Mijn leven als geisha* (2003).

Kiyomizu-dera

om het aangrenzende parklandschap (dat vrij toegankelijk is) te verkennen – onder het aquaduct door. Ook ontdekt u daar nog enige tempels.

Kiyomizu-dera ☀ 23

Higashiyama-ku, 6-18 uur, 400 yen.
Sinds de 8e eeuw stromen de pelgrims naar Kiyomizu-dera, de tempel van de hossoboeddhisten. De winkeltjes en snackzaakjes hebben ook al een lange bestaansgeschiedenis. Loop voor u langs de kassa naar het hoofddomein gaat, eerst even door de 'baarmoeder' van Daizuigu Boasatsu in de Tainai-meguri om een wens doen.

In de hondo, de grote centrale tempel, troont een elfkoppige Kannon. Het pand zelf met 139 imposante houten steunberen is ook ronduit indrukwek-kend. Na het verlaten daarvan links is de Jishu-jinja: hier dwingt men succes in de liefde af door met gesloten ogen 18 m tussen de liefdesstenen door te lo-pen. Via de lange trap omlaag wordt ge-lukswater geschept. Daar komt u desge-wenst met een omweg: over een bospad, langs de bescheiden pagode, waarvan-daan u mooi zicht hebt op de hondo. Tijdens de kersenbloesem, de zomer O-bon (als de geesten van de voorou-ders worden geëerd) en in de herfstpiek, worden bomen en gebouwen verlicht.

Een paar honderd meter ten noor-den van de ingang tot de Kiyomizu-dera staat de bijzondere zentempel **Ko-dai-ji**. Een van de zorgvuldig geharkte steentuinen symboliseert de oceaan. De vrouw van Hideyoshi Toyotomi richtte de tempel op ter nagedachtenis aan haar overleden echtgenoot en als laatste rustplaats voor haarzelf. Voorbij hun mausoleum liggen twee theehuizen, waarvan één een ontwerp van Sen no Ri-kyu. Ook Hideyoshi was een overtuigd theemeester. Geregeld zijn er theecere-monies. Het bamboebosje is een sfeer-volle afsluiting. ▷ blz. 150

Door de poorten van Fushimi-Inari

Volg in de wijk Fushimi de bezoekersstromen – u kunt niet vroeg genoeg na zonsopgang komen, misschien nog voor de souvenirwinkels en snackstalletjes opengaan ... Dan hebt u nog geregeld de magische poorten voor uzelf, decor in *Memoirs of a Geisha* en *The Last Samurai*. Inari is de kami (goddelijke beschermer) van de oogst en in het bijzonder rijst.

Een goede opbrengst stond garant voor maatschappelijk succes. Dat is de reden dat hier opvallend veel welgestelden en ceo's van bedrijven hun dank komen betuigen – te herkennen aan hun grote auto's met chauffeur die tot vlak bij de ingang rijden. Direct aan rijst is sake verbonden, waarmee Inari ook daarover zijn goddelijke deken spreidt. De torii, de oranjerode poorten, zijn offergoederen. De namen van de gevers, hun lijf- of bedrijfsspreuk staat op de achterzijde. De gemiddelde levensduur van de torii is een jaar of tien – om nog langer naar de gunsten van Inari te dingen, zal de torii vernieuwd moeten worden.

Wijze vos

Diverse dieren vervullen een rol als goddelijke boodschapper. Inari maakt daarbij louter gebruik van vossen – *kitsune*. De oppervos bij de **hoofdtempel** 1 houdt de sleutel van de rijstschuur in zijn bek. Hoe meer staarten een vos heeft – maximaal negen – des te groter is zijn kracht en wijsheid.

De weg omhoog

Het is nog een aardige wandeling naar boven, verkoeld door de bomen en poorten, maar de klim en bezoekersaantallen geven warmte af. Er gaat iets verslavends van uit, steeds weer een ander lichtspel na elke volgende flauwe bocht. Kijk ook geregeld om – dan pas ziet u de teksten op de zuilen. Reclame, maar de tekens zouden net zo goed grote wijsheden kunnen vermelden. Lang niet alle bezoekers lopen het volledige traject naar boven. Hoger dunt de concentratie torii ook wel uit.

Na steeds weer een rij poorten en nog een serie rotstrappen komt de top haast als teleurstelling, al is daar het heilige spiegeltje. Een typisch voorbeeld van waar de weg erheen interessanter is

dan het doel. Ook de stenen vossen – met wisselende dan wel ontbrekende kostumering en aantallen staarten, en uiteenlopende attributen (als waren het christelijke apostelen of heiligen) zoals de sleutel van de rijstschuur – zijn boven niet indrukwekkender dan lager op de heuvel. Ze houden speurende kinderen wel in beweging. Hoeveel poorten er in totaal zijn? Iedereen raakt op den duur de tel kwijt, bovendien staan er sommige op instorten en worden er geregeld poorten vervangen. Trek een uurtje uit om de top te bereiken.

Geluk afdwingen

Kiosken verkopen allerhande souvenirs en snacks. Wie bij Inari in de gunst wil komen, verklappen we dat hij dol is op *inarizushi*: gebakken en zoete tofu. Alternatieven zijn de fortune cookies (*tsujiura senbei*) om het lot aan uw kant te krijgen. Voor versnaperingen of offergoederen kunt u terecht in **Shinkomichi** 1 of de **kiosk** 2 op de berg.

Kyoto National Museum 24

Chaya-machi, tel. 075 525 2473, www.
kyohaku.go.jp, di.-zo. 9.30-17, vr.-za.
in juni tot 20, juli-sept. tot 21 uur,
520 yen, meerprijs voor tentoonstellingen

De collectie is ontstaan uit keizerlijk bezit en bij het huwelijk van kroonprins
Hirohito in 1924 aan de stad geschonken. Er is een zeer omvangrijk bezit aan
archeologische voorwerpen, keramiek,
schilder- en beeldhouwkunst, textiel,
lakwerk en kalligrafie. Werken worden
in thematische wisseltentoonstellingen
gepresenteerd.

Het basisgebouw dateert van 1895, is
door de Japanse architect Tokuma Kata-
yama getekend maar oogt als een Frans
renaissancekasteel. De expositieruimtes in de minimalistische aanbouw, de
Heisei Chishinkan-vleugel (2014) van
Yoshio Taniguchi, zijn volledig van
daglicht verstoken.

Sanjusangen-do 25

Kaimachi, 8-17 uur, 600 yen

Letterlijk: 33 intervallen, het aantal tussen de steunpilaren van het complex.
Maar de aandacht gaat naar de 1001 vergulde beelden van Kannon, de leerling
van Boeddha-Amida die in China en Japan als vrouw wordt afgebeeld. Kannon
is een bosatsu van barmhartigheid, wat
men in het Verre Oosten meer bij vrouwen vond passen. De beelden hebben
een veelvoud aan handen en zijn op
één na allemaal originelen uit de 12e en
13e eeuw.

Tofuku-ji 26

Honmachi, 9-16 uur, terrein gratis,
400 yen voor hojo en tuinen

In Kamakuraperiode, de 13e/14e eeuw,
werd deze zenboeddhistische tempel
gebouwd. Hij hoorde destijds tot de
vijf belangrijkste tempels van de stad.
Hoewel delen reconstructies zijn, is de
uitstraling zeer authentiek. De vier zij-

den van het hojo, het monnikenverblijf,
hebben verschillende tuinconcepten,
van hoekig tot rond. De zeven cylinders
in de geharkte steentuin symboliseren
de sterren van de Grote Beer.

Overnachten

Ryokans op www.kyoto-ryokan.co.jp.
Luxe naast het spoor – **Hotel Granvia
Kyoto** 1 : JR-station Kyoto, tel. 075 344
8888, www.granviakyoto.com. Onderdeel van het stationscomplex, waarin
ook restaurants, winkels en een theater aanwezig zijn. Het luxehotel heeft
ruim 500 kamers, een zwembad, is klas-
siek-elegant, is bijna als een museum
ingericht en heeft stadsuitzichten.

Fuji-san in de zentuin van Ginkaku-ji

Groot goed – **New Miyako Hotel** 2: 17 Nishikujo-inmachi, tel. 075 661 7111, www.miyakohotels.ne.jp. Zeer groot luxehotel tegenover het station, geregeld goede deals. De kamers in het hoofdgebouw zijn standaard-klassiek, die van de South Wing hebben Japanse elementen maar wel westerse bedden en stoelen. Restaurant Kyoyamatoya is een klassieke aanrader.

Authentieke pelgrimshalte – **Matsubaya Ryokan** 3: 329 Kamijuzuya-machi-dori, tel. 075 351 3727, www.matsubayainn.com. Vroeger kwamen hier vooral priesters en monniken. Japanse kamers, zeer gastvrije en vriendelijke ontvangst, 10 min. lopen van het station. Tip: om de hoek zijn prachtige yukata en kimono's te koop (Mimuro, 294 Ta-matsushima-cho; vanaf 2500 yen, reken voor een zijden kimono op 10.000 yen).

Goede middenklasse – **Vessel Hotel Campana Kyoto Gojo** 4: 498 Shimomanjyuji 498, tel. 075 353 1000, www.vessel-hotel.jp. Modern hotel, fijn bad, fietsverhuur en goed parkeren.

Familieryokan – **Ryokan Nakajimaya** 5: 369 Nishimaecho, tel. 075 351 3886, kyoto_nakajimaya@yahoo.co.jp. Familiebedrijf, Japanse kamers in authentieke, rustige buurt; gedeelde badkamer/toilet.

Op en top Japans – **Watazen Ryokan** 6: 413 Izutsuyacho, Rokkaku-Sagaru, Yanaginobaba, tel. 075 223 0111, www.kyoto-ryokan-w.com. Ruime tatamikamers, geniet er ook van de onsen en *kaiseki*ontbijt en -diner.

Tip

Stijlvol theedrinken of een complete ceremonie kan bij diverse theehuizen.

Iyemon Salon **1**: 80 Sanjo-dori/Karasuma. Trendy adres, een Fukuju-en-theehuis met invloed van drankenfabrikant Suntory. Experimentele biervariaties, maar de hoofdrol voor – groene – thee en zoete lekkernijen.

Kaboku **2**: Teramachi-dori Nijo, 10-18 uur, www.ippodo-tea.co.jp. Eeuwen ervaring als theemakers, met nevenvestiging in New York. Kies uit matcha, gyokuro, sencha of bancha, met zoete lekkernij. Ook zonder reserveren.

Kyoto Nama Chocolat Organic Tea House **3**: 76-15 Tenno-cho, www.kyoto-namachocolat.com, di.-zo. 12-18 uur, thee drinken met bijzondere chocoladebonbons. Tevens prachtige tuin.

En **4**: 272 Matsubara-cho (Gion), tel. 080 3782 2706, www.teaceremonyen.com. Sfeervol klein huis.

Ju-An **5**: 709 Shiokojicho (ten noordoosten van de Kyoto Tower), www.teaceremonykyoto.com, workshops dag. tussen 11 en 17 uur. Heel informatief. Meer over de theeceremonie op blz. 62.

Budgetoptie Gion – **Gion Ryokan Q-beh** **7**: 505-3 Washio-cho, tel. 075 541 7771, ryokankyoto.jp (zie plattegrond op de website). In het voormalige huis van een tabakskoning, zowel strikt rookvrije slaapzalen als privékamers in Japanse stijl. Drie gemeenschappelijke eet- en zitruimtes, Japans en westers. Budgetoptie, en dat in Gion!

Eten en drinken

De streekkeuken van Kyoto heet Kyo-ryori. Daaronder valt de kaiseki of shojin-ryori: de boeddhistische – vegetarische – keuken. Streekgerechten zijn *nishin soba*: boekweitnoedels met gedroogde haring, *saba-zushi*: makreel, en *yudofu*: een stoofpotje met tofu. Befaamd is ook de ingelegde groente (*tsukemono*), vooral radijs, kool, mei- en inheemse knollen. De keuze aan restaurants in Kyoto is enorm, er zijn ninjapaleizen, *kaiseki*adressen, shabu shabu et cetera, met of zonder entertainment. Per buurt is wel enig onderscheid:

In en rond het station – van fastfood tot zeer stijlvol.

Centrum – ten noorden van het station is de restaurantdichtheid het grootst. Aan de rijen te herkennen is het restaurant Ippudo Ramen (Higashinoto-in/Nishikikoji-dori) erg geliefd. Voor unagi en karper-sashimi, met tonnen met paling voor de deur: Kyogoku Kane-yo (Matsugaecho, Rokkaku).

In Higashiyama – vooral in het zuidelijke deel zijn er eetgelegenheden, verder op toeristen gericht – shabu shabu – rond de tempels, terwijl in Gion vooral veel exclusieve adressen zijn te vinden.

Uitgaan

In drie kernen zijn er uitgaanscentra in Kyoto. Bars zijn er rond het station. Gion is van oudsher de theehuis- en geishawijk, flaneergebied bij uitstek. Pontocho is in de zomer extra aantrekkelijk.

Authentieke geiko's – **Miyako Odori:** www.miyako-odori.jp; in april, vier voorstellingen tussen 12.30 en 16.50 uur; 2000-4000 yen, theeceremonie 500 yen extra. Een van de authentiekste locaties voor geisha(geiko)voorstellingen.

Diverse podiumkunsten – **Gion Corner:** Yasaka Hall, 570-2 Gionmachi Minamigawa, tel. 075 561 1119, www.kyoto-gioncorner.com. Op toeristen ingestelde voorstellingen – maar zeker prachtig, om 18 en 19 uur. Zowel concertjes, meikodansen als poppenthea-

ter en theeceremonies. Exclusieve ryokans in Gion – waaronder Hatanaka – hebben ook voorstellingen.
Pontocho Alley – **Kaburenjo Theatre**: in mei zijn de Kamogawa Odori – geishavoorstellingen; Pontocho, drie voorstellingen tussen 12.30 en 17 uur, 2000-4500 yen. Op vrijdag- en zaterdagavonden lopen in Pontocho geiko's en maiko's op weg naar de exclusieve clubs, die lastig zonder connecties zijn binnen te komen.
Zie ook Fureaikan 21.

Winkelen

Winkelwijk bij uitstek, deels of geheel overdekt, is Shijo-dori met zij- en parallelstraten. Daar vindt u designermode en prachtige warenhuizen. Grote markten met alles van etenswaren tot allerhande kunstnijverheid zijn op de domeinen van de **To-ji** 3 op de 21e van de maand, bij Kitano-Tenmangu op de 25e.
Eten, koken en kijken – **Nishiki-markt** 1: een niet te missen plek voor wie van eten en koken houdt. Hier doen veel chefkoks hun inkopen en ziet u een aaneenschakeling van ondefinieerbare zaken. Behalve etenswaren kunt u er terecht voor de befaamde en vlijmscherpe messen van Aritsugu. Het is een overdekte wandelstraat, parallel aan en ten noorden van Shijo-dori.
Heerlijke warenhuiswaren – **Daimaru** 2 en **Takashimaya** 3, twee voorbeelden van befaamde warenhuizen met uitstekende eetgelegenheden.
Kyo – **Kyoto Station** 4: Isetan bevindt zich in het Kyoto Station; rond het station liggen grote elektronicazaken. Camera- en elektronicagigant Big Camera is pal bij de Nishinoto-uitgang. Aan de zuidkant van het station is de **Aeon Mall** 7: basics bij Uniqlo, mooie tassenzaken en pauzeren bij Nana's Green Tea Café.

Souvenirs – **Gion** 5: 5 Gion – Kiyomizu-zaka/Gojo-zaka. Zoeken naar souvenirs is bij uitstek mogelijk in Gion, aan de Gojo-zaka (Rakushien) en de straten direct naar de Kiyomizu-dera 23, waar mooie theepotten en schaaltjes te koop zijn.
Handwerk – **Kyoto Handicraft Center** 6: 21 Shogoin Entomi-cho, dag. 10-19 uur. Uiteenlopende hoogwaardige kunstnijverheid – houtsnedes, lakwerk, poppen en serviesgoed. Ook worden workshops gegeven.

Info en evenementen

Zie www.kyototourism.org
www.kyotoguide.com: tips en events.
Tourist Info: JR-station Kyoto, hier kunt u terecht voor diverse openbaar-vervoers- en voordeelpassen, tips voor maikoshows en feestelijkheden.

De grootste evenementen van Kyoto zijn het Setsubun begin februari bij Yoshida-jinja, de Aoi Matsuri 15 mei en de Gionparades 2e helft juli.

Kimonoverhuur in de wijk Gion en het centrum (vanaf 2500 yen incl. aankleden en haarverzorging), ook traditi-

Pontocho

Pontocho, tussen Shijo-dori en Sanjo-dori aan de westkant van de Kamogawa, is een geliefde verpoos.wijk. Aan de rivier wordt gespeeld, gesport en muziek gemaakt. Tussen de stepping stones in de rivier staan witte reigers en ibissen: roofvogels vliegen erboven. Vooral in het weekend ziet u er joggers, judo, tai-chi en andere vechtsporten, in de zomermaanden concurreren er muziekbandjes. Tientallen restaurants hebben hun terrassen aan de rivierkant; **kawayuka dining** heet dat hier. Ingangen zijn aan de straat Pontocho.

onele herenkleding; kyoetsu-gion.com en kyoto-kimonorental.net. U kunt er workshops volgen in shodo (kalligrafie), ikebana, en sensu – waaiermaken.

Vervoer

Kansai International Airport ligt 100 km ten zuidwesten van Kyoto. JR-treinen rijden in vijf kwartier naar Kyoto Station, ook gaan er bussen en groepstaxibussen (1,5 uur), prijzen zijn respectievelijk 2850, 2550 en 3600 yen.

Vanaf Osaka Int. Airport, 50 km ten zuidwesten van Kyoto, met treinen tweemaal overstappen. Bussen zijn meestal sneller, circa een uur, 1300 yen. Taxishuttles moeten twee dagen van tevoren worden gereserveerd, 2400 yen.

Geiko-show

Shinkansen doet 2,5 uur over de afstand Tokyo Station – Kyoto Station, losse ritprijzen circa 13.800 yen.

Het metronetwerk in Kyoto is beperkt tot een noord-zuid- en oost-westlijn. De stadsbussen rijden op de hoofdstraten en komen bij de befaamde tempels. Instappen doet u achterin, gepast betalen bij het verlaten van de bus (vast tarief dat vermeld staat, de meeste ritten 240 yen).

Veel hotels bieden fietsverhuur. Tevens bij Kyoto Eco Trip, ten zuiden van het Kyoto Station (achter Pachinko), tel. 075 691 0794, www.kyoto-option.com.

Wandelen

De **Kyoto Trail** is een langeafstandswandelroute over heuvelachtig parcours rond Kyoto. De hoofdtak is 70 km lang en verdeeld over etappes van 10-25 km. Een goed startpunt voor een (deel)traject is de Fushimi-Inari; daarvandaan gaat het over de Hiei-san, waarop de Enryaku-ji een zeer bezienswaardige tempel is. Er gaan ook kabelbanen de Hiei op, zowel vanaf de kant van Kyoto-Yasenosecho als uit Sakamoto aan het Biwameer.

Uji ▶ N 12

Tussen Kyoto en Nara strekt zich een gebied met theeplantages uit. In de 14e eeuw kwam de theecultuur tot grote ontwikkeling met behulp van Chinese theezaden en -planten. Uji-thee behoort tot de kostbaarste van Japan. Aan het einde van het voorjaar worden de eerste blaadjes van het seizoen geplukt en als *shin-cha* – nieuwe thee – gedronken. De grote pluk is in het vroege najaar.
In diverse bedrijven, sommige met eeuwenoude voorgeschiedenis, kunt u meer te weten komen over het proces van plukken, drogen en al dan niet roosteren en roken. Ook worden er meer toepassingen gedaan met thee dan waar u tot dusverre waarschijnlijk weet van had. In Uji vindt u overwegend matcha, in het aangrenzende Ujitawara meer sencha. Wazuka is een theegebied zuidoostelijk van Ujiwara.

Op de fiets bent u flexibel, komt op meer plaatsen en ervaart u het landschap in een extra dimensie. Een fietsrit vanaf het centrum van Kyoto tot Uji neemt ongeveer anderhalf uur in beslag. Passeer de Fushimi-Inari en volg de rivier de Uji tot de prachtige boeddhistentempel Byodo-in. Er zijn ook logeeradressen rond Uji die fietsen voor hun gasten hebben.

Byodo-in

Uji-Renge, dag. 8.30-17.30 uur, 600 yen
Uji was vanaf de 8e eeuw een geliefd oord bij de aristocratie. Het buitenverblijf van een lid van de hofhouding werd in de 11e eeuw tot tempel verbouwd, gewijd aan de Amida-Boeddha. De Phoenixhal is nog origineel; dit complex staat afgebeeld op het 10-yenmuntstuk. Bijzondere tempelschatten, met veel Engelstalige informatie, zijn in een grotendeels ondergronds paviljoen voor het publiek te zien.

The Tale of Genji Museum

Uji-Higashiuchi, tel. 0774 39 9300, di.-zo. 9-17 uur, 500 yen
Iets meer dan 1000 jaar geleden werden de verhalen van Genji geschreven, door de Murasaki Shikibu, dochter van een belangrijke persoon in de keizerlijke hofhouding. Het werk wordt gezien als de eerste roman in de Japanse literatuur. De setting is Uji en de rode draad intriges aan het hof: politieke schaakspelen en – buitenechtelijke – affaires. Het verhaal is in daaropvolgende eeuwen geregeld herschreven. Er zijn

ook (anime)films van verschenen en in 1999 is er een opera naar gemaakt. Diverse historische illustraties in het in 2008 geopende museum verwijzen naar het verhaal. De fictieve wereld van Genji wordt in 3D getoond aan de hand van hoofdfiguur Ukifune die door het Heianrijk stapt, bemint en wacht.

Eten, drinken, winkelen

Tussen de theeplantages wilt u behalve kijken ook proeven en kopen.
Aloude favoriet – **Tsuen:** Higashiuchi, Uji-shi, tel. 0774 21 2243. dag. 10-17.30 uur. Al sinds 1160 bij de Ujibrug. Thee voor alledag en voor bijzondere gelegenheden. Met Engelse menukaart.
Mmmacha – **Horii-Shichimeien:** 84 Myoraku, Uji-shi, tel. 0774 23 1118, dag. 9-17 uur. Opgerolde cake van macha. Zoete bonenpasta. Mooie theepotten en andere zaken.
In de leer – **Chaco Akamonchaya:** 21 Renge, Uji-shi, voor de hoofdingang van de Byodo-intempel. tel. 0774 21 2058, wo.-ma. 10-17 uur. Leer zelf ceremonieel theezetten. Thee en accessoires.

Omgeving

In een fraai maar afgelegen gebied ten zuidoosten van het Biwameer, waar de theeplantages plaatsmaken voor beboste heuvels met diepe kloven, ligt een modern museum met oude schatten.

Miho Museum

Shigarakicho, Koka, bus 150 van Ishiyama Station (50 min., 820 yen), tel. 0748 82 3411, www.miho.or.jp, di.-zo. 10-17 uur, 1100 yen
Omringd door en op groene heuvels heeft het Miho Museum een bijzondere privékunstcollectie op fraaie wijze ondergebracht. Het pand bereikt u vanaf het informatie- en kassagebouw via een verlichte tunnel en over een hangbrug, waarna het complex van L.M. Pei op statige hoogte bovenaan trappen prijkt.

In de entreehal hebt u vooral oog voor het uitzicht en de constructie; de expositieruimten liggen aan weerskanten. Heel opvallend is de verfijning van vroege Chinese en Indiase (kunst)voorwerpen. De collectie wordt zorgvuldig gepresenteerd en is per regio gerangschikt, een deel wisselt (dan is het museum gesloten, check daarom voor u naar deze vrij afgelegen plek vertrekt).

Nara ▶ N 12

Vóór Kyoto was Nara de hoofdstad van Japan. De eerste naam was Heijo-kyo ofwel: Burcht van Vrede. De periode dat hier de hoofdzetel van het land was, van 710-794, staat te boek als de Naraperiode. Toen werd een stevige basis gelegd voor het boeddhisme. Daarvan zijn nog enkele prachtige getuigenissen over, de meeste geconcentreerd in en bij het Nara-koen, het uitgestrekte stadspark dat door de 1200 nobel benaderde, vertroetelde en veel gefotografeerde sikaherten wordt bewoond. Een hoogwaardigheidsbekleder zou in de 8e eeuw een godheid hebben uitgenodigd: die kwam op een wit hert. Koek behoort tot de offergoederen aan de goddelijke herten.
UNESCO Werelderfgoederen zijn de Kofuku-ji, de Todai-ji – met de fameuze grote Boeddha uit de begindagen van de Nara – de Kasuga Taisha en de Gango-ji; aan de westkant van de stad staat de Yakushi-ji. Op de site van het oude paleis zijn de resten van het Heijo-kyo te zien.

Todai-ji, Nara, de Daibutsu

Nara

Bezienswaardigheden

1. Kofuku-ji
2. Pagode
3. Nara National Museum
4. Kenritsu Bijutsukan
5. Todai-ji
6. Kasuga Taiga
7. Irie Taikichi Memorial Museum of Photography
8. Gango-ji
9. Koshi-no-le
10. Shiryokan
11. Kogeikan
12. Yakushi-ji
13. Toshoda-ji
14. Heijokyo History Museum
15. Heijo-kyo

Overnachten

1. Nara Hotel
2. Guesthouse Sakuraya
3. Ryokan Matsumae

Eten en drinken

1. Harushika Sake Brewery
2. Hiyori
3. Hiraso
4. Yamato-an-Honten

Kofuku-ji 1

9-17 uur, 600 yen (museum)

De Kofuku-ji was de hoofdtempel van de Fujiwareclan, die het in de vroege dagen van Nara voor het zeggen had. In de hoogtijdagen omvatte het complex meer dan 150 panden, waarvan er nu nog een handvol in min of meer gerestaureerde status is te zien. In de Tokon-do ziet u een groot houten beeld van de Yakushi-Boeddha. De centrale Chukondo ondering tot eind 2018 grootschalige restauratie. Het National Treasure Museum bevat bijzondere tempelschatten, waaronder 8e-eeuwse houten beelden – boeddhistische beschermers die tot in groot detail zijn uitgebeeld. De vijf verdiepingen tellende, 50 m hoge **pagode** 2 dateert van 730 en is herbouwd in 1426. Aan de zuidwestkant van de Tokon-do staat een van de twee achthoekige tempels met daarnaast wat verscholen een pagode. Volgt u daar de trappen omlaag, dan komt u in de wijk Naramachi.

Nara National Museum 3

Di.-zo. 9.30-17 uur, tel. 050 5542 8600, www.narahaku.go.jp, 520 yen, speciale tentoonstellingen meerprijs

Het in 1895 geopende museum is ingericht met Boeddhabeelden en boeddhistische vereringsvoorwerpen, nu vooral in de nieuwe vleugel te vinden; in de oostvleugel zijn tijdelijke tentoonstellingen.

Kenritsu Bijutsukan 4

Di.-zo. 9-16.30 uur, 400 yen, tijdelijke tentoonstellingen meerprijs

Een breed aanbod schone kunsten: beschilderde stoffen, historische wapens en moderne kunst. Met een grote rol voor ukiyo-e van 19e-eeuwse meesters als Umeyashiki en Hiroshige. Wisseltentoonstellingen treden vaak ook buiten Japanse grenzen.

Todai-ji ☀ 5

Dag. 9.30-17/17.30 uur, 600 yen

Van 735-737 heerste er een pokkenepidemie in Japan. Onder de maatregelen die keizer Shomu nam, was de bouw van een tempel om de goden gunstig te stemmen. Op een domein ter grootte van de oppervlakte van het keizerlijk paleis kreeg de Daibutsu een indrukwekkend onderkomen. De Gouden Hal, een enorm houten complex waar de Grote Boeddha nu in staat, dateert

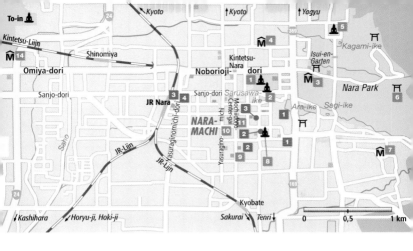

van 1692 en is nog twee derde van het oorspronkelijke ontwerp maar een architectonisch hoogstandje. Het bronzen beeld is ruim 16 m hoog en weegt 500 ton. De rechterhand met gestrekte vingers en getoonde handpalm drukt uit: Vrees niet. De sokkel heeft de vorm van een lotusbloem met 56 bloemblaadjes in twee rijen. Boeddha wordt geflankeerd door twee Bodhisattva's.

Kasuga Taisha 6

Dag. 6-18 uur, toegang tot de hoofdtempel 500 yen, overige gratis

Het credo van de filosofische reiziger: het pad erheen is belangrijker dan het doel, gaat ook op voor de Kasuga Taisha. De shintotempel is weliswaar van grote historische waarde als huiswerk van de 8e-eeuwse Fujiwaraclan, hij onderscheidt zich weinig van de vele andere.

Het pad daarentegen met de drieduizend stenen zuillantaarns is wat bijblijft. Daarbij hangen bronzen lantaarns: ze zijn als votief door gelovigen geschonken. Bijzonder sfeervol is het er als de lantaarns verlicht zijn, tijdens feesten van 3 april en half augustus. Het theehuis Ninai Jaya serveert lekkernijen in de voetsporen van de Edo-

theeverkopers. Vlak voor de ingang ligt een oude botanische tuin met in mei in bloei staande blauweregens.

Irie Taikichi Memorial Museum of Photography 7

600-1 Takabatake-cho, tel. 0742 22 9811, di.-zo. 9.30-17 uur, 500 yen

Taikichi Irie (1905-1992) was een befaamde fotograaf uit Nara. Hij legde landschappen vast, maar ook zijn beelden van Boeddhasculpturen zijn iconisch. Behalve foto's van Taikichi ziet u er ook zijn camera's, kunstwerken op glas en door hem gemaakte kalligrafie. De huisvesting is een prachtige mix van Japans en minimal modern.

Gango-ji 8

Dag. 9-17 uur, 500 yen

Het heeft nog maar een fractie van de afmetingen van weleer, maar de Gango-ji behoorde tot de zeven hoofdtempels van de stad. De tempel werd vanuit Asuka-dera naar Nara overgebracht in 718 en staat te boek als de oudste echte boeddhistentempel van Japan. Er staat een bijna 5 m hoog bronzen beeld van Shaka, dat aardbevingen en andere drama's heeft doorstaan.

Koshi-no-Ie 9

Di.-zo. 9-17 uur, gratis

Vooral de typische bouwdetails van een machiya (stadswinkel) kunt u hier zien: een pijpenlawinkel waar voorin werd gehandeld en achterin het woonverblijf was. Belastingen werden geheven naar de maat van voorgevel.

Shiryokan 10

Dag. 10-16 uur, gratis

Hier woonde en werkte ooit een mus-kietennetfabrikant. Er staan huishou-delijke voorwerpen en Boeddhabeeld-jes. Hoofdrol voor de migawari-zaru, roodwitte geluks'aapjes'.

Kogeikan 11

Di.-zo. 10-18 uur, gratis

Vitrines met de kunstnijverheid waar

Nara al eeuwen befaamd om is: pense-len, inkt, maskers en uiteenlopend fijn houtwerk.

Yakushi-ji 12

Di.-zo. 8.30-16.30 uur

Keizer Tenmu liet de tempel in de late 7e eeuw bouwen in de hoop dat zijn zieke echtgenote zou herstellen. De grote hal is enkele decennia geleden door brand verwoest en herbouwd; daarin bevindt zich de Yakushi drie-eenheid: Yakushi, de Boeddha van ge-nezing, wordt geflankeerd door Nikko en Gakko, de goden van zon en maan. Fotogenieke gebouwen op het domein zijn voorts de twee pagodes en de acht-hoekige Genjo-sanzoin Garan. Daar-achter zijn in een gebouw werken te zien van schilder Ikuo Hirayama, die

Goddelijke boodschapper in Nara

boeddhistische onderwerpen en land-schappen in verschillende delen van het Midden-Oosten en het Verre Oosten af-beeldde, maar ook van de atoomaanval op Hiroshima; hij was hibakusha (zie blz. 196,). Ten zuiden van Onomichi op het eiland Ikuchi is een museum aan hem gewijd (zie blz. 229).

Toshodai-ji 13

Bus 70, 72 en 97 van JR-station, 15-20 min.; dag. 8.30-17. uur, 600 yen, 200 yen voor schatkamer

Op uitnodiging van de Japanse keizer, als opleidingscentrum voor Japanse boeddhistische leermeesters, vestigde de Chinese priester Ganjin hier in 759 een tempel. Zijn graf, te vinden aan een van de groene paadjes, is sindsdien doel van vele pelgrims. De kondo (grote of gouden hal) is in 2009 na reconstructie heropend. De kodo (ruimte voor lezin-gen) kwam oorspronkelijk van het pa-leisdomein.

Toshodai-ji ligt nu wat excentrisch van de overige bezienswaardigheden, maar maakte in de beginjaren en bloei-tijd van Nara juist deel uit van het le-vendige centrum. Om het complex goed te bekijken hebt u zeker ander-half uur nodig.

Heijokyo History Museum 14

Suzakumon, di.-zo. 9-16.30 uur, 500 yen

In 2010 werd dit museum geopend ter herdenking van het uitroepen van Nara als hoofdstad dertien eeuwen daarvoor. Het is een mooie blikvanger aan de zuidkant van het toenmalige paleisdo-mein. Er wordt een film vertoond met een reconstructie van de hoofdstad in de 7e eeuw en u ziet een replica van een handelsschip van weleer. In 2018 moes-ten bezoekers het nog doen zonder En-gelse informatie, maar toch is het een illustratieve start van uw verkenning van Heijo-kyo.

Heijo-kyo 15

Di.-zo. 9-16.30 uur

Het oorspronkelijke paleis bestond uit een groot rechthoekig, ommuurd do-mein van ongeveer een vierkante kilo-meter. Daarbinnen waren de residenti-ele vertrekken van de hofhouding weer van de ministeriële afgescheiden. Het is grotendeels volgens Chinees grond-plan aangelegd op een noordzuidas.

Toen de hofhouding naar Heian (Kyoto) verhuisde, werden sommige gebouwen verplaatst, andere raakten in verval. Vanaf de 2e helft van de 20e eeuw vond archeologisch onderzoek plaats. De Suzakupoort is een recon-structie en dateert van 1998.

Overnachten

Hoge gasten – **Nara Hotel** 1: 1096 Takabatake-cho, tel. 0742 26 3300, www. narahotel.co.jp. Sinds 1909 komen er gasten, velen hooggeplaatst. Het stijl-volle complex ligt mooi het groen.

Het echte Japanse plaatje – **Guest-house Sakuraya** 2: 1 Narukawa-cho, tel. 0742 24 1490, www.guesthouse-sa-kuraya.com. Verzorgde kamers en ken-nismaken met cultuur en ceremonieel.

Hartelijk welkom – **Onyado Nono Nara Natural Hot Spring** 3: 1-1-6 Omiyacho, tel. 0742 20 5489. Hotel in Japanse stijl, met baden, naast het sta-tion en gebruik van elektrische fietsen; super ontbijtbuffet.

Eten en drinken

Sake, sake – **Harushika Sake Bre-wery** 1: 24-1 Fukuchi-in-cho, tel. 0742 23 2255, dag. 8.15-17.15 uur, proeven 450 yen. Sake als ontbijt: in de vorm van ta-felzuren of ijs kan ook. Onder de vier soorten sake die Harushika maakt, is ook een verrassende bubbelversie. In

een mooi authentiek (monniks)pand.
Jammie Yamato – **Hiyori** 2: 26 Naka-noshinya-cho, tel. 0742 24 1470. Kaiseki-diners tegen betaalbare prijzen, ook de vegetarische Yamato-yasai is er favoriet. Het restaurant presenteert zich als vegetarisch, maar is niet strikt vleesloos.
Sushi – **Hiraso** 3: 30-1 Imanikado-cho, tel. 0742 22 0866, di.-zo. 10-20.30 uur. Bij uitstek voor sushi/sashimi, puur en naar traditionele Narareceptuur.
Tempura en vegetarisch – **Yamato-an-Honten** 4: 495-1, Sanjo-cho, tel. 0742 26 3585, dag. 11.30-15 en 17-24 uur. Streekproducten: vlees, kip. Tempura met kip en vegetarisch.

Kukai – Kobo Daishi

Kukai (774-835) werd in de buurt van Takamatsu op Shikoku geboren. Als vrome priester liep hij eindeloos over het eiland en reisde naar China om het boeddhisme daar nader te bestuderen. Om zijn wens voor steun tijdens zijn missie kracht bij te zetten, gooide hij zijn *vajra* (scepter) in de oceaan. Bij latere omzwervingen vond hij die terug … bij Koya-san. Daar richtte hij de Shongonschool op, de Leer van het Reine Woord.
Behalve een grote religieuze doorbraak bewerkstelligde Kukai wetenschappelijke bijdrages: hij stond aan de wieg van het kana-alfabet (het eerste gebruik van lettergrepen), stelde het eerste woordenboek samen, was een begaafd kalligraaf, dichter en beeldhouwer, hij opende openbare scholen, hield zich met irrigatie en alchemie bezig maar bovenal waren zijn genezende eigenschappen befaamd.
Na zijn overlijden kreeg Kukai de naam Kobo Daishi. Sindsdien is Koya-san een van de belangrijkste sacrale plekken van Japan en sinds 2014 op de UNESCO Werelderfgoedlijst.

Winkelen

Van oudsher is Naramachi de handelswijk. Souvenirwinkels zijn vooral te vinden in en rond het park, aan Sanjodori: veel attributen met afbeeldingen van herten, op zak- en inpakdoeken, haarbanden, et cetera. Maar ook (tweedehands) kimono's en yukata's, voorwerpen van cederhout, poppen en regionaal vervaardigd aardewerk (*akahada-yaki*). Nara is ook befaamd om de sumi-e, de inkttekeningen en toebehoren voor kalligrafie – de penselen – en theeceremonies.

Yoshino Kumano National Park ▶ N 13

Een groot deel van het schiereiland Kii heeft de nationaalparkstatus. Daarbinnen valt de Yoshino-yama (350 m), een heuvelkam waar de kersenbloesem befaamd is, en de heiligdommen van Kumano die UNESCO Werelderfgoed zijn. De plaats Yoshino groeide als facilitair centrum voor bedevaartgangers van de Shugendo en heeft zelf met de Zao-do (Kinpusen-ji) een imposante tempelhal; keizer Go-Daigo vestigde in Yoshino in de 14e eeuw zijn tweede hofhouding.

Koya-san ✳ ▶ N 13

De boeddhistische missionaris Kukai richtte in de bergen bij **Wakayama** een tempel op. In latere hoogtijdagen stonden er meer dan 1500 tempels op de berg en woonden er duizenden monniken. De zwaarste tegenstand kreeg de gemeenschap vanaf 1868, tijdens de boeddhistenonvriendelijke Meijiperiode. Nu staan er nog meer dan honderd tempels rond de kroon van de Koya-san, ten zuiden van Osaka, op circa 800 m hoogte. De reis erheen gaat – als u geen auto hebt – met treinen, kabeltrein en bus. Het is er afgelegen maar niet eenzaam. Met een inwonertal van 6000 en jaarlijks vele duizenden bezoekers is het plaatsje Koya soms een mierennest, maar de serene rust wordt gekoesterd. Dan is het wel zaak er minstens één overnachting inclusief boeddhistisch ceremonieel mee te maken. In tal van tempels bieden monniken logies aan. Voor de ware pelgrim zijn de hoofdtempel en het mausoleum van Kobo Daishi een belangrijke halte aan de Kumano Kodo (zie kader hiernaast).

Nyonin-do

Gratis toegang

Het eerste van de heiligdommen van Koya-san, tevens eindhalte van de bus vanaf Koyasan-Station. Ooit stonden er zeven Nyonin-do's, waar vrouwen ontvangen werden maar niet verder het heiligdom in konden. Sinds 1906 hebben ook zij toegang tot het verdere domein. De vrouwenpelgrimsroute gaat langs de resten van de overige Nyonin-do's; trek daarvoor 2,5 uur uit.

Kongobu-ji

Openingstijden voor alle heiligdommen dag. 8.30-17 uur; tweedaags combiticket voor de zes hoofdtempels 2000 yen

De 'Tempel van de Diamantberg' is het hoofdkantoor van de Shingonschool. Binnen zijn prachtige beschilderde, heel sfeerrijke kamerschermen uit de 16e eeuw te zien. Elk uur tussen 6 en 22 uur slaat de in 1535 gegoten Rokujino-kane – de 'zesuurklok'.

Garan

Het ultieme heiligdom, waar de vajra van Kukai beland zou zijn, is de Garan. Japanse ceders, stenen lantaarns en de geur van wierook benadrukken de mystiek. Het voornaamste gebouw

is de 45 m hoge pagode Konpon Daito, waarin Boeddhabeelden staan, zoals de kosmische Boeddha Dainichi Nyorai. De kondo staat op de plek waar Kukai zijn eerste lezingen gaf; er worden nog steeds diensten gehouden. Hij woonde op de plek van de Miei-do.

Dai-mon

Tot de kabeltrein in de jaren 30 was aangelegd, vormde de Dai-mon de officiële toegang. Het ▷ blz. 167

Kumano Kodo

Monniken, maar ook gepensioneerde keizers en gegoede burgers hebben zich de afgelopen 1200 jaar aangetrokken gevoeld tot pelgrimages in het schiereilandKii. Belangrijke tempels aan de route zijn de Hongu Taisha, de Hayatama Taisha en de Nachi Taisha, alle in het zuidoosten van het schiereiland; de Nakahechi-route heeft als bijnaam de 'keizerlijke weg' en steekt het schiereiland van west naar oost over, langs deze drie heiligdommen. Koya-san ligt aan een zijtak van 70 km: de Kumano Kodo Kohechi.
Behalve in het bezoek aan de heiligdommen lag een onderdeel van het reinigings- en belijdingsproces in de tocht zelf. Eindeloos stijgen en dalen maken de Kumano Kodopelgrimsroute een zware tocht; zelfs een dagtraject moet u niet onderschatten.
De **Koyasan Choishi Michi** is het historische toegangspad tot Koya-san, en voert van Kudoyama Station tot de Dai-mon en beslaat 23,5 km – trek daar zeven uur voor uit. In het vroege voorjaar en late najaar moet u rekening houden met sneeuwval.
Info: www.tb-kumano.jp.
In plaats van te voet kunt u **Hongu Taisha** vanuit Koya-san ook per bus bereiken (6 uur reistijd).

48 watervallen in een ninjabos

Het zuidoosten van Kansai is een ode aan de goden en de bergen, en in dit geval: aan het water. Het pad langs 48 watervallen is vele malen eenvoudiger dan dat langs even zovele tempels. Het vallende water biedt geen Niagaravertoon: het zijn waterstralen met verhalen.
Op warme zomerdagen geven het water en het bladerdak verkoeling.

Start: Akame-cho Nagasaka, Nabari; tel. 0595 63 3004, www.akame48taki.com; apr.-nov. 9-17, dec.-mrt. 9.30-16.30 uur, 400 yen. Beperkt openbaar vervoer.
Duur: tot de Gankutsu circa 1,5 uur.
Overnachten: Takimotoya Hotel **1**; Akame Onsen Kakurenoyu Taisenkaku **2**; B&B Nishiminime **3**; Camping **4**. Meer opties in Nabari.

Een staalkaart van watervallen: brede en smalle, hoge en lage, meertakkige en enkele stromen. Ze vallen over richels, glijgoten, bemoste of juist gladde stenen. En dan hebben we het nog niet over het geluid: razen, borrelen, ruisen, klateren, rinkelen. Misschien zijn het er niet precies 48 stuks, maar in elk geval: 'veel'.

Salamanderpad

U loopt aan wisselende zijden van de rivier de Akame, over een afstand van 3,5 kilometer enkele reis, aangenaam kuierend door het loofwoud. Af en toe is er een korte klimpassage.

Haalt het de romantiek weg dat er een paar honderd yen entree wordt geheven? Zeker niet. Het helpt het park voor de toekomst te bewaren, en u loopt over goed bijgehouden wandelpaden die met een lang pincet worden ontdaan van onrechtmatigheden. De entree is via een hal met salamanders in terraria . De oplettende wandelaar ontdekt ook onderweg reuzensalamanders, een icoon van de Japanse fauna. Groter is de kans op het zien van reuzenmotten en vlinders.

Het watervallenpad is wel zo betoverend dat op mooie zomerdagen soms opstoppingen ontstaan op de stenen trappen. Start dan vroeg. Wie goed fit is kan overwegen het Nagasakapad bovenlangs terug te lopen; sla daarvoor bij de Shimaiwaterval af.

In het voorjaar zijn er ceremoniële processies met vuurlopen. Hoogtepunt van de herfstkleuren valt doorgaans van begin tot half november.

God van vuur en 1000 handen

Wie met zen-ogen naar de watervallen kijkt, gebruikt vooral zijn oren. Van een rustgevend ruisen en een speels klateren tot bulderend geweld, het zegt al op afstand iets over de aard van de waterval. Dan pas komt er kijken aan te pas. Gaat het water omzichtig om de stenen, of zoekt het krachtig een weg of is de dunne straal nauwelijks meer dan een keten druppels?

Waterkracht en vuur liggen dicht bij elkaar. De 15 m hoge en 7 m brede **Fudowaterval** 1 is genoemd naar de God van het Vuur, Fudo Myoo; goed te zien vanaf de brug.

De kracht van de even hoge **Senju-waterval** 2 zit in de harmonie van water, rotsen en bomen. Boeddhisten kennen de god Sanyu-kan-non. Senju betekent: duizend handen.

Als een smalle lap stof valt de 30 m hoge **Nunobiki** 3, een van de grote favorieten in de rivier de Akame. De aantrekkingskracht zit vooral in hoe de straal zich in het bassin voegt, het stralende wit in het blauwgroene bad. Bij Hyakuo Rock zijn versnaperingen te koop.

Ninai 4 bestaat uit twee brede stromen van 8 m hoogte. Daar net boven is een derde waterval. Vanuit verschillende gezichtspunten valt er van alles in te zien. De lichtcontrasten maken het een uitdaging voor fotografen. De 15 m hoge **Biwa** 5, genoemd naar de Japanse luit, valt in een indigokleurig bassin. Voorbij de **Gankutsuwaterval** 6 heeft het water de rust van een nietsvermoedende beek; een mooi punt voor een picknick en om om te draaien.

Beloning

Geniet bij terugkomst van een lekkere kusa-mochi, een eierdeeg met macha of zoete bonenvulling; ze worden bij de **kiosk** 1 vlak bij de ingang vers gemaakt. Onderweg passeert u twee picknickplaatsen waar koele drankjes en versnaperingen worden verkocht. Bij de watervallen mag niet gezwommen worden, maar pootjebaden kan wel.

Akame heeft onsenhotels. Het **Takimotoya Hotel** 1 heeft radiumbaden, maar is alleen voor logerende gasten toegankelijk (tel. 0595 63 3411). **Akame Onsen Kakurenoyu Taisenkaku** 2 (tel. 0595 63 3355, www.akameonsen.com, 850 yen alleen baden) laat ook daggasten toe in de baden. Op de **camping** 4 ziet u in de zomer enkele wekenlang na zonsondergang grote zwermen vuurvliegjes.

Ninja's

Van de 15e tot 18e eeuw was de streek het trainingsdomein van Iga-ryu ninja, de plaatselijke geheime dienst. Hedendaagse ninja's in spe zijn net buiten de ingang tot aan het watervallenpad welkom om hun skills te testen. Wetsuits worden verstrekt en dan kan het abseilen en klimmen beginnen. Nat worden is nagenoeg gegandeerd.

Het **Ninja Forest** is er zowel voor kinderen vanaf vier jaar als voor volwassenen, dag. om 10.30 en 13.30 uur, prijzen inclusief pak 1550-2000 yen. Kom minstens een uur voor aanvang, op drukke dagen is reserveren aanbevolen, tel. 0595 64 2695 (Japans).

Nunobikiwaterval

fotogenieke poortgebouw is vooral een gedroomde plek voor wie te voet aankomt.

Reihokan

De grote tempelschatten worden bewaard in de Reihokan. Daaruit worden wisselend voorwerpen tentoongesteld: Boeddhabeelden en -voorwerpen uit de Heian- en Kamakuraperiode maar ook zijdeschilderingen en handschriften.

Okunoin

Meer dan 200.000 grafstenen markeren de rustplaats van de wachtende zielen. De tombes zijn heel verschillend, ook al door de tijd waarin ze zijn geplaatst en door de mate van verwering. Een pad van 2 km voert daarlangs naar het mausoleum van **Kobo Daishi**. In de vroege ochtend en bij zonsondergang branden de lantaarns. De 10.000 olielampen bij de toegang tot het mausoleum worden voortdurend brandend gehouden. Ook Kobo Daishi wacht nog op zijn terugkeer: als Miroku, de toekomstige Boeddha. Hij zal dan de gelovigen naar verlossing begeleiden. Een graf in zijn directe nabijheid is daarom voor veel boeddhisten zeer gewild.

Yunomine Onsen ▶ N 13

In Yunomine Onsen worden de hete thermale baden al 1800 jaar voor allerlei ceremonies gebruikt. Het dorp ligt fraai, aan de Kumano Kodo Nakahechi en is per bus bereikbaar.

Vanuit Yunomine Onsen zijn diverse dagtochten mogelijk. Een geliefd maar evengoed zwaar traject is van Yunomine Onsen naar Hosshinmon-oji, door naar Hongu Taisha en terug over de Dainichi-goeroute (respectievelijk 6, 7 en 3,5 km).

Een van de leukste openbare onsen is de rivier van Kawayu Onsen. Daar borrelen uit het rivierbed bronnen op. Als uw poeltje iets te warm is, verzet u wat stenen om er koud water bij te mengen.

Overnachten

Tempellogies heet shukubo. U neemt als gast deel aan het strakke kloosterschema. Dat betekent in elk geval op tijd zijn voor het avondeten om 17.30 uur, en present op de ochtenddienst van 6.30 uur. Kosten bedragen 9000-15.000 yen p.p.p.n., daarbij worden boeddhistische – vegetarische – maaltijden geserveerd. Reserveren kan via eng.shukubo.net, minimaal een week van tevoren. De kloosterryokans variëren van de kleine **Haryo-in** (15 kamers) tot de 200 kamers tellende **Fugen-in**; bij **Eko-in** (37 kamers), door vrij jonge monniken gerund, zijn onsen en treft u mogelijkheden voor ajikanmeditatie en sutraschrijven.

Zie voor ryokans en minshuku's in Yunomine Onsen, Kawayu Onsen en Wataze Onsen: www.hongu.jp.

Informatie en vervoer

Koya-san: eng.shukubo.net
Belangrijke feestdagen voor de monniken van Koya-san zijn Mie-do (21 maart), 15 juni (verjaardag Kobo Daishi) en op 13 augustus (Obon – het eren van de overledenen).

Reken op twee uur reistijd met het openbaar vervoer van Osaka Namba Station of vanaf Wakayama. Er gaat dagelijks een shuttlebus van Kansai International Airport direct naar Koya-san; 10.10 uur vertrek, 11.55 uur aankomst (terug om 13.30 uur), 2000 yen enkele reis. Van Koya-san Station gaan bussen naar Nyonin-do. Alternatief is het voetpad, de Fudozaka-trail (2,5 km, circa 1 uur).

Osaka ▶ N 12

De 2,5 miljoen inwoners tellende stad Osaka heeft toeristisch geen grote naam. Toch kan het terugzien op een ruime voorgeschiedenis – de bloeitijd lag hier veel eerder dan in Tokyo – en zijn er zeker bezienswaardigheden die een bezoek rechtvaardigen. Osaka is korte tijd hoofdstad geweest, Naniwa heette het toen. Na Tokyo en Yokohama is het nu de grootste stad van Japan.

Onder Japanners staat Osaka bij uitstek bekend als culinaire bestemming. Er is meer dan de *oshi* – een praktische rechthoekige sushi – namelijk alles van streetfood tot restaurants met Michelinster. Aan Osaka heeft de wereld instantnoedels te danken. En door een ondernemer uit Osaka, grondlegger

Tip

Osaka en *Het konijn op de maan*

Verbazen en nog eens verbazen, dat is de rode draad voor veel reizigers in Japan. In *Het konijn op de maan* (2010) zet Paul Mennes een reeks opvallende zaken op een rijtje: opschriften op T-shirts, gedragscodes. Daarnaast gaat hij een stapje verder in het blootleggen van cultuurverschillen die de Belgische hoofdpersoon en zijn Japanse vriendin parten spelen. Decor is Osaka – de Tsutenkaku zult u er beter door onthouden. En u kijkt na dit boek vast vaker naar de maan.
Dit prettig en ironisch-komisch geschreven boek is een goede aanleiding een extra dagje in Osaka te blijven. En misschien bent u door Mennes ook nieuwsgierig naar *Het hoofdkussenboek* – oorspronkelijk van de middeleeuwse schrijfster/hofdame Sei Shonagon. Daar bestaan diverse Engelse en Nederlandse vertalingen van.

van Suntory, maakt Japan respectabele whisky's. Door het grote aantal kantoren, winkels en scholen is de populatie er overdag een miljoen groter dan 's nachts. De bezienswaardigheden van de stad liggen nogal verspreid, maar ook hier is het openbaar vervoer uitstekend.

Stadsiconen

Trein- en metrolijnen, hotels en winkels met grote lichtreclames en een hooggeplaatst reuzenrad bepalen de eerste indruk van het centrum. Er is veel hoogbouw, een aantal zeker interessante bouwwerken en daaronder een paar echte landmarks. Het 17e-eeuwse kasteel staat aan de oostkant van het centrum.

Aan de zuidkant torent de **Tsutenkaku**: in 1912 gebouwd als Japanse Eiffeltoren en symbool voor de Nieuwe Wereld, wat de wijk Shinsekai toen was. Als icoon van de stad is de Tsutenkaku veelvuldig filmdecor geweest – inclusief de kleurrijke neonwijk eromheen. Nadat de toren zwaar beschadigd was in WOII en de resten waren afgebroken, kwam de toren in de jaren vijftig op burgerverzoek terug. Men deed nog 39 m bij het originele ontwerp, waarmee de Tsutenkaku op 103 m kwam. Op 91 m is een openluchtobservatieplatform (9-21 uur, 700 yen).

Een eind dichter bij de hemel komt u op het **Umeda Sky Building** (173 m; 9.30-22.30 uur, 1500 yen), in het noorden van Osaka bij het JR-station. Het is een architectonisch interessant complex dat uit twee verbonden torens bestaat.

Osaka-jo 1

Dag. 9-16.30 uur, park gratis, kasteel 600 yen

Een groot oppervlak in het noordoosten van de stad wordt in beslag genomen door het oude en zeer fotogenieke paleis. Hideyori Toyotomi zette hier in

1583 het tot dusverre grootste kasteel van het land neer om de onvolprezen status van de Toyotomi's duidelijk te etaleren. Kort na diens overlijden (zie blz. 183) verwoestten troepen van Tokugawa het complex. Het werd begin 17e eeuw herbouwd maar brandde enkele decennia later af. Het huidige kasteel is in 1931 opgeleverd en voorzien van een modern staal- met betonframe.

De indrukwekkendste toegang is de Ote-mon uit 1629, de hoofdpoort. Na het passeren van de Sakura-mon ziet u een enorm rotsblok, de tako-ishi (inktvissteen), die in de oorspronkelijke kasteelmuur was verwerkt. Osaka-jo is – tot dusverre – het enige kasteel met een moderne glazen lift, aan de westkant. De reguliere toegang ligt bij de trappen. Binnen wordt de geschiedenis van het gebouw en van Osaka's heersers – in het bijzonder de Toyotomi's – uit de doeken gedaan. Begin op de 8e verdieping, bewonder het uitzicht en daal gestaag af. Beneden worden historisch-illustratieve films vertoond – Engels ondertiteld.

In de zuidhoek van het kasteeldomein staat het **Osaka International Peace Centre** (di.-zo. 9.30-16.30 uur, 250 yen). Het heeft de afgelopen jaren een paar maal de expositie gewijzigd, van meer naar minder nadruk op de Japanse rol in de oorlogsgeschiedenis. Feit is dat ook Osaka zwaar werd gebombardeerd. Bezoekers wordt gevraagd een vredesboodschap achter te laten; Engelse informatievoorziening is heel beperkt.

Osaka-jo

Osaka

Bezienswaardigheden
1 Osaka-jo
2 Museum of History
3 Nakanoshima
4 Kaiyukan Osaka Aquarium
5 Universal Studios
6 Liberty Osaka
7 Tennoji-koen
8 Municipal Museum of Arts
9 Sumiyoshi Taisha

Overnachten
1 Daiwa Roynet Hotel Kitahama
2 First Cabin Midosuji-Namba
3 J-Hoppers Osaka

Eten en drinken
1 Hajime
2 Dynamic Kitchen & Bar Sun
3 Tsurutontan Soemoncho

4 Tsutenkaku Tower
5 Umeda HEP Five

Uitgaan
1 National Bunraku Theatre
2 Osaka Shochku-za

Winkelen
1 Umeda (HEP Five)
2 Daimaru
3 Shinsekai

Het Kema Sakuranomiya Park, ten noorden Osaka-jo aan de Ogawa, is de grote favoriet tijdens de kersenbloesem.

Museum of History 2

Wo.-ma. 9.30-17, www.mus-his.city.osaka.jp, 600 yen

Het moderne hoge complex pal ten zuidwesten van het kasteelpark huisvest het geschiedkundig museum van de stad. Begin op de 10e verdieping waar een reconstructie is gemaakt van de Daigokuden uit het Heijokasteel van Nara, inclusief figuren en video's ter illustratie van het hoofse leven. Een verdieping lager komt het alledaagse leven van de stadsburgers van weleer in beeld. Daaronder is de opgraving Naniwa gereconstrueerd en op de 6e verdieping draait het om het hedendaagse Osaka. In de overige ruimtes zijn tijdelijke tentoonstellingen en auditoria.

Nakanoshima 3

Een eilandje gevormd door de rivieren Dojima en Tosabori, ten zuiden van Umeda, wordt deels benut door twee uitstekende kunstmusea en het Science Museum. Aan de oostkant vindt u een park met gazons en rozenperken.

National Museum of Art

Di.-zo. 10-17, vr.-za. tot 20 uur (eind juli-half okt. tot 21 uur), 430 yen, 1e za. van de maand gratis

De ingang tot het museum is een moderne stalen constructie die geïnspireerd is op bamboe. De expositieruimtes bevinden zich in twee verdiepingen ondergrounds. Japanse en internationale kunst wordt in wisseltentoonstellingen gepresenteerd. De collectie is vooral sterk in de naoorlogse kunst, met vertegenwoordigers als Arinori Ichihara, Paul Jenkins en Kazuo Shiraga.

Pal hiernaast staat het veel opvallender gebouw met het **Osaka Science Museum** (di.-zo. 9.30-17 uur, 400 yen, meerprijs voor planetarium en Omnimax). Over vier verdiepingen verdeeld vindt u interactieve opstellingen over het universum en natuur- en scheikunde.

Museum of Oriental Ceramics

Di.-zo. 9.30-16.30 uur, www.moco.or.jp, 500 yen

Eveneens op het eilandje Nakanoshima bevindt zich dit museum met een prachtige collectie keramiek uit China, Korea en Japan, samengesteld uit een reeks toonaangevende privécollecties. Denk daarbij aan werken van Bernard Leach en Kanjiro Kawai, maar ook aar-

dewerk, unieke snuifdoosjes en lakwerk. Liefhebbers worden absoluut voor hun omweg beloond.

Kaiyukan Osaka Aquarium 4

Dag. 9.30/10-20 uur, 2300 yen, 7-15 jaar 1200 yen, audioguide 500 yen

De 4,5 m lange walvishaai is de centrale focus van het Osaka Aquarium. Rond de watertank van deze dieren, en hun medebewoners uit de Pacifische Oceaan, zijn andere aquaria en bassins te bewonderen met thema's van Antarctica tot Japan, inclusief zeehonden, zeeleeuwen, dolfijnen, otters en pinguïns. Ook is er een touchpool met haaien en roggen. Er zijn brochures met Engelstalige wetenswaardigheden aanwezig.

Universal Studios 5

Dag. geopend, zie voor exacte tijden en getoonde attracties www.usj.co.jp

In het populaire Universal Studios Japan ziet u een beperkte versie van het Amerikaanse voorbeeld. Centrale show is de indrukwekkende 3D-Harry Potter voorstelling *Forbidden Journey* – in het Japans. In Universal Wonderland figureren Snoopy, Kitty en Sesamstraatfiguren. Onder de attracties zijn de *Amazing Adventures of Spider-Man* in 3D een topper. Het park is mooi ingericht en er zijn goede eetgelegenheden.

Liberty Osaka 6

3-6-36 Naniwahigashi, wo.-vr. 10-16, za. 13-17 uur, 500 yen

Osaka, Shinsekai

Onderwerpen als etnische minderheden, emancipatie, vervuiling – die zelden openlijk bediscussieerd worden, komen hier aan de orde. U vindt er een Engelstalige brochure en audioguide ter ondersteuning van de Japanse informatieborden.

Tennoji-koen 7

Di.-zo. 9.30-17, mei.-sept. za.-zo. tot 18 uur, 150 yen

Op een voormalige grafheuvel werd in 1909 een botanische tuin aangelegd. Naast de traditionele natuurlijke composities staan diersculpturen met ingestoken – bloeiende – planten. In de Japanse traditionele tuin (Keitakuen) staat een theehuis. In een grote kas gedijen planten uit alle windstreken. In de oude dierentuin zitten zowaar ijsberen en koala's, in een bepaald niet benijdenswaardige setting.

Municipal Museum of Fine Arts 8

Di.-zo. 9.30-17 uur, 300 yen

In het Tennojipark, in de voormalige residentie van de familie Sumitomo die ook de Keitakuen aan de stad schonk, is de kunstcollectie van de Sumitomo's te zien. Die omvat duizenden vooral Japanse en Chinese kunstvoorwerpen.

Sumiyoshi Taisha 9

Dag. 6-17 uur, gratis

In de 3e eeuw stond hier al een tempel; reizigers, zeelieden en vissers kwamen er de shintogoden om hun bescherming vragen. De hoofdtoegang is via de hoge, fel oranjerood geschilderde Sorihashibrug – daarmee legt men graag een link met Venetië. Maar hier heerst binnen de poort devotie. De voornaamste geluiden vormen de bellen en het schudden met de kokers om geluksnummers te trekken en de passende heilspreuken te ontvangen. De verschillende panden vertonen de karakteristieke sumihoshi-zu-

kuristijl: steile daken – zonder glooiing – met twee gevorkte sluitstukken en een reeks van vijf horizontale leggers. De Sumiyoshi Taisha is een favoriete plek tijdens grote jaarfeesten, zoals nieuwjaar en de zomerfeesten.

Overnachten

De grootste concentratie luxehotels bevindt zich in Umeda. Breder is het aanbod in Shinsaibashi en Nambe.

Modern en strategisch – **Daiwa Roynet Hotel Kitahama** 1: 2-2-14 Koraibashi, tel. 06 6228 1255, www.daiwa roynet.jp. Geopend in 2013 en direct verbonden met het metrostation Kitahama, in een zakendistrict. Moderne kamers en gratis wifi.

Capsulehotelmomentje? – **First Cabin Midosuji-Namba** 2: 4-2-1 Namba, tel. 06 6631 8090, first-cabin.jp, 6900 yen (900 p.u. ...). Geen inkruipholletje maar gewoon een kleine cabine met schuifdeur. Met prima badgelegenheid en gemeenschappelijke lounge.

Goed hostel – **J-Hoppers Osaka** 3: 4-22 Fukushima, tel. 06 6453 6669, osaka.j-hoppers.com. Leuk en schoon hosteladres voor uitwisseling van reisbelevenissen met het personeel en andere gasten; geen avondklok. Natuurlijk een keukentje, wasmachine en gratis wifi, maar bonus zijn fietsverhuur en dakterras.

Eten en drinken

Een greep uit de vele mogelijkheden in de *kuiadores*stad (lekkerbekkenstad). Osaka heeft een eigen versie van de okonomiyaki (noedel-koolpannenkoek), hier veelal met bloem van zoete aardappel. Maar ook van udon (noedels) en van sushi, hier oshi of oshizushi genoemd met als opvallendste kenmerk dat die – heel praktisch – hoekig is in

Umeda Sky Building, Osaka

plaats van rond. Voor sushi is de vismarkt, ten westen van Nakanoshima, de uitgelezen plek voor een *omakase*: een selectie van verschillende (seizoens) oshi. Een van de favorieten is **Central Market Endo Sushi Kyobashi** (101-86 Noda Fukushima-ku). Als streetfood zijn ook *takoyaki* (inktvis-dumplings) geliefd. Vooral langs Dotonbori liggen veel yakitori (grillrestaurants). Met als opvallend adres met een grote krab op de gevel: **Kani Douraku** (1-6-18 Dotonbori); krab staat er in allerlei variaties op het menu. Aan Dotonbori is **Mizuno** het oudste okonomiyakirestaurant.

Michelinster – **Hajime** 🟦: 1-9-11 Edobori, Nishi-ku, tel. 06 6447 6688. De superlatieve trap van eten in Japan, onder het wakend oog van chef Hajime Yoneda. Proefmenu's 23.000-36.000 yen, plus 10% bedieningsgeld.

Als u op Michelintour bent, hoort het historische Spaanse-Japanse culinaire paleis **Fujiya** 1935 ook op uw lijstje (2-4-14 Yarimachi, tel. 06 6941 2483).

Beef with a view – **Dynamic Kitchen & Bar Sun** 🟦: Hilton Plaza West, 27e verdieping, tel. 06 6345 8163, www.dynac-japan.com. Met zo'n uitzicht maakt het al haast niet meer uit wat er op uw bord ligt. Het liefst serveert men u hier Kobe-beef, reken op 8500 p.p. Zowel lage ozashiki als gewone tafels en stoelen.

Udonfusie – **Tsurutontan Soemoncho** 🟦: 3-17 Soemoncho. Klassieke udon komt hier rustig in een Italiaanse variatie, maar u kunt ook voor traditie gaan. En een udonijsje toe nemen. Een

Tsurutontandependance is 2-1-13 Kawaramachi (Yodoyabashi/Hommachi).

Kushikatsu – **Tsutenkaku Tower** 4. Rond de toren in het drukke Shinsekai is een 24-uurs eetcultuur, met tal van *kushikatsu*restaurants. Vooral tussen het uitgaan door is het tijd voor *kushikatsu*: aan een stokje geregen gefrituurde zaken als kip, rund, pompoen, asperge en banaan. Van oudsher was hier de ontspanningswijk van de opbouwwerkers na WOII, het nieuwe Japan met een vleug VS – daarvan zijn nog sporen te vinden.

Kijken, kopen, spelen, eten – **Umeda HEP Five** 5: Umeda. HEP staat voor Hankyu Entertainment Park. Vooral voor kinderen en jeugdigen is het Umeda een welkome variatie op de klassieke Japanse attracties – en daar valt ook het eten onder. Op de 7e verdieping zijn de meeste restaurants – Japans, westers en Koreaans – en toegang tot het reuzenrad. Het knalrode gevaarte staat op het dak; de hoogste punt zijn de gondels 106 m boven de grond.

In het Umedy Sky Building zijn de restaurants op de kelderverdieping in nostalgische sfeer uitgevoerd.

Uitgaan

Het uitgaansleven van Osaka speelt zich vooral af in Dotonbori/Ebisu-bashi en Amerika-mura (t.w.v. Shinsai-bashi).

Historisch poppentheater – **Nationaal Bunraku Theatre** 1: 1-12-10 Nippon-bashi, tel. 06 6212 2531, www.ntj.jac.go.jp. De bunraku is een variant op de kabuki: hier worden grote poppen als acteurs gebruikt. Dit theater is goed op toeristen ingesteld en biedt Engelse programma's en simultane vertalingen via de koptelefoon. Voorstellingen vinden in principe plaats in januari, april, juni, juli, augustus en november, een paar maal per week, overdag.

Kabuki – **Osaka Shochku-za** 2: 9-19 Dotonbori, tel. 06 6214 2211. Vlak naast het Namba Station worden in dit monumentale theater met enige regelmaat kabukivoorstellingen opgevoerd.

Winkelen

Umeda en Namba zijn de grootste winkeldomeinen. Daartussen ligt de Shinsai-bashi-arcade, een 600 m lange aaneenschakeling van bekende en onbekende winkelmerken en restaurants. Vanaf Dotonbori gaat Shinsai-bashi over in Ebisu-bashi.

Een korte arcade is Doguya-suji, niet ver van Namba-Station, met volop kookgerei. Takashimaya zit daar vlak bij, naast het Tennoji-Station.

Voor elektronica gaat men vooral naar Den Den Town, Nippon-bashi.

In het noordoosten bij de Tenmangu-tempel loopt de 2,6 km lange en laagdrempelige winkelgalerij Tenjin-bashi.

HEP en hip – **Umeda** 1: De warenhuizen Daimaru, Hankyu, Hanshin en Mitsukoshi zijn er vertegenwoordigd. De honderden winkels in HEP Five zijn vooral populair bij jonge meisjes.

Shoppen met uitzicht – **Daimaru** 2: 1-7-1 Shinsai-bashi. Neogotische kolos met een vleugje art deco, mooie merken die Daimaru eigen zijn. Sla een kijkje op de daktuin met keurig geknipte struikjes en uitzicht niet over.

Veel te zien – **Shinsekai** 3: Souvenirs in de vorm van thee of gedroogde lekkernijen, veeleer kwantiteit dan kwaliteit maar voor wie winkelen 'kijken' betekent, is het hier te doen. De wijk Amerikamura ('Amerikadorp'), westelijk van Shinsai-bashi, heeft vooral op jongeren gerichte en goedkope boetieks – tevens icoon van de popcultuur; daarnaast westerse bars en clubs. Een schaalmodel van het vrijheidsbeeld staat op het dak van een gokhal.

Informatie

Zie www.osaka-info.jp/en.
www.kansaiscene.com heeft actuele
regionale tips op cultureel, culinair en
uitgaansgebied. De Kansai Grutto Pas
(1000 yen) geeft toegang tot of korting
op 50 musea en attracties in de regio
Kyoto en Osaka.

Vervoer

De regiofunctie van Kansai International Airport is groot. Het bevindt zich
op een kunstmatig eiland in de baai
van Osaka, 35 km ten zuiden van het
centrum. Treinen gaan naar Nankai-
Namba Station, 45 min., 920 yen (1000
yen incl. metroticket), tien min. sneller
en 500 yen duurder is de Rap:t.

JR-treinen gaan naar Tennoji Station
en Osaka Station, resp. 50 en 70 min.,
1060 en 1200 yen. Busshuttles doen er
40-60 min. over en kosten circa 1500 yen,
taxi's algauw 10.000 yen.

Itami is een nationaal vliegveld, 10
km ten noorden van het centrum;
een monorail gaat hiervandaan naar
Noord-Osaka (200 yen) en sluit aan op
het metro- en spoorwegnet. Behalve
JR heeft Osaka ook andere particuliere
trein-/metromaatschappijen.

Kobe ▶ N 12

Het huidige Kobe is een overzichtelijke
moderne stad met volop winkelmoge-
lijkheden. Onder de bezienswaardigheden zijn nog historische Hollandse betrekkingen. In stedenbouw en attracties is de grote aardbeving van 1995 nog
nadrukkelijk aanwezig (zie ook 9).

Kobe bestaat grofweg uit drie verschillende toeristische stadsdelen: de
haven, een middendeel met Chinatown met vooral veel winkels en daarachter de wijk waar westerlingen in de
19e eeuw hun huizen tegen de heuvels
bouwden, en tot slot uiterst noordelijk een berggebied met de Rokko- en
Maya-san. Kobe is de geboorteplaats
van dirigent Masaaki Suzuki.

Wederopbouw

In 1995 werd Kobe getroffen door een
zware aardbeving, met een kracht van
6,8 op de schaal van Richter. Meer dan
6000 mensen kwamen om, waarvan
4600 inwoners van Kobe. Het epicentrum lag in het noorden van het eiland Awaji, 20 km ten zuidwesten van
Kobe. Van de traditionele gebouwen in
de stad bleef nagenoeg niets overeind,
kades en een groot stuk snelweg werden compleet vernietigd. Inmiddels
is de herbouw voltooid en geslaagd te
noemen. Er zijn diverse herinnerings-
monumenten. Een stuk kade is gelaten
zoals de aardbeving die heeft achtergelaten, als monument ter herdenking
aan de slachtoffers. Dit Port of Kobe
Earthquake Memorial Park maakt deel
uit van het **Meriken Park**, veeleer een
plein dan groenstrook. Daar bevinden
zich behalve de Kobe Port Tower en het
Maritime Museum ook het Kobe Meriken Park Oriental Hotel, dat oogt als
een oceaanstomer.

Symbool voor de wederopbouw is
de robot **Tetsujin 28** (Gigantor), waarvoor de burgers van Kobe het geld op-
brachten. De maker ervan, Mitsuteru
Yokoyama, kwam uit Kobe. Diens *iron
man* was de eerste robot die in manga
en anime figureerde (1956).

Kobe Maritime Museum 1

Tel. 078 327 8983, di.-zo. 10-17 uur,
600 yen, i.c.m. Port Tower 1000 yen
Stalen gaasframes wekken de suggestie
van grote zeilen. Het is het dak van het
maritiem museum; binnen architectonisch minder spectaculair maar wel gevuld met scheepsmodellen – uitleg ook

in het Engels – en simulaties van zeevaartgerelateerde zaken.

Kobe Tower 2

Dag. mrt.-nov. 9-21, dec.-feb. tot 19 uur, 700 yen

De 108 m hoge Kobe Tower heeft de wat uitgerekte vorm van een Japanse trom. Er ontvouwt zich ontegenzeggelijk een indrukwekkend panorama vanaf het uitzichtplatform. Het café draait in 20 min. volledig rond. Tevens is er op 75 m hoogte een glazen vloer om een blik onder u te kunnen werpen.

Kobe City Museum 3

Verbouwing tot eind 2019

In een statig neoklassiek gebouw met de uitstraling van een theater laat de kunstcollectie het belang zien van Kobe als handelshaven. In de vaste collectie hebben oude kaarten en vooral Koreaanse en Chinese handelsartikelen een plek; gewisseld worden de kwetsbare beschilderde kamerschermen en tekeningen. Uniek onderdeel vormt hier de Nambankunst, ontstaan uit de uitwisseling tussen Japan en westerse (religieuze) culturen vanaf de 16e eeuw.

Kitano

De bloeitijd van Kobe kwam pas echt op gang met de buitenlandse handel. De *gaiko* bouwde hun *ijinkan* aan de voet van de Maya-san: in huizen van baksteen en clapboard – met horizontale planken betingeld – woonden de consuls en de welgestelde kooplieden. De meeste van die huizen doorstonden de aardbeving ook niet en werden

Kobe, stads- en bergzicht vanaf de Kobe Tower

herbouwd. Het is nu een upscale wijk met *garden cafés* en een paar echte toeristentrekkers. De meeste te bezoeken huizen zijn dagelijks van 9-18 uur open en vragen een entree van 550-750 yen, combitickets zijn verkrijgbaar voor 600-3000 yen. Op de City Loop komt u als eerste bij de **Kitano Meis-**

Kobe

Bezienswaardigheden
1 Maritime Museum
2 Kobe Tower
3 Kobe City Museum
4 Oranda-kan
5 Uroko-no-ie
6 Shin-Kobe Ropeway
7 Kobe Oji Zoo
8 Hyogo Pref. Museum of Art
9 Hanshin-Awaji Earthquake Memorial

Overnachten
1 Meriken Park Oriental Hotel
2 Motomachi Tokyu Rei
3 B-Hotel
4 ANA Crowne Plaza

Eten en drinken
1 Nankinmachi (Chinatown)
2 Misono

Uitgaan
1 Sone Jazz

Winkelen
1 Daimaru
2 Promena
3 Motomachi
4 Sannomiya
5 Marui
6 Kitano Meister Garden

ter Garden 6, niet zozeer een tuin maar een winkelcentrum met op de bovenverdieping allerhande souvenirs; beneden zijn cafés en snackzaakjes. Op de Olanda-zaka of 'Holland Hill' gaan weinig bezoekers voorbij aan het voormalige huis van de Nederlandse consul: de **Oranda-kan** 4 (dag. 9-18 uur, 700 yen). Het is vooral een zeep- en parfumwinkel. Bezoekers kunnen er ook tussen het Hollandse meubilair hun foto laten nemen in Volendamse uitdossing.

Het **Uroko-no-ie** 5 (dag. 9.30-18 uur, 1050 yen) is genoemd naar de schubachtige houten betingeling. Het huis is met 19e-eeuws meubilair, glas in lood, kunst- en gebruiksvoorwerpen ingericht. In het gelijknamige aangrenzende museum hangen schilderijen van vooral Europese kunstenaars. Geniet er op de bovenverdieping zeker even van het uitzicht.

In het **England House** treft u behalve de antieke huisinrichting een pub die op zondagavonden open is, en een Sherlock Holmestentoonstelling. In tudorstijl is **Yamate Hachibankan**; er staan boeddhistische en Afrikaanse voorwerpen maar ook beelden van Rodin en Bourdelle. Een Britse jager liet zijn trofeeën na in **Ben's House**.

Fransgetint is het **Yokan Nagaya**, met passend meubilair, Vuittonkoffers en art-nouveauglas. Buiten nog

Tip

Kobe City Loop

Naast de Kobe Tower ligt het vertrekpunt van de Kobe City Loop bustour. Als een Japanse Heidi ogende hostessen ontvangen u bij de achteringang en geven Japans liveverslag van bezienswaardigheden onderweg, af en toe onderbroken door enkele Engelse en Chinese zinnen van een bandje.
U kunt kiezen voor de volledige route (zie plattegrond) of u stapt onderweg uit en eventueel later weer in.
Dat maakt het aantrekkelijk, de afstanden tussen de bezienswaardigheden zijn vrij groot. De bussen rijden tussen circa 10 en 18 uur 4-5 maal per uur; ritprijs 260, dagkaart 660 yen.

een combinatie van westers-oriëntaals, maar binnen onmiskenbaar Chinees met meubilair, kunst- en gebruiksvoorwerpen, is het voormalige Chinese consulaat.

Shin-Kobe Ropeway 6

Dag. 9.30-17 uur, 1400 yen retour incl. Nunobiki-tuin (afz. bezoek 200 yen)
Naast het Shinkansenstation voert een van de drie kabelbanen die alle de Rokkoketen bestijgen. Deze kabelbaan passeert de Nunobikiwaterval. Boven is een bloemen- en kruidentuin met een kas waarin guaves en papaja's gedijen. Bij het bovenstation liggen diverse restaurants en cafés, sommige gebruikmakend van de seizoenskruiden. Voor een rustige picknick moet u nog een eindje lopen. Kiest u voor het wandelpad omhoog in plaats van de kabelbaan, dan komt u na een kwartier bij de waterval en na een volgend kwartier bij de tuin. Daar kunt u door naar de Maya-san.

Kobe Oji Zoo 7

3-1 Oji-cho, tel. 078 861 5624, do.-di. 9-17 uur, 600 yen, kinderen gratis
Uw kans op het zien van de reuzenpanda ... Het is een van de 150 diersoorten in deze stadszoo, met verder olifanten, wolven, luipaarden, rode panda, koala's, pinguïns, ijsberen, neushoorns, nijlpaarden en zeeleeuwen. Daarbij een kermisterrein en souvenirwinkel.

Hyogo Pref. Museum of Art 8

1-1-1 Kaigan-dori, tel. 078 262 0901, di.-zo. 10-18 uur, 510 yen
Aan de oostkant van Kobe in een groot modern complex van architect Tadao Ando bevindt zich een indrukwekkende kunstcollectie. Wisselend wordt daaruit getoond, met een hoofdrol voor Japanse en internationale beeldhouw- en drukkunst. Daarnaast zijn er geregeld toonaangevende exposities in samenwerking met buitenlandse musea.

Hanshin-Awaji earthquake memorial [9]

1-5-2 Kaigan-dori, di.-zo 9.30-16.30, juli-sept. tot 17 uur, vr.-za. tot 18 uur, 600 yen

Twee tentoonstellingen in een opvallend gebouw, met multimediapresentaties van en gewijd aan de aardbeving van 1995, inclusief een beklemmende aardbevingsimulatieruimte. Het gaat in het Japans tot diep in detail, de – Engelssprekende – gidsen voegen er desgewenst liveverslagen aan toe.

Overnachten

Als u in de bergen wilt logeren, heeft **Arima Onsen**, aan de noordkant van de Rokko-san, heerlijke onsenhotels.

Boothotel zonder deining – **Meriken Park Oriental Hotel** [1]: 5-6 Hatobacho, tel. 078 325 8111, www.kobe-oriental hotel.co.jp. Het lijkt zeker op een luxe cruiseschip, op de kop van de haven, maar dit hotel ligt stevig aan wal. Topper is de Sky Lounge Bar Kou's, maar uitzicht hebt u van diverse kanten. Westerse luxe kamers, 'binnen- en buitenhutten'. Prijzen sterk afhankelijk van de datum, geregeld goede deals.

Lounge met stadszicht – **Motomachi Tokyu Rei** [2]: 1-2-35 Sakaemachi-dori, tel.078 327 0109, www.tokyuhotels-japan.com/global/kobemotomachi-r. Goede locatie voor winkelen en avondvertier, naast de poort van Chinatown. Redelijke maat kamers, bedden en bad-

Kobe Motomachi

kamer; topper is de ontbijtlounge: (15-24 uur staat er frisdrank, koffie en thee) eersterangs zicht op de salarymen die zich tussen station en kantoor spoeden.

Hoofdrol voor Het Bed – **B-Hotel** **3**: 2-11-5 Shimoyamate-dori, tel. 078 333 4880, kobe.theb-hotels.com. Viersterrenhotel met luxe een- tot driepersoonskamers, luxe badkamers. Kinderen slapen en ontbijten gratis.

Slapen naast het spoor – **ANA Crowne Plaza** **4**: 1-7-14 Kitano-cho, tel. 078 291 1121, www.anacrowneplaza-kobe.jp. Pal naast het Shinkansenstation, hoge hoteltoren met in alle kamers uitzicht. Diverse restaurants, waaronder Kobe beef van de teppangrill bij Teppanyaki Kitano en goede Italiaanse keuken op de 36e verdieping.

Eten, drinken, uitgaan

Grote specialiteit van Kobe is het dooraderde rundvlees. Wagyu (Kobe beef) is onderhavig aan een zorgvuldig fokprogramma. De dieren schijnen bier te drinken te krijgen en gemasseerd te worden voor de slacht ...

Behalve Chinatown en de omgeving van het JR-station heeft Sannomiya (zie **5**) volop eetgelegenheden.

Chinatown – **Nankinmachi** **1**: Sakaemachidori. Toen de haven in 1868 voor handel open werd gesteld, streken hier Chinezen neer. De wijk bestaat uit één hoofdstraat en een dwarsstraat, overal hebben ze *ramen* en gestoomde broodjes plus een selectie smakelijkheden die intussen ook in Japan zijn ingeburgerd. Tevens Kobe beef verkrijgbaar, ook in miniporties als streetfood.

Oer-teppanaki – **Misono** **2**: Misono, 1-1-2 Shimoyamate-dori, tel. 078 331 2890, dag. 11.30-14.30 en 17-22 uur. Een instituut voor gegrild rundvlees dat smelt in de mond. Misono noemt zich de uitvinder van teppanaki. Op de 8e verdieping, met uitzicht, tegenover het metrostation Sannomiya.

Japanse jazz – **Sone Jazz** **1**: 24-10 Nakayamate-dori, tel. 078 221 2055, www.kobe-sone.com, dag. 17-24, zo. ook 13.30-16 uur. Sone Jazz strijkt met de titel Eerste Jazztempel van Japan. Van internationale top tot regionale aanstormende talenten. Tevens eetcafé.

Winkelen

Buren op stand – **Daimaru** **1**: 40 Akashimachi. Mooi vanbinnen en -buiten, omringd door designerlabels als Prada, Michael Kors, Louis Vuitton, Issey Miyake en het betaalbare Uniqlo.

Mode en pretshoppen – **Promena** **2**: Harborland. Mode en lifestyle in brede zin, plus restaurants en bioscopen. Ernaast in Kobe Port heeft **Mosaic**, onder het oog van het reuzenrad, winkels op Amerikaanse leest, zoals Old Navy en Toys 'R' Us; tevens vertrek van (piraten) rondvaartboten.

Arcade – **Motomachi** **4**: Overdekte galerij met grote verscheidenheid.

Kloppend winkelhart – **Sannomiya** **5**: Winkelcentrum rond het station, ook met overdekte galerijen.

Trendmode – **Marui** **6**: Groot warenhuis dat vooral jongere klanten lokt.

Ambacht en design – **Kitano Meister Garden** **7**: 3-13-1 Nakayamate-dori. Kleine speciaalzaakjes en ateliers, ook ambachtelijke lekkernijen.

Informatie en vervoer

Informatie op de enigszins verontrustende website: www.feel-kobe.jp.

Behalve bussen (1 uur, 1950 yen) gaan er verboten tussen Kansai Airport en Kobe (Ferry Bay Shuttle, een halfuur, enkele reis 1850 yen). Zie www.kobe-access.jp, met speciale tarieven voor buitenlandse toeristen. JR-lijnen gaan onder meer naar Osaka, 15 min., en Kyoto, 30 min. Vanuit de haven gaan 3-4,5 uur durende overtochten naar Shodoshima en Takamatsu, op Shikoku; www.ferry.co.jp.

Himeji ▶ M 12

Himeji is synoniem voor: de stad met het imposantste van de grote Japanse kastelen. Van een eerste fort op de Hime-yama was sprake rond 1330. Het huidige aanzien van woontoren, muren en greppels dateert grotendeels van de vroege 17e eeuw. Stralend wit en voorzien van beschermende technische hoogstandjes is Himeji-jo nu, sinds de afronding in 2016 van een grootscheeps restauratieprogramma. Niet alleen is het een indrukwekkend fotogeniek complex dat vanaf grote hoogte domineert, hier voegt ook een bezoek binnen werkelijk veel toe. Trek er wel minstens twee uur voor uit; zie ook blz. 184. Rond het kasteeldomein liggen twee musea voor liefhebbers van geschiedenis en schone kunsten.

Himeji-jo Park

68 Honmachi, tel. 079 285 1146, www.himejicastle.jp, dag. 9-16, eind apr.-aug. tot 17 uur, 1000 yen, incl. brochure/rondleiding. Kokoen dag. 9-18 uur, 300 yen. Zoo 200 yen

Zie voor bezoek aan het kasteel hierna, op blz. 184. Ten westen van de Ote-mon, buiten de kasteelmuren, is Kokoen een vrij recent aangelegde Japanse tuin met theehuis. Het was de plek waar vroeger de samoerai woonden; de verschillende tuinkamers waren destijds de afzonderlijke huizen.

Zijn de kinderen in uw gezelschap cultuurmoe en willen ze spelen of 'aapjes kijken'? Om de entreeprijs hoeft u een bezoek aan de **Zoo**, in het kasteel-park, niet te laten. Daarvoor krijgt u een blik op een (eenzame) olifant, twee bruine beren achter driedubbele tralies en de pinguïns maken op een hete zomerdag het verlangen naar koelte alleen maar groter. De lemurs en vogels lijken beter op hun gemak. Bezoekende kinderen hebben er veruit meer speelruimte dan de bewoners van de dierentuin.

City Museum of Art

68-25 Honmachi, tel. 079 222 2288, www.city.himeji.lg.jp, di.-zo. 10-17 uur, Keizocollectie 200 yen, extra voor wisseltentoonstellingen

Uit de Kunitomi Keizocollectie wordt altijd een deel geëxposeerd: drukwerk van Matisse – veel uit de serie Jazz. Maar ook een toefje realisme: Corot, Courbet, een vleug fauvisme: Dufy, Van

Prinses Senhime

De kleindochter van shogun Ieyasu Tokugawa trouwde op 7-jarige leeftijd met Hideyori Toyotomi. Hij pleegde zelfmoord bij de hopeloze belegering in de Slag van Osaka, zijn moeder en het kind dat hij met Senhime had, werden onthoofd, ondanks smeekbeden van Senhime aan haar grootvader. Toen ze 20 was, trouwde Senhime met Tadatoki Honda, zoon van de Himeji-kasteelheer. Ze bracht tien gelukkige jaren op Himeji-jo door, kreeg er een zoon en dochter. Maar toen overleden haar 3-jarige zoon, haar echtgenoot en haar moeder. Zoals destijds voor weduwen gebruik was, verliet ze het kasteel en bracht ze haar resterende veertig jaar treurend en als boeddhistische non, onder de naam Tenjuin, door. Rond het leven van Senhime ontstonden tal van verhalen en legendes, tot versies in de 20e eeuw – inclusief films, tv-series, videospelletjes en manga.

Favoriet

Himeji-jo ▶ M 12

Een parcours over veel trappen,
door hoofd- en bijgebouwen die van
buitenaf achter de muren verscholen blijven. Prachtig is het geboende
houtwerk: de vloeren, trappen,
dakgewelven. Uw schoenen doet u in
een tasje en op sokken glijdt u over de
gladde vloeren. Er wordt volop uitleg
gegeven over bouwdetails: natuurlijk
de schietgaten en raamverstevigin-
gen, maar kijk ook goed naar de ronde

dakspanten en de familiewapens op
de nokken. Er werd duurzaam avant
la lettre gebouwd: het zandsteen voor
de muren werd met rijstwaswater
gemengd.
Door de vensters is er steeds weer
ander uitzicht en wisselend perspectief op het complex. Desgewenst kunt
u bij een – gratis – Engelstalige rondleiding aansluiten om meer details
uitgelegd te krijgen.

Dongen, en een snuif modernisme: Jacques Villon en Pechstein. Stuk voor stuk juweeltjes maar nooit in overdaad getoond, altijd de smaak naar meer. Wisseltentoonstellingen varieerden tot nu toe van Japanse prentkunst tot Vlaamse (oorlogs)expressionisten.

Hyogo Pref. Museum of History

68 Honmachi (ten noorden, op loopafstand van het kasteel), di.-zo. 10-17 uur, 210 yen, toeslag voor wisseltentoonstellingen

De grootste aandacht gaat uit naar kastelen uit de provincie: modellen, uitleg van de bouwdetails en er zijn interessante archeologische vondsten. Kinderen kunnen zich ridders en jonkvrouwen wanen. Verder worden festivals onder de loep genomen, waaronder de mikoshi (processies) en de brandweerdagen. Blusdiensten vertrouwden op een bijzondere preventie en brandbestrijding: de visdakpannen zouden in geval van brand water spuwen.

Overnachten en eten

Het kasteel ligt ongeveer een kilometer ten noorden van het Shinkansenstation. Er zijn op toeristen gerichte restaurants aan de hoofdstraat bij de (oostelijke) hoofdingang. Dicht bij het kasteel is het Kassui-kentheehuis een goede optie overdag, ook anago (congeraal of zeepaling). Volop alternatieven aan en rond de winkelgalerijen Motoshiomachi en Honmachi-Shotengai.

Standaard goed – **Hotel Nikko Himeji**: 100 Minami-ekimae, tel. 079 222 2231, www.hotelnikkohimeji.co.jp. De luxe klasse van Himeji, direct bij het station. Vanaf de hoogste verdiepingen sommige kamers met kasteelzicht. Budget en gezellig – **Himeji 588 Guesthouse**: hoek Miyuki-dori/Nigosen (Route 2), tel. 079 227 6994, himeji588.com. Slaapzalen maar ook privékamers in Japanse stijl, met café/zitje. In winkelgalerij Honmachi-Shotengai van station richting kasteel.

Chugoku ▶ K-L 12

Westelijk van Himeji wordt Honshu aangeduid als Chugoku: middenland. De kanji-spelling van Chugoku is hetzelfde als voor 'China'. Aan de zuidkant ligt de Japanse Binnenzee, bezaaid met kleine eilandjes, vooral westelijk van Onomichi. De zuidelijke kuststrook is sterk geïndustrialiseerd. Belangrijke toeristenstad is er Hiroshima. Het binnenland en de noordkust van Chugoku zijn groen en dunbevolkt.

Okayama ▶ M 12

Okayama is een van de grote steden aan de zuidkust die snel over het hoofd worden gezien. Er zijn een paar mooie bezienswaardigheden: een daimyokasteel en enkele bijzondere kunstcollecties. Daarnaast zijn er aardige fietsmogelijkheden.

Okayama heeft een goed aanbod logies, waardoor de stad ook als basis voor een bezoek aan Naoshima/Teshima te overwegen is. Dichterbij liggen het toeristenplaatsje bij uitstek Kurashiki (zie blz. 188) en voor de ware liefhebber: Imbe, waar het robuuste bizen-yaki-aardewerk al meer dan duizend jaar wordt gemaakt.

De streek is befaamd vanwege de fruitteelt – er is veel zon en weinig regen; de *suimitsu* ('honingwater') perziken en de *pione* reuzendruiven zijn er onweerstaanbaar lekker.

Korakuen

www.okayama-korakuen.jp, dag.
8.30-18, okt.-half mrt. tot 17 uur, 400
yen, i.c.m. het kasteel en/of musea

In 1686 liet daimyo Ikeda Tsunamasa, hoofd van het landgoed Okayama, deze landschapstuin op het eilandje Nakanoshima in de Ashigawa aanleggen. De tuin is veel weelderiger dan bij klassieke Japanse tuinen gebruikelijk was. Een theehuis is er ook. Mogelijk hoort u er het vreemde mekkeren van de huis-kraanvogels. Op nieuwjaarsdag mogen de dieren uit hun volière. Al sinds de Edoperiode hecht men hier zeer aan hun aanwezigheid.

Okayama-jo

www.okayama-kanko.net, 9-17.30
uur, 300 yen

De Tsukimi-bashi ofwel 'maanstaardersbrug' over de Ashigawa, verbindt de Korakuen met het kasteel van Okayama. De donkere houtbekleding gaf het kasteel de bijnaam U-jo ofwel: 'kraaienkasteel'. Het heeft ook zeker iets mysterieus. De **Tsukimi Yagura**, de toren in de westhoek, doorstond het oorlogsgeweld van de afgelopen eeuwen. Binnen ziet u een oude draagstoel en andere historische rekwisieten. Bezoekers kunnen desgewenst een kimono (m/v) lenen om in stijl op verkenning te gaan, ook is er gelegenheid tot keramiek maken volgens de bizentechniek (het gebakken resultaat wordt verstuurd).

Hayashibara Museum of Art

2-7-15 Marunouchi, di.-zo. 10-17 uur,
500 yen

Okayama-jo vanaf de maanstaardersbrug

In een voormalig gastenverblijf van het kasteel treft u een kleine tentoonstelling met beschilderde kamerschermen, zwaarden, historische theaterkleding en aardewerk. Het is de nalatenschap van de (zaken)familie Hayashibara.

Yumeji Art Museum

2-1-32 Hama, di.-zo. 9-17 uur, 800 yen

Uit de provincie Okayama kwam Yumeji Takehisa (1884-1934), die een grote bijdrage leverde aan de art nouveau in Japan. Zijn tekeningen vormen een prachtige symbiose van Franse en nihon-ga stijl; ze zijn veelvuldig op affiches, kaarten en in boeken afgedrukt. Zijn werk wordt nog veelal in reproducties te koop aangeboden. Eigenlijk was Takehisa dichter, maar om in zijn onderhoud te voorzien, ging hij tekenen.

Orient Museum

9-31 Tenjin, di.-zo. 9-17 uur, 300 yen

Een modern gebouw in het centrum, direct ten noorden van de Symphony Hall, met een fraaie, chronologisch gepresenteerde collectie kunst uit het Midden- en Verre Oosten, maar ook Romeinse en Griekse mozaïeken en beelden.

Okayama Pref. Museum of Art

8-48 Tenjin, di.-zo. 9-17 uur, 250 yen, meer voor bijzondere tentoonstellingen

Deze bijna buur van het museum voor oriëntaalse kunst richt zich op regionale kunst: het befaamde bizenyaki aardewerk, inkttekeningen van Sesshu – de meester uit de Muromachiperiode – en een grote collectie zwaarden.

Fietsen

Tussen Okayama en Kurashiki voert een plattelandsfietsroute tussen rijstvelden en langs tempels: de 17 km lange Kibi Plain Bicycle Road. Kibi was in de 4e eeuw een koninkrijk met verstrekkende macht. Een van de helden uit de legendes zou uit een perzik (*momotaro*) geboren zijn en terroriserende buurvolkeren hebben verslagen. Iets meer grond is er voor de verhalen van prins Kibitsuhiko. U fietst de geschiedenis in een notendop – het beste vanaf Bizen-Ichinomiya Station. Onderweg ziet u tal van tempels, waaronder de Kokubun-ji, de Kibitsuhiko, de Kibitsu en de Bitchu Kokobun-ji. Dicht bij het Soja Station is de zentempel **Hofuku-ji** – waar u meer hoort over Sesshu en een heerlijke shojin ryori kunt eten.

Fietsverhuur is bij Bizen-Ichinomiya Station (Uedo) of Soja Station (Araki) 1000 yen voor een dag, achterlaten op het andere eindpunt 200 yen. Laad van tevoren een routekaart op uw telefoon, er is niet één duidelijk fietspad maar een soms verwarrend netwerk.

Ook langs de Ashigawa en de kanalen in Okayama kunt u goed fietsen; diverse hotels hebben fietsen voor hun gasten.

Overnachten

Okayama heeft in het centrum een ruim aanbod ketenhotels.

Goed en concurrerend – **Excel Okayama:** 5-1 Ishiseki-cho, tel. 0862 24 0505, www.excel-okayama.com. Aan de rand van het kasteelpark, in het centrum. Enkele fietsen beschikbaar.

Budgetstationshotel – **Okayama Koraku Hotel:** tel. 086 221 7111, www.hotel.kooraku.co.jp, 11.000 yen, ruime kamers en praktisch vlak bij het station, voor minder dan de helft van het tarief van de luxere stationshotels Granvia en ANA Hotel.

Compact – **Hotel River Side Okayama:** 4-11 Nishikicho, tel. 086 233 1700. Behalve capsulevertrekken ook heel voordelige gewone kleine kamers en supercompacte tweepersoonskamers met eigen badkamer en koelkast. De gemeenschappelijke baad- en loungevertrekken voldoen prima.

Eten en drinken

Sakebrouwerijen zijn er alom, ook in en rond Okayama. Er gaan georganiseerde excursies naar een selectie stokerijen. Toshimori (Akaiwa) en Miyashita horen tot de favoriete merken. Miyashita brouwt tevens ambachtelijke bieren, gemaakt van malt, hop, Europese gist en rijst. De Sky Bar van het ANA Hotel, op de 20e verdieping, is een goede keus voor een drankje in stijl en met uitzicht.

Informatie

www.okayama-japan.jp/en (provincie) Tourist Info in het station, aan de kant van Hotel Granvia.
Momotaro Matsuri: zomerfeesten van Okayama, gewijd aan de perzikjongen die u ook tegenkomt in snoep, standbeelden en straatnamen. De feesten zijn begin augustus, met vuurwerk maar vooral: urayadansen in het kasteelpark.

Kurashiki ▶ L 12

Het wijkje Bikan is waar het in Kurashiki om draait. Daarbuiten oogt de plaats zoals de meeste andere middelgrote Japanse steden. Een paar straten ten zuiden van het Kurashiki Station, tot aan de Shirikabe-dori, vormt een aaneenschakeling van winkeltjes, ryokans en restaurants, met als schilderachtige rode draad het kanaal daar doorheen. Het is een plek voor souvenirjagers en kunstliefhebbers. In de aangrenzende wijk Honmachi ligt het Tsurugata-yama Park met vrij eenvoudige tempels.

Ohara Museum of Art

Tel. 086 422 0005, www.ohara.or.jp, di.-zo. 9-17.30 uur, 1300 yen voor alle musea van Ohara, Engelstalige audio 500 yen (in de musea is nauwelijks meertalige info)

Een substantieel deel van de wijk Bikan wordt in beslag genomen door het Ohara Museum. Magosaburo Ohara (1880-1943) was eigenaar van onder meer de plaatselijke spinnerij en had grote sociale en culturele betrokkenheid. Zo kwam kunstenaar Torajiro Kojima (1881-1929) onder zijn hoede. Kojima was behalve schilder ook fervent verzamelaar van westerse kunst. De steun van Ohara ging ook na het overlijden van de kunstenaar door, en in 1930 werd het museum geopend; nadien is het door zijn zoon uitgebreid.

Voor de Main Gallery staan beelden van Rodin, waaronder *De Burgers van Calais*. Binnen is *Het Belgische meisje in kimono* (1912) van Kojima een eerste opmerkelijk werk dat grote verwantschap laat zien met westerse kunst. Toch zouden zijn grote reizen naar Europa pas een tiental jaren later plaatsvinden. Daar kocht Kojima in de Franse salons werken van Matisse, Monet en stijlgenoten, hoewel hij begon met de veel oudere *Annunciatie* van El Greco. Met Bonnard, Signac, Le Sidaner, Cézanne, Pisarro, Gauguin, Sisley, Puy de Chavannes en Manet vormen die de hoofdcollectie. Een zeer opvallend werk vormen de zeven panelen van Léon Frédéric (1893-1918) *All things die but all will be resurrected through God's love*.

In de Annex ziet u Japanse moderne werken waarbij zeker bij Shoji Sekine en Tetsugoro Yorozu hun Europese idolen te herkennen zijn. Plus internationale 20e-eeuwse kopstukken als Picasso, Derain, Gris, Marval, Pollock, Appel,

Lichtenstein, Rothko, Hans Hartung, Fontana, Sam Francis, Bridget Riley en Jasper Johns.

De Craft Gallery heeft vitrines met mid-20e-eeuws aardewerk: Bernard Leach, Kanjiro Kawai en Shoji Hamada. Onder de houtsnedes zijn de *53 haltes aan de Tokaido* (zie blz. 65) van Shiko Munakata, en zijn op gedichten van Sueko Ohara gebaseerder werk. Bedrukte kimono's en noren (deurgordijnen) zijn er van Keisuke Serizawa (1895-1984).

Een verzameling antieke Egyptische en oriëntaalse kunst en werken van Torajiro Kojima ziet u in de Memorial Hall.

Overnachten en eten

Wie in Kurashiki blijft, wil vast in een ryokan logeren. De westerse middenklassehotels bij het station hebben een scherpere prijs-kwaliteitverhouding, maar missen de Japanse uitstraling.

Topadres – **Ryokan Kurashiki:** 4-1 Honmachi, Kurashiki, tel. 086 422 0730, www.ryokan-kurashiki.jp. Kleinschalig en heel sfeervol historisch adres in het hogere prijssegment, zowel Japanse als westerse kamers voor 1-6 personen en uitstekend *kaiseki*dineren. Met privé-parkeerplaats.

Eten of ook slapen – **Ryokan Tsurugata:** 1-3-15 Chu, tel. 086 424 1635, www.gambo-ad.com/english. Goed adres voor bescheiden prijzen. De *kaiseki*-diners worden ook aan niet-hotelgasten geserveerd.

Winkelen

De museumwinkels van het Ohara verkopen hoogwaardige souvenirs. Ook de winkels van het **Japan Rural Toy Museum** en het **Museum of Folkcraft** – meer winkel dan de naam museum doet vermoeden – zijn aanraders. In de wijk Bikan zijn daarnaast veel winkeltjes en is straatverkoop op kleedjes en aan stalletjes langs de rivier van wisselend allooi. De cakes van Kurashiki,

Kurashiki

waar ook een 'museum' aan is gewijd, wachten om geproefd en gekeurd te worden. Grenzend aan Bikan is de voormalige handelaarswijk Honmachi ook winkeldomein, met zowel kunstnijverheidwinkeltjes als een winkelcentrum in een voormalige spinnerij.

Informatie en vervoer

Tel. 086 421 0224, kankou-kurashiki.jp

Takahashi ▶ L 12

Aan de Hakubispoorlijn ligt Takahashi. De Bitchu Matsuyama-jo is het hoogst gelegen kasteel van het land: op 480 m. De voornaamste tempels en voorzieningen van de plaats liggen dicht bij het station. Om het kasteel te bereiken wacht u een pittige klim, waar u algauw een uur over doet, over een bospad, maar het uitzicht is lonend. Het kasteel heeft het niet veel verder gebracht dan tot fort van een 13e-eeuwse krijgsheer.

Beneden in Takahashi zijn enkele samoeraihuizen als museum ingericht. In het **Takahashi Museum of History** ziet u de religieuze en economische drijfveren van de regio, in de vorm van draagbare relieken en getuigenissen van de tabaksindustrie. De Raikyu-ji (300 yen) is een vroeg 17e-eeuwse tempel met zentuin, ongeveer tien minuten lopen van het station.

Onomichi ▶ L 12

Onomichi is duidelijk een plaats waar gewerkt wordt: in de scheepswerven, in winkels en (bouw)bedrijven. Daartussen bewegen zich de toeristen, die veelal komen voor de fietsroute over de befaamde eilandbruggen naar Imabari (zie blz. 228). Onomichi is tegen

een helling gebouwd. U kunt de benen strekken op de route langs tempels, bovenlangs de huizen. Daar boven is een literair pad met sporen van 25 schrijvers. Neem uw teken- of schilderset mee: er zijn bankjes met idyllische plekken om uw vakantieplaat op ouderwets originele wijze vast te leggen.

Hiroshima ✳ ▶ K 12

Het is haast onvoorstelbaar dat de zo zwaar getroffen stad en de ontwrichte samenleving weer herbouwd zijn en er zelfs een opgewekte en open sfeer heerst. Men heeft overwogen het gebied te laten zo het was, maar uiteindelijk is besloten alleen de Genbakukoepel als symbool te laten staan. De nieuwe stad verrees eromheen. Aan veel betonbouw is de haast van de jaren zestig af te lezen. Toch heeft de stad ook een lichtheid gekregen, waarbij soms mediterraan ogende café-restaurants contrasteren met de monumentale zwaarte.

A-Bomb Dome 1

Juist het feit dat de atoombom zo dicht bij dit voormalige provinciale overheidsgebouw (1915) tot ontploffing kwam, was vermoedelijk de reden dat er nog iets van overeind is gebleven: er traden in mindere mate horizontale destructieve krachten in werking. De ruïne was lange tijd onderwerp van discussie. In de jaren zestig is besloten het als monument voor de afschaffing van nucleaire wapens te laten staan. Het werd in 1996 uitgeroepen tot UNESCO Werelderfgoed. Bij de rivier staan tal van monumenten ter herdenking van uiteenlopende betrokkenen, slachtoffers en hulpverleners.

Peace Park 2

Ten noorden van de Heiwa-odori is het eiland geheel ingericht als herdenkingspark, symbool voor eeuwig durende vrede. Zie ook blz. 194.

Hiroshima Museum of Art [3]

www.hiroshima-museum.jp, di.-zo. 9-17 uur, 1000 yen, speciale tentoonstellingen meerprijs en ma. open

De vaste collectie is thematisch opgesteld. Van romantiek tot impressionisme: Millet, Manet, Monet, Renoir en Degas. Post- en neo-impressionisten: Signac, Seurat, Toulouse-Lautrec, Cézanne, Van Gogh (*Le Jardin de Daubigny*, 1890), Redon en Munch. Fauvisten: Picasso, Dufy, Vlaminck, Rouault, Matisse, Derain, Braque en Léger. École de Paris: Utrillo, Van Dongen, Modigliani, Foujita en Chagall. Als een epiloog komen in de Annex de Japanse modernen met Seikei Kuroda en: Takeji Fujishima als kopstukken. Het voelt vreemd om in een stad van verwoesting al dit moois aan te gapen, maar het is ook jammer die kans te laten lopen.

Hiroshima-jo [4]

Dag. 9-18 uur, 370 yen voor toegang tot het hoofdgebouw, domein vrij

In 1591 werd het kasteel van Hiroshima opgericht door daimyo Mori Terumoto, die het gebied ten zuiden en westen onder beheer had. In 1617 spoelde een deel van het kasteel weg bij een extreme vloed. Daarna claimde de shogun het, om de macht van de daimyo in te dammen. In de laatste maanden van WOII was het een militair hoofdkwartier; zeer dicht bij het epicentrum van de atoomaanval werd het volledig verwoest. De huidige herbouwde – grotendeels betonnen – versie werd in 1958 voltooid.

Hiroshima Pref. Art Museum & Shukkei-en [5]

www.hpam.jp, di.-zo. 9-17 uur, 510 yen

Een van de belangrijkste werken in dit museum is gemaakt door Ikuo Hirayama (zie blz. 160), zijn zeer indringende *Holocaust at Hiroshima* (1979). Het

Hiroshima A-Bomb Dome

Hiroshima

Bezienswaardigheden
1 A-Bomb Dome
2 Peace Park
3 Hiroshima Museum of Art
4 Hiroshima-jo
5 Hiroshima Pref. Art Museum & Shukkei-en
6 Hiroshima MOCA
7 Mazda Museum

Overnachten
1 RIhga Royal Hotel Hiroshima
2 Urbain Hiroshima Central
3 Grand Prince Hotel
4 Miyajima Seaside Hotel
5 Auberge Mizuhasou

Uitgaan
1 Aioi-dori/Heiwa-odori

Eten en drinken
1 Okonomiyaki-mura
2 Bokuden
3 Togukawa

Winkelen
1 Hondori Arcade
2 Fukuya
3 Tenmaya & Mitsukoshi

laat een felle vlammenzee zien met helemaal onderaan stukjes skyline. Hirayama was als jongen van 15 getuige van de atoomaanval en verloor daarbij zijn ouders, twee zussen en veel vrienden. Zelf leed hij zijn hele leven onder hevige gevolgen van de straling. Ook andere kunstenaars – al dan geen hibakusha – verbeeldden hun blik op de ramp, waaronder Salvador Dali met zijn *Dreams of Venus*. Ook de speciale tentoonstellingen –retrospectief of een historisch thema – zijn aanraders.

Achter het complex ligt de mooie **Shukkei-en** (9-17/18 uur, 260 yen), tuinen met een grote variëteit. Het theehuis **Sensuitei** serveert behalve thee en koffie ook udon en soba.

Hiroshima MOCA 6

www.hiroshima-moca.jp, di.-zo. 10-17 uur, 300 yen, meerprijs voor speciale tentoonstellingen

Het City Museum of Contemporary Art laat ruimte voor allerlei links met bommen en splijtingen. Ook de collectie heeft in min of meer voor de hand liggende verschijningen relaties met de ramp. De veelzijdigheid van de Japanse kunst van na 1945 komt vooral in de Collection Highlights naar voren. Daarnaast wordt het thema destructie in brede zin doorgetrokken, en de effecten ervan op de samenleving.

In het omringende park, de **Hijiyama-koen**, staan moderne beelden, waaronder een boog van Henry Moore, een vogel van Fernand Botero, en van Japanse kunstenaars in relatie tot de stad.

Mazda Museum 7

Hiroshima-Ujina, tel. 082 252 5050 (ma.-vr.), www.mazda.com, rondl. 1,5 uur, om 10 uur Engelstalig, gratis, wel reserveren

De Mazdafabriek, niet ver van het JR-station Mukainada, ontvangt bezoekers. Er is een 7 km lange lopende band. Ook ziet u bijzondere modellen en een vrij ver gaande technische uiteenzetting van de rotatiemotor.

Overnachten

Met zwembad – **Rihga Royal Hotel Hiroshima** 1: 6-78 Naka-ku, tel. 082 502 1121, www.rihga.com. Luxehotel van betrouwbare keten, 33 verdiepingen, ruime kamers, met uitzicht op het kasteel; fitness en zwembad.
Moderne basis – **Urbain Hiroshima Central** 2: 5-20 Naka-ku Teppocho, tel. 082 511 5211, www.urbainhiroshima central.com. Ruime openbare baden, extra's als drankjes en wasserette; tevens fiets- (ook elektrisch) en autoverhuur. ▷ blz. 197

Hiroshima Peace Park – zielerust en vrede

Op 6 augustus 1945, om 8.15 uur, werd voor het eerst in de geschiedenis een atoombom als wapen ingezet. Een enorme vuurbal ontvouwde zich op 600 m boven Hiroshima, met het epicentrum tussen de Genbakukoepel en het ernaastgelegen ziekenhuis. Bijnaam van de bom was Little Boy, omdat hij met drie meter lengte iets korter was dan aanvankelijk voorzien.

De B29-bommenwerper Enola Gay werd bestuurd door de Amerikaan Paul Tibbets – Enola Gay was de naam van zijn moeder. Er was 50 kilo uranium 235 aan boord. Ongelofelijke hitte en radioactiviteit spreidden zich over grote afstand uit en trof mensen en gebouwen. Tot drie kilometer van het epicentrum bleef vrijwel geen steen meer op de andere. Circa 80.000 mensen kwamen die dag om het leven, in totaal 140.000 tegen het einde van 1945 als direct gevolg van de bom. Nog tientallen jaren later waren de gevolgen grootschalig merkbaar door uitzonderlijk veelvuldig voorkomen van leukemie en van aangeboren afwijkingen bij baby's.

Amerikaanse oplossing

Waarom koos de VS voor Hiroshima? De landurige en gecompliceerde strijd in Oost-Azië dacht men met de atoombom een genadeslag toe te brengen die het einde van de oorlog zou inluiden. Hiroshima kwam als eerste in aanmerking omdat het een verstedelijkt gebied was met een doorsnede van ruim vijf kilometer en er nog nauwelijks schade was – wat de grootste impact zou geven. Het was wel een Japans militair hoofdkwartier, deels in het kasteel gehuisvest. Nagasaki volgde drie dagen later.

Klokgelui voor wereldvrede

In het parkje bij de **A-Bomb Dome 1** zitten doorgaans nog overlevenden of betrokkenen, die hun liveverslag geven of dat van hun (groot)ouders.

Bij de **Peace Bell 2** hangt de uitnodiging aan alle bezoekers om de klok te luiden voor wereldvrede.

Op tweejarige leeftijd stond Sadako Sasaki bloot aan straling van de atoombom. Tien jaar later kreeg ze leukemie. Tijdens haar ziekte vouwde ze kraanvogels. Volgens een oude Japanse wijsheid zouden duizend kraanvogels een wens in vervulling doen gaan. Maar Sadako kwam niet verder dan 500; klasgenoten maakten haar missie af en ook nu nog vouwen schoolklassen kraanvogels ter herdenking aan kindslachtoffers. De vitrines bij het **Children's Peace Monument 3** hangen er vol mee.

Een toren op een schildpadvoet vormt het **monument 4** dat de Koreanen gedenkt die door de bom getroffen werden. Er staat bij: 'De zielen van de

Elk jaar op 6 augustus vindt om 8 uur 's ochtends bij de cenotaaf de jaarceremonie plaats, waarbij heel veel mensen – ook familie van overledenen – aanwezig zijn. Om 8.15 uur wordt een minuut stilte in acht genomen als eerbetoon aan de slachtoffers. Bij het vallen van de duisternis worden die dag als herdenkingsritueel 10.000 lampionnen in de rivier gezet.

overledenen gaan op de rug van schildpadden naar de hemel'.

De zadelvormige **cenotaaf 5** staat symbool voor een schuilplaats voor de zielen van de slachtoffers; hun namen staan erop vermeld. Tevens is er – in het Japans – op te lezen: 'Rust in vrede, wij zullen deze fout niet opnieuw begaan'. Door de cenotaaf heen is de vredesvlam

te zien, ontstoken in 1964 met de bedoeling deze te laten branden tot de aarde van alle nucleaire wapens bevrijd is.

Het **Peace Memorial Museum** 6 (8.30-17/18/19 uur, 200 yen, audioguide 300 yen) bevat vitrines met kledingstukken, horloges en andere persoonlijke bezittingen van slachtoffers, voorzien van een korte beschrijving – in het Japans en Engels – over hun laatste uren of dagen. Daaronder zijn dramatische en gruwelijke foto's. Tevens feiten over de bom: de werking en impact van de hitte en straling.

In 1950 vroeg het stadsbestuur aan haar burgers om hun persoonlijke verslag te doen van de atoombomaanval. Van een selectie leest en hoort u het relaas in de vrij toegankelijke **National Peace Memorial Hall for the Atomic Bomb Victims** 7. Er is een uitgebreid namenregister met fotodatabank.

Origamikraanvogels

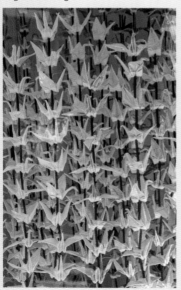

Langs de rivier

Aan de rivier staan nog tal van monumenten voor specifieke slachtoffergroepen: werknemers van het ziekenhuis, getroffen bedrijven, andere nationaliteiten en hulpverleners.

Het **Caffè Ponte** 1 is 's zomers een levendige plek om bij te komen van de zwarte geschiedenis. Daar vlak bij in het water ligt het **Kanawa Oyster Boat Restaurant**, voorheen een boot die oesters naar Kyoto verscheepte. Oesters zijn er gebleven en bepalen nagenoeg volledig de kaart.

Ernaast is de aanlegsteiger van rondvaartboten; zowel riviertripjes als excursies naar Miyajima (resp. 1200 en 2000 yen) worden er aangeboden.

Verhalen van hibakushi

Zes personen overleefden door toeval en geluk de atoomaanval op Hiroshima, terwijl zij zich toch dicht bij het epicentrum bevonden. Schrijver John Hersey schetste in *Hiroshima* (1973) hun relaas van 6 augustus 1945, een tweede maal in het daarop volgende jaar en hij zocht ze bijna veertig jaar later nog eens op. Opvallend is de dadendrang die in hun levensverhaal naar voren komt, het zin willen geven aan het lot van een *hibakusha* – zo heten de door de explosie aangedane personen ('overlever' dekte niet geheel hun status). Slechts een enkeling ondervond geen ingrijpende en langdurige lichamelijke gevolgen van de radioactieve straling.

Het duurde overigens jaren eer er erkenning en economische compensatie kwam voor deze hibakushi. Eigenlijk geschiedde dat pas na 1954 toen tonijnvissers slachtoffer werden van Amerikaanse – nucleaire – tests.

Het boek van Hersey toont ook hoe de Japanse houding ten aanzien van de Amerikanen als aanvaller en vijand veranderde in die van verlosser en ondersteuner.

Viersterren – **Grand Prince Hotel** **3**: 23-1 Motoujinamachi, tel. 082 256 1111, www.princehotels.com. Viersterrenhotel op het uiterste puntje van Hiroshima. Baden, binnen en buiten, tegen betaling. Okonomiyaki aan het eind van het rijtje boetieks aan de voet van het hotel vullen de hotelrestaurants aan. Met parkeergelegenheid en veerdienst met Miyajima.
Zie voor **4** en **5** onder Miyajima.

Eten, drinken en uitgaan

Pannenkoekendag – **Okonomiyaki-mura** **1**: 5-13 Shintenchi, 11-21 uur. Diverse okonomiyakirestaurants over drie verdiepingen, achter warenhuis Parco.
De smaak van Korea – **Bokuden** **2**: 4-20 Horikawa-cho, 4e verd. Takata Arei Building. tel. 082 240 1000, 17-01 uur. Populair Koreaans restaurant. 'Taste of home' omvat bbq-beef en kimchi maar ook onbekendere gerechten.
Zelf je okonomiyaki kiezen – **Togukawa** **3**: 2e verd. Togeki Building, Ebisu-cho, tel. 082 241 71 00. Halverwege de overdekte winkelstraat achter warenhuis Tenmaya. Bak je eigen okonomiyaki. Onderdeel van een keten, hier het moederrestaurant.

Het uitgaansdistrict ligt tussen de Aioi-dori, en de Heiwa-odori **1**.

Winkelen

Twee zondagen per maand is er vlooienmarkt in het Higashi Senda Park.
Overdekt winkelen – **Hondori Arcade** **1**: Overdekte winkelpassage in het centrum, van Starbucks tot Japanse minimarkt en mode. Van het Peace Park 500 m oostwaarts. Parallel ligt de Aioi-dori, met grote warenhuizen.
Haute couture – **Fukuya** **2**: Warenhuis met grote internationale designer-labels, mode, cosmetica en restaurants.
Mooi en lekker – **Tenmaya/Mitsukoshi** **3**: Ebisu-cho. Twee grote warenhuizen, ga zeker ook langs de delicatessen: *momijimanju*, cakejes in de vorm van een esdoornblad, gevuld met matcha, chocolade of vanillecreme.

Informatie en vervoer

Tourist Info in het Peace Park, tel. 082 247 6738, visithiroshima.net, zie voor vervoer www.chugoku-jrbus.co.jp.
Sightseeing hop on-hop off Loop Bus Hiroshima meipuru-pu voert langs alle hierboven genoemde bezienswaardigheden. Er zijn twee routes; ritprijs 200 yen, dagticket 400 yen.

Sightseeing open top dubbeldekker met Engelstalige info-audio, 1,5 uur, 2000 yen.

Zie voor veerboten naar Miyajima blz. 200. Tevens passagiersboten vanaf het Peace Park.

Miyajima ▶ K 13

De tempeldienaren claimen het ultieme uitzicht, maar een schitterende aanblik op de 16 m hoge O-torii is er van diverse zijden. De poort maakt deel uit van het tempelcomplex en is op loopafstand van de veerbootterminal.

Itsukushima-jinja
Dag. 6.30-17/18 uur, 300 yen, incl. Treasure Hall 500 yen
Het pal aan zee gelegen, fotogenieke klooster dobbert bij hoog water, en staat hoog en droog bij eb. Bezoekers lopen over vlonderpaden, geflankeerd door lampionnen en religieuze teksten, met daarbij steeds de zee in het oog. Het ultieme uitzichtpunt is waar u recht in de doorgang van de befaamde O-torii kijkt. Het lijkt zeker geen onlogische

plek voor een orakel, dat aan de ontstaansgeschiedenis van de tempel ten grondslag ligt. Vermoedelijk speelde dat eind 6e eeuw, toen keizerin Suiko de troon aanvaardde. Lange tijd verzekerden de huisgoden het welzijn van de keizerlijke familie en van de zeevarenden in het bijzonder. Behalve gebedsruimtes bevat het complex een no-theater, waar sinds de 14e eeuw voordrachten werden gehouden door gemaskerde acteurs en muzikanten.

Senjokaku

Dag. 8.30-16.30 uur, 100 yen

Tussen de bomen door omhoog zag u vanaf de Itsukushima-jinja al de vijf verdiepingen tellende pagode. Zij is deel van de Hokoku-jinja, met de hal van 1000 tatami (dus: schoenen uit).

Daisho-in

Dag. 8-17 uur, gratis toegang

De voornaamste boeddhistentempel van Miyajima is de Daisho-in, aan de zuidkant van de Itsukushima-jinja. Deze kreeg de persoonlijke zegen van de monnik Kukai. Aan de achterkant hangen honderden lantaarns en votiefbeeldjes.

Aquarium

Dag. 9-17 uur, tijdens onderhoud gesl. 1400 yen, kind 0-400-700 yen

Zeeleeuwenshows, pinguïns voeden – en ze aaien – bij de otters is het altijd speelkwartier en dolfijnen zijn steeds weer een feest om naar te kijken. Ook de dieren van de getijdepoelen, oesters en talrijke kleurrijke bewoners van nabije zeeën zijn hier te bewonderen.

Wandelen

Zeker, u zou de tweefasenkabelbaan (Ropeway, 1800 yen retour) kunnen nemen, die 1,7 km overbrugt van de Misen-san (535 m). Om de top te bereiken duurt het dan nog een ruim halfuur. Daar ziet u met vrij grote zekerheid een kolonie apen en ook hier de sikaherten. Geheel te voet moet u voor de Momijidani Course anderhalf uur uittrekken; het pad ligt in de schaduw en u loopt treegewijs omhoog. Er zijn ook zwaardere alternatieve routes, vertrekkend bij de Daisho en nog verder zuidelijk voert de Omogo Course.

Overnachten en eten

Aan de hoofdstraat/boulevard zijn diverse hotels bij uitstek op toeristengroepen ingesteld. Gemiddeld liggen de prijzen in Miyajima hoger dan in Hiroshima. Onderstaande adressen bevinden zich buiten de toeristische drukte. Oesters en congeraal (of zeepaling, hier *anago* genoemd) horen tot de favorieten dissen van Miyajima.

Room with a view – **Miyajima Seaside Hotel 4**: 967 Miyajima-cho, tel. 0829 44 0118. Aan de oostkant van het eiland; hotelshuttle van de ferry (10 min.). Sfeervolle Japanse kamers met zeezicht – uitstekend *kaiseki*diner desgewenst daar geserveerd. Kleine maar prettige gemeenschappelijke badruimte.

Fijne herberg – **Auberge Mizuhasou 5**: Nishioonishi-machi, Miyajima-cho, tel. 0829 44 0173, www.mizuhasou. com. Rustige locatie aan het eind van het dorp, bij het aquarium, vier kamers en een 10-persoonshuis (tatamikamers) met keuken en badkamer. Tevens modern Japans restaurantje.

Aal op rijst – **Takeda Furintei**: Omotesando, tel. 0829 44 2063, wo.-ma. 11.30-16.30 uur. Anago meshi: gegrilde congeraal op rijst en oesters.

Huis-udon – **Shinagawate uchi udon**: Omotesando, tel. 0829 44 2050, huisgemaakte en handgeknede dikke noedels (udon), koud en warm geserveerd.

Favoriet

O-torii, Miyajima ▶ K 13

Ieder benadert de poort op zijn manier. Door punters aangedreven boten, soms peddelt een SUP er onderdoor. Een paar uur kolkt het water eromheen en verdwijnt dan weer, vrij snel, waarop de cameraparade zich over het slib ijlt. De zon verdwijnt, het – paarse – avondlicht verschijnt en maakt plaats voor een sterrenhemel. Dan weer de eerste zonnestralen van de dag. De poort is geduldig.

Het getijdeverschil en de lichtinval leveren steeds andere beelden op. Als de grote toeristenstroom 's avonds weer naar het vasteland gaat, leggen de opdringerige sikaherten zich ter ruste – de goddelijke boodschappers die zich met voer tot modelposes laten verleiden. Alle reden dus om een nacht te blijven.
De poort staat hier sinds 1875, als symbool voor het shinto als eilandreligie.

Informatie en vervoer

www.visit-miyajima-japan.com
Naar Miyajima varen (auto)veerboten van JR (inbegrepen in Rail Pass) en Matsudai vanaf Miyajimaguchi; oversteek 10 min. Per tram (55 min., circa 300 yen) of trein (30 min.) kunt u van het centrum van Hiroshima naar Miyajimaguchi. Aan een auto hebt u op Miyajima niet veel: het wegennetwerk is heel beperkt, de bezienswaardigheden zijn op loopafstand.

Kaki Matsuri 2e za. in feb. oesterfeest; no-theater half apr.; **Kangensai** eind juli – begin aug. tempelfeest met botenparade; vuurwerkfestival **Hanabi Matsuri** 14 aug.; vuurgevechten op 31 dec.

Yamaguchi ▶ K 13

De kust ten zuidwesten van Hiroshima is sterk verstedelijkt. Het achterland daarentegen laat zich juist hier van zijn mooiste kant zien. Dalen vol rijstveldjes en verspreid liggende karakteristieke huizen, dat is het Japanse plaatje waar zo hard naar gezocht moet worden. Yamaguchi is een lint van verschillende gemeentekernen, waaronder de bronnenplaats Yuda Onsen. Wie per trein reist, kan in Yamaguchi veel gemak hebben van een huurfiets (t.o. het station). Ook het Akiyoshidaiplateau is voor sportieve fietsers bereikbaar (30 km vanaf JR-station Yamaguchi).

Een opmerkelijke verschijning in de kern Yamaguchi is de **St Francis Xavier Memorial Church** (1998), een hooggelegen kerk met twee slanke, witte torens; een door brand verwoeste voorganger was in 1952 gebouwd ter herdenking aan de volhardende missiepater. Meer historische wapenfeiten heeft de Sesshu-tei.

Treinlijnen en de Chugoku Expressway gaan door Yamaguchi.

Joei-ji & Sesshu-tei
2001 Miyano-shimo, tel. 083 922 2272, 8-17 uur, 300 yen
Aan de oostkant van Yamaguchi bevindt zich een verstilde zentempel met karakteristieke tuin: geharkte grindpaden en uitgestrooid ogende rotsblokken zijn een sfeervolle toevoeging aan het complex. Daarachter ziet u een waterlelievijver, omringd door bamboe-, naald- en loofbomen. Sesshu Toyo (1420-1506) maakte inkttekeningen, sterk in eenvoud, waarvan binnen voorbeelden te zien zijn. In het Yamaguchi Kenritsu Bijutsukan, het Art Museum, hangen drie werken van Sesshu.

Ruriko-ji
Kozan-koen, toegang pagode dag. 9-17 uur, 200 yen
Een juweel van een pagode met vijf verdiepingen. Van zonsondergang tot 22 uur wordt ze verlicht.

Yamaguchi Art Museum
3-1 Kameyama-cho, di.-zo. 9-17 uur, 300 yen voor de permanente tentoonstelling
In navolging van Sesshu werkten Togan Unkoku en later Kano Hogai, schilders uit de School van Kano. Ook hedendaagse kunstenaars als Wasaku Kobayashi imiteerden zijn stijl. Opmerkelijk was dat Sesshu al een vorm van abstractie toepaste door de inkt soms juist als vlekken aan te brengen. Anderzijds laten zijn tekeningen een verfijnd realisme zien. Het museum toont Sesshu als rolmodel voor navolgers.

Akiyoshidai ▶ J 13

Ten noorden van Mine ligt een uitgestrekt karstgebied. Route 242 kronkelt door het met stenen bezaaide landschap, dat bescherming geniet als het **Akiyoshidai Quasi-National Park**. Dit is een plateau dat 300 miljoen jaar geleden een koraalrif was. Er gaat een netwerk van wandelpaden overheen, maar een auto is onontbeerlijk om het te bereiken.

Akiyoshido Cave

Akiyoshido-Kurotani, 8.30-16.30 uur, 1200 yen

Over een lengte van 1 km van de in totaal bijna 9 km lange gang kan de grot bezocht worden, met een hoogteverschil van 40 m. Water heeft de kalk uitgespoeld en ruimtes gecreëerd. Vooral de terrasvormen leveren een mooie aanblik. Het is in de grot continu 17 °C. Een kleine lus vlak bij de oosttoegang (Aotenjo) kan als ware speleoloog kruipend en klimmend verkend worden: neem een zaklamp/telefoon mee.

Safari Land

1212 Mitochoaka, Mine, dag. 9.30-16.30/17 uur, 2400 yen, combitickets mogelijk met de Akiyoshido Cave

Met een bus in de Safari Zone maakt u het voeren van tijgers en leeuwen mee. Giraffen en olifanten kunt u vanuit de bus zelf wat toebedelen. Gedomesticeerde dieren kunnen worden geaaid. Er is tevens een pretpark met reuzenrad en meer vrij brave attracties.

Overnachten

In bronnenplaats Yuda Onsen is een groot aanbod goede hotels. Bij **Onsen no Mori** (4-7-17 Yuda Onsen) en het **Kamefuku Hotel** (4-5 Yuda Onsen, route 204) kunt u ook alleen voor een baadsessie terecht. Rond het station van Yamaguchi-Shin liggen zaken/budgethotels.

Hagi ▶ J 12

De historische, smalle straten in de wijk Horiuchi zijn UNESCO Werelderfgoed.

Zowel de samoerai- en winkelpanden als de kasteelomwalling dateren van de 17e eeuw, de bloeitijd van Hagi. Het Shizukikasteel is in 1874 ontmanteld.

De plaats is befaamd vanwege het bijzondere keramiek: in Hagi ontwikkelde men 400 jaar geleden een veelgeprezen glazuurprocedé. In de kleine straatjes van de oude wijk en grenzend aan de overblijfselen van het kasteel wordt volop keramiek verkocht. De echte toerist laat zich door ninja's rondrijden, dames in – gehuurde – kimono.

De zee is verleidelijk, maar een verfrissende duik is alleen aan te raden van half juli tot half augustus, als de kans op kwallenbeten minimaal is.

Hagi Museum

355 Horiuchi, tel. 0838 25 6447, dag. 9-17 uur, 510 yen

Duik in de geschiedenis van het stadje, van de Meijiperiode tot de hervormingen daarna. Met een grote rol voor het keramiek en oude handschriften.

Hagi Uragami Museum

586-1 Hiyako-machi, tel. 0838 24 2400, www.hum.pref.yamaguchi.lg.jp, di.-zo. 9-17 uur, vaste collectie 300 yen, wisseltentoonstellingen meerprijs

Vlak bij het gemeentehuis staat een modern complex (1996) met een bijzondere collectie houtsnedes en keramiek, geschonken door verzamelaar Toshiro Uragami. Onder de grote collectie ukiyo-e zijn zeer verfijnde 19e-eeuwse afdrukken die vooral een blik geven op het hoofse leven, het theater en de seizoenen. Daaruit wordt wisselend getoond. Een van de grote hedendaagse keramisten uit de collectie is Miwa Kyusetsu.

Motonosumi Inari

498 Yuyatsuo, Nagato-shi, gratis toegang, 10 min. per taxi van Nagato Furuichi Station

Een rode reeks van 123 torii, ten westen van **Nagato**, kronkelt tussen weg en water. Volgens de legende stierf hier Yokihi, een van 's werelds drie gratiën. Ze wendt haar krachten postuum aan bij het vinden van een partner, vervullen van een kinderwens en voorspoedige bevalling. Grote sport voor jong en oud is het werpen van een offermunt in het vossenbakje bovenaan de hoge toegangspoort: het wensenpalet bij het slagen daarin is oneindig.

De oceaan produceert aan de oostkant van het heiligdom een 'drakenpaleisgeiser' (ryugu no shiofuki) als de golven tegen de rotsen beuken.

Overnachten

Yumoto Onsen en Tawarayama Onsen hebben eeuwenoude onsentradities. Er zijn ook openbare badhuizen. Hagi Onsen Village is in 2004 opgericht, met acht bronnen.

Tsuwano ▶ K 12

Een ook al fraaie historische plaats is Tsuwano: in het oude centrum – de wijk Tonomachi – leveren de samoeraihuizen met zwart-wit gepleisterde muren en donkerrode daken een mooie aanblik. Langs de keurig geplaveide hoofdstraat staan mooie bomen en koikarpers kleuren de kanaaltjes die de straten flankeren. Er staat een heuse katholieke kerk (1931) met koperen toren, glas-in-loodramen en orgel; maar in plaats van kerkbanken zijn er tatami; in een klein museum ernaast wordt verslag gedaan van de christenvervolging in Tsuwano.

Motonosumi-Inari, Nagato

De rustende vulkaan Aono-yama (908 m) levert vooral in het najaar mysterieuze plaatjes met omhullende nevel.

Taikodani Inari Shrine

Goda 409; 20 min. lopen vanaf het station, dan nog 15 min. omhoog

Tsuwano heeft zijn eigen inari. In 1773 nodigde de toenmalige daimyo de goddelijke geest van Kyoto's Fushimi-Inari uit en bouwde een tempel op de top van de Taikodani. Die zou het ertegenover liggende kasteel vrede en veiligheid brengen en daarme geluk voor de burgers van Tsuwano. De positie van de tempel tegenover het kasteel wordt kimon genoemd; dat is de noordoostelijke kant, men ziet dat als de ongunstige zijde, waarvan kwade geesten komen. De oorspronkelijke Motomiya-tempel weert die af. In 1969 is er een tempelcomplex bij gekomen.

Meer dan duizend rode tori vormen de officiële toegangspoort over de (273) trappen omhoog. Gefrituurde tofu is te koop – het favoriete maal van de tempelvossen. De tempel trekt jaarlijks meer dan een miljoen bezoekers die hun geluk in zaken en andere wensen komen verzoeken. Hoogtijdagen zijn 1 januari, 3 februari, 15 mei, 30 juni, 15-16 en 23 november en 8 december.

Wandelen

Het ruïneuze 13e-/16e-eeuwse kasteel is een mooi wandeldoel (40 min.) met uitzicht als beloning. Deels gaat er ook een stoeltjeslift, daar bekort u de route met de helft mee. Aan de achterkant van het station gaat een wandelpad naar de Otometoge Maria Seido, een kapel (1951) ter herinnering aan de christenmartelaren van 1865; zie Nagasaki blz. 243. Onder zware internationale druk hief de Meijiregering in 1874 het verbod op praktiserend christendom op.

Overnachten

Het toeristenbureau bij het station kan helpen bij het vinden van logies.

Gastvrije basis – **Hoshi Ryokan**: 53-6 Ushiroda, tel. 0856 72 0136. Vlak bij het station, ruime Japanse kamers, niet luxe en wat gehorig maar comfortabel, heerlijk eten, uiterst vriendelijke eigenaren en bovendien netjes geprijsd.

Eten, slapen, eten – **Miyake**: 15 Ushiroda, tel. 0856 72 0216. Kleinschalig maar ambitieus adres bij het station; kies er halfpension.

Shimonoseki ▶ J 13

Shimonoseki is vooral de plaats waar men de Straat van Kanmon oversteekt naar Kyushu. Er is tevens een 780 m lange voetgangerstunnel. Naast de Kanmonbrug, met de voetgangersbrug ernaast, rijst de 268 m hoge heuvel Hino op. Van bovenaf (juli-aug. gaat een kabelbaan) overziet u het drukke scheepsverkeer in de Japanse Zee. 'By night' is het platform op 143 m van de **Kaikyo Yume Tower** (Buzendacho, dag. 9.30-21 uur, 600 yen) een geliefde uitzichtplaats.

Karato

De Akama-jingu is gewijd aan de zielen van de 8-jarige keizer en zijn manschappen die hier in de slag om Dannoura omkwamen. Aan de kade is elke ochtend een levendige vismarkt. **Kaikyokan** (dag. 9.30-17 uur, 2000 yen) is gewijd aan onderwaterleven, met een skelet van een blauwe vinvis en tientallen soorten kogelvis, pinguïns, zeeleeuwen en dolfijnen(shows).

Vanuit Karato gaan veerboten naar **Mojiko** op Kyushu, oversteek 5 min. (400 yen).

Shikoku

Op ontdekkingsreis

Kunst kijken, zien en ervaren: Naoshima is een van de kunstenaarseilanden van de Japanse Binnenzee. Moderne kunst als dialoog tussen gebouw, landschap en kunstwerk. Zie blz. 214

Shimanami Kaido: fietsen over hangbruggen tussen Imabari en Onomichi, volop uitzicht op de Japanse Binnenzee. Zie blz. 228

Bezienswaardigheden

Ritsurin-koen: het kararakteristieke plaatje van een 17e/18e-eeuwse Japanse landschapstuin. Hoofdrol voor groen, met vijver en theehuis. Zie blz. 212

Otsuka Museum of Art: de op keramische platen afgedrukte wereldkunstwerken kunt u afdoen als kitsch, maar beter krijgt u de Sixtijnse kapel niet in beeld. Zie blz. 208

Sea Turtle Museum: liever natuurlijk ziet u de wilde karetschildpadden op het Ohamastrand, maar hier in het museum van Hiwasa mag u ze knuffelen ... Zie blz. 211

Teshima: als u Naoshima hebt gezien, ga nog een veerboot verder. Zie blz. 217

On the map: Naoshima: kunst kijken, zien en ervaren · Takamatsu · Imbari · Shimanami Kaido, fietsen over bruggen · Anan · *Shikoku* · Kōchi · Uwajima

Actief

O-Shikoku: pelgrimsroute langs 88 tempels; aan één vakantie hebt u niet genoeg. Zie blz. 209

Watervalwandeling: beboste kloven van de rivier de Yoshino. Of het touwbruggenparcours van de Iya.
Zie blz. 223

Fietsen op de Sanukivlakte: de droge 'noedel'vlakte bij Takamatsu; echte fietsers nemen de Shimanami Kaido er bij.
Zie blz. 218

Sfeervol genieten

Iya Onsen: liefst logeren, maar anders zeker het rivierbad in. Zie blz. 223

Pelgrims en tuinen

Shikoku heeft een vrij rustige voorgeschiedenis, als eiland veilig afgeschermd van de rest van het land. In 1989 werd het bruggenstelsel van Seto Ohashi voltooid en was een fysieke verbinding met Honshu een feit. Later kwam daar de Akashi-Kaikyobrug bij. Het merendeel van de vier miljoen inwoners van Shikoku woont in de steden Tokushima, Takamatsu, Kochi en Matsuyama. Letterlijk betekent Shikoku 'vier provincies'; en al zijn die in de Meijiperiode gereorganiseerd, het zijn er nog steeds vier.

Dwars over het eiland gaat de pelgrimsroute van de shingonboeddhisten. Hun hoofdtempel staat in Koyasan (zie blz. 162), maar ook Shikoku heeft nog een respectabel deel van de 1400 km lange route.

Awaji-shima ▶ M 12-13

Een spectaculaire brug verbindt Honshu met het eiland Awaji. Aan de zuidkant is een brug met Shikoku. Het is vooral een doorgangsgebied tussen Honshu en Shikoku; stranden en een vrij authentiek landschap in het zuiden rechtvaardigen een halte op het eiland.

INFO

www.tourismshikoku.org
Grote vliegvelden hebben Takamatsu, Matsuyama en Kochi, verbindingen met Tokyo (Haneda en Narita), Osaka en Fukuoka.
JR-lijn Okayama-Takamatsu (1 uur).
Bus: Osaka-Tokushima (2,5 uur), Kyoto-Tokushima (3 uur).
Veerboot: Hiroshima-Matsuyama (1,5/2,5 uur).

Een geliefd strand om de zonsondergang te zien is Goshiki-hama, aan Route 31 – bijgenaamd Sunset Line, niet ver van waar de 472 aansluit. De charme ligt grotendeels in de wisselende kleuren die de stenen er aannemen.

Akashi-Kaikyobrug

Observatieplatform Kobezijde
9-18/19 uur, 250/300 yen
De Akashi-Kaikyo-hangbrug die Honshu aan de westkant van Kobe verbindt met het eiland Awaji, heeft een recordlengte van bijna vier kilometer. De werkzaamheden daaraan waren nog bezig toen de aardbeving van 1995 het gebied trof. Het epicentrum lag heel dicht bij de brug. Die werd uiteindelijk in 1998 opgeleverd, met een centrale spanwijdte van bijna twee kilometer. De brug wordt 's avonds meerkleurig verlicht.

Erg mooi zicht hebt u erop vanaf de Awajizijde, waar een uitzichtterras en informatiepanelen zijn. En een reuzenrad, als u een hoger zicht wenst. Aan de kant van Kobe komt u bij uitstek de technische details te weten in het Bridge Exhibition Center, waarvandaan rondleidingen over de onderhoudspassages worden georganiseerd.

Yumebutai

Westin Awaji Island Resort & Conference Center
De benodigde grond voor het aanleggen van Kansai International Airport, op een daarvoor opgeworpen eiland in zee, kwam van het eiland Awajima. Om die plek een nieuwe invulling te geven, ontwierp Tadao Ando een multifunctioneel complex: hotel, conferentieoord en – ondergronds – winkels en parkeergelegenheid. Het kan bepaald niet tot de toeristische toppers worden gerekend en de richtingaandui-

ding is minimaal. Maar wie in het gedachtegoed van Ando is geïnteresseerd en Awaji-shima op de route heeft, moet zeker een kijkje nemen. U hoeft daarvoor niet in het hotel te logeren.

Neem trappen en lift naar het hoogste punt boven de vakvormige tuin, de *Hyakudan-en*. Beton – Ando's favoriete constructiemateriaal – flora en water vormen een harmonische trap. Aan de andere kant voert een panoramapad langs vooral mediterraan ogende planten en hebt u zicht op een enorme kas. Bij uw verkenning naar beneden ziet u dat Ando in de waterbassins ontelbare (jacobs)schelpen heeft ingebed.

Sumoto-jo
Sumoto City
Voor de marinetroepen was het eiland een strategische locatie om de binnenzee onder controle te houden. Als zodanig werd de hooggelegen burcht van Sumoto in 1526 gebouwd. Hoewel de machtsverhoudingen geregeld verschoven, bleef het de daaropvolgende eeuw

militair bolwerk. Vervolgens verloor het zijn functie en verrees een stadje aan de voet van de Mikuma (133 m). Het in 1928 gereconstrueerde complex wordt ook wel Mikuma-jo genoemd; u loopt in een kwartier omhoog.

Naruto ▶ M 13

Per auto bent u voor u het weet over de Narutobrug de gelijknamige plaats al voorbij. Maar er zijn een paar uiteenlopende bezienswaardigheden, met niet als minste de Ryozen-ji en – als eerste – het kolkende water aan het einde van de brug.

Draaikolken van Naruto (whirlpools)
Binnenplatform Uzo no Michi dag. 9-17 uur, 510 yen
De Straat van Naruto laat een bijzonder verschijnsel zien, onder invloed van grote watermassa's die zich tussen eb en vloed verplaatsen tussen de oce-

Yumebutai

Narutobrug

aan en de binnenzee. Per zes uur zijn de whirlpools ongeveer twee uur goed waarneembaar, hoe goed is afhankelijk van de intensiteit van het tij; bij volle en nieuwe maan is het extra heftig. Er gaan boten vanuit Uzushio om het verschijnsel van dichterbij te bekijken. Het observatieplatform van Uzu-no-Michi, aan Awajizijde van de Narutobrug, geeft ook goed zicht, evenals diverse plekken in het Naruto Park op Shikoku.

Otsuka Museum of Art

Naruto-cho, tel. 088 687 3737, www.o-museum.or.jp, di.-zo. 9.30-17 uur, 3240 yen

In het Naruto Park, aan de voet van de Narutobrug, liet het farmaceutische bedrijf Otsuka ter gelegenheid van zijn jubileum een museum inrichten met reproducties van topstukken uit de westerse kunstgeschiedenis. U ziet er een Sixtijnse kapel, altaarstukken, werk

van El Greco, Monet en Picasso en er is een vijver met waterlelies in Monetstijl aangelegd. De werken zijn op keramische platen afgedrukt, waardoor ze helderder zijn dan de originelen en als het goed is zeer kleurvast.

Ryozen-ji

126 Bando, Oasa-cho, 7-17 uur, gratis toegang

Kobo Daishi had bij zijn bezoek hier een visioen van de Boeddha Sakyamuni in India op de Berg der Gieren. Hij gaf de tempel de naam van die berg, een waardige naam voor de eerste halte op Shikoku. Behalve van Kobo Daishi wordt ook gesproken van de monnik Gyoki als stichter van een groot deel van de 88 tempels.

Twee houten wachters flankeren de toegang. Op het terrein ziet u een vijver met koikarpers en een waterval. In de met veel lantaarns verlichte hoofdtempel, de hondo, zingen de pelgrims hun mantra's. Lang niet alle in het wit geklede bezoekers die u hier ziet, staan aan het begin van de lange tocht. Veel studenten komen hier kaarsen en wierook branden om hulp te vragen bij hun examens, waarvoor de tempel een goede reputatie heeft.

Bij de tempel wordt de traditionele pelgrimsoutfit verkocht: de witte jasjes, strooien hoeden, wandelstokken, daarnaast ook bellen, kaarsen en natuurlijk wierook.

Info en excursies

Excursieboten varen naar de Naruto-draaikolken: Uzushio Kankosen, dag. 9-16.30 uur, 1550-2400 yen, zie www.uzusio.com en www.uzushio-kisen.com (hierop tevens een getijdetabel).

Tokushima ▶ M 13

In de delta van de Yoshinogawa, de langste rivier van Shikoku, ontwikkelde zich Tokushima, hoofdstad van de gelijknamige provincie. Vanaf de Narutobrug valt ook direct het groene decor van de stad op, met als hoogste punt de Bizan (280 m). Aan de voet van die berg staat de Awa Odori Kaikan, het complex waar het grootste carnaval van het eiland, zo niet van het land, plaatsvindt.

Awa Odori Kaikan

2-20 Shinmachi-bashi, dag. 9-18 uur, terrein gratis, museum 300 yen

Aan de voet van de Bizen is het Awa-Odoricomplex gewijd aan de fameuze stadsfeesten. Op een van de bovenverdiepingen vinden dagelijks danspresentaties plaats – niet zelden worden

---

O-Shikoku

Voor volgelingen van Kobo Daishi is de 1400 km lange pelgrimsroute door de vier provincies van Shikoku en langs 88 tempels een belangrijke stap naar verlichting. De traditionele start is Koya-san, Wakayama. Op Shikoku is de Ryozen-ji bij Naruto de eerste halte. Tempels 1-23, in de provincie Tokushima, dragen bij aan het ontwaken van de pelgrim (hosshin). Tempels 24-39, in Kochi, bouwen aan soberheid en discipline (shugyo). In Ehime, tempels 40-65, treft de pelgrim de fase van verlichting (bodai) en tot slot bij tempel 66-88, de provincie Kagawa, het bereiken van nirvana (nehan). Vroegere pelgrims ondernamen de zware tocht op hoge leeftijd ook wel om een nobel en verlicht einde tegemoet te gaan. Pelgrims – henro-san – zijn te herkennen aan hun witte katoenen jasje, strooien hoed, rinkelende bellen en een houten staf. Het merendeel van de circa 150.000 jaarlijkse pelgrims is ouder dan zestig jaar en gepensioneerd, hoewel zoals alle pelgrimsroutes ook dit pad toenemend populariteit geniet onder jongeren, ook buitenlandse.

Er zijn variaties op de route die per fiets, motor, trein of het openbaar vervoer afgelegd kunnen worden, maar de ware aruki-henro loopt.

Amy Chavez maakte er een supermarathon van: ze rende de 1146 Shikoku-kilometers in vijf weken. Haar verslag daarvan in *Running the Shikoku Pilgrimage: 900 miles to enlightment* (2013) bevat Japanse wijs- en eigenaardigheden en geeft ook precies weer waar de moderne pelgrim naar zoekt.

Zie voor informatie over etappes en faciliteiten www.tourismshikoku.org/henro/ en www.shikokuhenrotrail.com.

toeschouwers uitgenodigd op het po-dium. Een kabelbaan gaat naar de top van de Bizen-yama.

Overnachten

Onderstaande zijn westers georiën-teerde hotels bij het JR-station.
Westers wit – **The Agnes**: 1-28 Tera-shima Honcho Nishi, tel. 088 626 2222, www.agneshotel.jp. Modern-hip en westers georiënteerd hotel in Jan-des-Bouvriestijl.
Ruim – **Grand Palace**: 1-60-1 Terashima Honcho Nishi, tel. 088 626 1111, www.gphotel.jp. Vrij ruime kamers van di-verse – westerse – types. Vlak bij The Agnes, met gratis parkeren voor gasten.
Skybar – **Hotel Clement Tokushima**: 1-61 Terashima Honcho Nishi, tel. 088 656 3111, www.jrhotelgroup.com. Klas-siek-stijlvolle inrichting, de toppers zijn de skybar en het restaurant op de 18e verdieping.

Info en evenementen

Tourist Info: 1-61 Terashima Honcho Nishi, tel. 088 656 3303, www.topia. ne.jp.
Awa Odori: het carnavalsfeest van Tokushima vindt plaats van 12-15 au-gustus, als de rest van het land de O-Bon viert en de doden herdenkt. Hoog-tepunt is een zeer kleurrijke optocht van straatdansers met opzwepende trommels met als thema 'De dansende gek is even gek als de toekijkende, dus

Ode aan de Vreugde

Bando was van 1917-1920 een krijgs-gevangenenkamp waar circa duizend Duitse soldaten waren geïnterneerd. Nadat Duitse troepen en hun bondge-noten in Tsingtao (China) waren ver-slagen, werden in totaal ruim 4600 krijgsgevangenen naar Japan over-gebracht; van hen zijn er 87 in ge-vangenschap overleden, van wie 11 in Bando. Het Bandokamp kunt u bezoe-ken, bij Itano/Aizumi ten noorden van Tokushima; er is een illustratief bijbe-horend museum.
In overeenstemming met de Haagse Conventie van 1907 werden de krijgs-gevangen als medesoldaten behan-deld. De toenmalige kampdirecteur Toyohisa Matsue toonde in een speech zijn medeleven met de 'dappere Duitse soldaten die het lot aan de ver-keerde kant troffen' – indachtig de schaamte en zeer slechte behandeling die zijn familie had ervaren als over-wonnen samoerai.

De gevangenen hadden een relatief grote vrijheid; er werden met lokale burgers bruggen en wegen gebouwd, brood gebakken, bier gebrouwen en gedronken. De Duitsers maakten een eigen krant en hadden een huisorkest. In 1918 klonk hier – voor het eerst pu-bliekelijk in Japan – de 9e Symfonie van Beethoven (*Ode an die Freude*). Volgens overleveringen bleef een deel van de gevangenen na hun in vrijheid-stelling vrijwillig in Japan vanwege de contacten die waren opgedaan en de nieuwe levensinvulling die blijkbaar beviel. Historisch 100% betrouwbaar of niet, de film *Baruto no Gakuen* (2006) geeft een interessante kijk op dit hoofdstuk van de oorlogsgeschiede-nis, al is de film dramatisch cryptisch in het Engels ondertiteld; gelukkig wordt er veel Duits in gesproken. Op Shikoku lagen vergelijkbare kam-pen bij Marugame en Matsuyama; het grootste kamp was Kurume bij Fukuoka (circa 1300 gevangenen).

waarom zouden we niet dansen?' In deze periode is logies in en rond Tokushima ver van tevoren volgeboekt. Bunrakupoppentheater wordt sinds jaar en dag gespeeld door de familie Jurobe. Er zijn in het Engels gestelde informatiebrochures, maar ook zonder tekst is het een boeiend schouwspel – met livemuziek; www.joruri.info/jurobe/english.

Excursies

Rondvaartboten toeren over de twee rivieren: de Shinmachi-gawa en de Suketo-gawa. Tijdens de een halfuur durende tochten ziet u een vijftiental bruggen vanaf waterperspectief: sommige figuren op de brug hebben te maken met de Awa Odori. Dag. 11-15.30, juli-aug. tot 19.30, 12-15 aug. 9-22 uur, 200 yen, start Ryogoku-bashibrug.

Hiwasa ▶ M 13

Hiwasa ligt 55 km ten zuiden van Tokushima en is een aardig havenplaatsje met herbouwde kasteeltoren en een mooi zandstrand – wat de zeeschildpadden bevestigen.

Sea Turtle Museum

370-4 Hiwasaura, Minami-cho, tel. 0884 77 1110, di.-zo. 9-17 uur, 600 yen
De karetschildpad is een van de grootste soorten zeeschildpadden. De dieren hebben een roodbruin rugschild en een grote en brede kop. Deze schildpadden behuizen de aarde en wateren al meer dan 200 miljoen jaar. In het museum ziet u jonge en volwassen dieren van dichtbij, tijdens voedertijden mag u ze zelfs 'knuffelen'. Ook is er een film van het moeizame proces van eieren leggen. Dat gebeurt van mei tot augustus op het Ohamastrand, ten noorden van

de haven. In die periode mogen bezoekers de schildpadden daar slechts van een ruime afstand bekijken.

Yakuo-ji

3285-1 Okugawauchi Teramae, pagode-kelder 100 yen
De 23e tempel van de Shikoku-pelgrimsroute heeft bijzondere kwalificaties om het kwaad af te wenden. Sommige pelgrims leggen op elke trede – de yakuzaka – een eenyenstuk – het cijfer 1 is immers het geluksnummer. (Meestal wordt aangeraden niet het geluk weg te gooien, maar hier blijkbaar een goede investering.) Er zijn twee trajecten: 42 treden voor de mannen, 33 voor de vrouwen, hun respectievelijke ongeluksgetallen.

Sommige delen van het hoofdtempelcomplex dateren van 726. Kobo Daishi kwam er in 815. Er staat een fascinerend beeld van een godin die een mand met vis draagt, omgeven door lotusbloemen. De pagode is van vrij recente datum, de kelder is hoofddoel: door een aardedonkere gang komt u bij een ruimte met taferelen van hiernamaalse kwellingen die we kennen van Jheronimus Bosch.

Takegashima Marine Park

Verder zuidwaarts, voor de kust van Kannoura rond het eiland Takega, ligt een rif met een twintigtal koraalsoorten in diverse kleuren en vormen, en met de vissen en ander waterleven die daar hun ideale biotoop vinden. Er zijn snorkel-, duik- en zeekajakmogelijkheden. Noordwaarts, van Kannoura tot Kaifu, vindt u geliefde surfwateren.

Muroto Misaki ▶ M 14

De Murotokaap van Shikoku heeft een ruige kust en deels zwarte zandstranden. Muroto Misaki is een belangrijke pelgrimshalte. Een wit standbeeld van Kobo Daishi gedenkt de plek

Favoriet

Ritsurin-koen, Takamatsu ▶ M 13

Een karakteristieke landschapstuin zoals de daimyo's van de 17e/18e eeuw het graag zagen. Natuurlijk is er kersenbloesem. In de zomer imponeren de lotussen met enorme bladeren en zaaddozen. Een punterbootje op de vijver is misschien niet functioneel maar maakt het plaatje compleet. In het sfeervolle Kikugetsu-tei, het theehuis, is het loom genieten van een sencha of matcha.

Lage hekjes bamboe zijn zorgvuldig gevlochten en geplaatst, in ronde en rastervormen. Elementen als koikarpers, schildpadden en karakteristieke bonsai zijn een gegeven. Volg de adviesroute en trek minstens een anderhalf uur uit.
Bij de zuidingang van de tuin bevindt zich de museumwinkel, vol kunstnijverheid en delicatessen. Dagelijks 5.30/7-17/19 uur, 410 yen.

waar hij – als Kukai – verlichting vond en in een nabije grot een visioen had. Hierna wacht pelgrims een klim naar de **Hotsumisaki-ji**, tempel 24. Anderen zoeken hun heil in de baden van **Searest Muroto**, waar mineraalrijk zeewater omhoog wordt gepompt (10-21 uur, 1300 yen).

Takamatsu ▶ M 13

Van het historische Takamatsu, waar krijgsheer Chikamasa in 1588 een kasteel liet bouwen, was na WOII weinig meer over. De boventoon wordt dan ook gevoerd door de moderne gebouwen en winkelarcades. Behalve een prima winkelstad is er een bijzondere tuin uit de top drie van Japan: de Ritsurin-koen. Vanaf de noordingang van de tuin kunt u via de lange en koele winkelpassages van Tamachi, Minami Shinmachi en Marugame-machi naar het stedelijke kunstmuseum of de haven lopen. Takamatsu is vertrekpunt voor veerboten naar Shodoshima en Naoshima.

Takamatsu City Art Museum

Di.-zo. 9.30-17 uur, 200 yen, tentoonstellingen meerprijs

In bezit van het Takamatsu Art Museum zijn lokkers als Jasper Johns, David Hockney, Henri Matisse en Andy Warhol, maar omdat er slechts in twee kleine zalen uit de vaste collectie wordt geput, zult u die niet gauw allemaal kunnen aanschouwen. Tevens prikkelende gasttentoonstellingen.

Kagawa Museum

5-5 Tamamo-cho (t.o. Tamamo Park), di.-zo. 9-17 uur, 410 yen

Het moderne complex rust deels op de oude kasteelfundering. Geschiedenis is het hoofdthema, waarin ook Kobo Daishi een rol heeft, met prachtige afbeeldingen gerelateerd aan hem en an-

dere boeddhistische grootheden. Geen reden om met jonge kinderen weg te blijven: die kunnen er een samoeraipak of kimono aantrekken.

Yashima

Het vulkanische lavaplateau van de Yashima was duizenden jaren geleden een eiland. De **Yashima-ji** is de 84e tempel van de pelgrimsroute; zijn nirvana is bijna volledig. De schatkamer bezit niet alleen religieuze voorwerpen maar ook huishoudelijke waren en herinneringen aan de strijd tussen de Taira- en Minamoto-clans; op het terrein is de Bloedvijver, waar de Minamoto-soldaten hun zwaarden schoonmaakten na de Slag bij Yashima (1185).

Aan de voet van het plateau vindt u **Shikoku Mura** (dag. 8.30-17.30 uur, 800-1000 yen), een openluchtmuseum met hierheen verplaatste traditionele panden. Er is in elk huis heldere Engelstalige informatie. Kinderen vinden doorgaans de touwbrug erg leuk. Trek er een uur voor uit, meer als er kabuki (openlucht)voorstellingen zijn. Hoog in het park bevindt zich een door Tadao Ando ontworpen galerie met origineel werk van Chagall en Picasso.

Isamu Noguchi Garden Museum

3519 Mure (ten oosten van Takamatsu), tel. 087 870 1500, www.isamunoguchi.or.jp, bezoek alleen na reserveren en incl. rondl, di., do. en za. om 10, 13 en 15 uur, 2160 yen

De Japans-Amerikaanse kunstenaar en landschapsarchitect Isamu Noguchi (1904-1988) kreeg grote internationale bekendheid met de brug in het Hiroshima Peace Park en de tuin van het UNESCO-hoofdkwartier in Parijs. Zijn Japanse basis had hij in Mure; na Noguchi's overlijden is het als museum ingericht met een beeldentuin.

▷ blz. 218

Naoshima: kunst kijken, zien en ervaren

Bij betonbouw denken we meestal aan de ontsierende, gehaaste constructies van de jaren zestig en zeventig. Tadao Ando gebruikte het beton heel anders. Op Naoshima is het onzichtbare bouw geworden, aan het oog onttrokken om de natuur in haar hoofdrol te laten. De relatie tussen de museale ruimtes en de getoonde kunst is er meesterlijk.

De kunstwerken zelf vormen een compacte en boeiende synopsis door de moderne tijd. Kwaliteit is veruit boven kwantiteit verkozen; de kracht van het weglaten.

Kaart: ▶ M 12
Duur: minimaal een dag.
Vertrek: Uno (Tamano) of Takamatsu.
Vervoer ter plaatse: huurfiets.

Zout, zee, glas en licht

Een goed begin van een verkenning van Naoshima is het **Art House Project** 1 in het dorpje Honmura aan de oostkant van het eiland. Zeven verspreid liggende panden zijn door kunstenaars ingericht, waarbij de eerdere functie of het ambacht van voormalige bewoners uitgangspunt vormt.

Waar de **Ishibashi's** vroeger zout opsloegen en verhandelden, profiteren nu subtiele tekeningen van Hiroshi Senju van het natuurlijk invallende licht.

Glazen treden vormen de toegang tot de **Go'o Shrine;** kijk ook – via een smalle gang – hoe de trap in het onderaardse doorloopt. Hiroshi Sugimoto nam een Edotempel als uitgangspunt.

In Kadoya is een waterbassin als *Sea of Time '98* geïnstalleerd, gebruikmakend van water en ledverlichting.

In het door Ando ontworpen pand **Minamidera**, waar ooit een tempel stond, geeft de installatie van James Turrell een bijzondere ervaring van uiterste duisternis naar licht te zien. Het ANDO MUSEUM daar schuin tegenover illustreert het gedachtegoed en werk van Tadao Ando, met documentatie en modellen.

Het voormalige pand van een tandarts is als Haisha nu een excentrieke verzameling jut- en sloopattributen.

Kunst om wakker bij te blijven

Met het **Benesse House Museum** 3 heeft Ando de grens tussen hotel en museum (1992) willen vervagen. Op het vrij toegankelijke buitenterrein ziet u beelden van Niki de Saint Phalle 2: *Camel, Elephant* en *Cat,* en van Karel Appel: *Kikker en Kat.* Geliefd selfieobject is de *Pumpkin* (zie foto hiernaast) van Yayoi Kusama. Aan het beeldenpark grenst het stijlvolle **Terrace Restaurant** 1, met de zee als verlengstuk.

Binnen in het op de heuvel gelegen **Benesse House Museum** 1 hangt een eerste prikkelend werk bij de receptie: *Free South Africa* (1985) van Keith Haring. Een wisselend parcours van ronde en rechte muren en dan weer in de vrije ruimte staande en hangende kunstwerken voert u langs onder meer de neoninstallatie *100 Live and Die* van Bruce Nauman, *The Shark Massacre* van Frank Stella en *The Forbidden Box* van Yukinori Yanagi – Big Boy is deel van zijn atoombominterpretatie. In het museumrestaurant hangen Andy Warholbloemen.

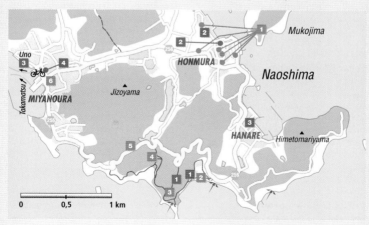

Aan de wanden van de binnenplaats hangt de fotoserie *Time Exposed*: zeezichten op diverse plekken ter wereld, door Hiroshi Sugimoto.

Tussen de regels

De in Korea geboren kunstenaar Lee Ufan (1936) speelde een belangrijke rol in de Japanse moderne kunstscene vanaf de jaren zeventig, ook als docent. In het

Lee Ufan Museum 4 paste Tadao Ando de architectuur aan aan Ufans werk aan, tot in zichzelf gekeerde, ingetogen installaties. Er zijn objecten van staal en steen, een videoinstallatie en schilderijen. Bezoekers worden tot mediteren uitgenodigd bij *Dialogue 2010*, maar alleen al aandachtig kijken leidt er tot hallucinatoire beelden: vervagende randen en Escheriaanse effecten.

Drie kunstenaars onder één dak

In **Chichu Museum** 5 staan drie beeldend kunstenaars centraal. Nu eens geen hooibergen maar een vijftal variaties op waterlelies en andere flora op groot formaat van Claude Monet hangen hier zoals u dat nog niet eerder hebt gezien. De ruime opzet en bovenlichtinval geven extra dimensies. Op de overgang van twee- naar driedimensionaal maakte James Turrell ook hier een meesterstuk; ervaringskunst ten voeten uit. Nadrukkelijk wordt om stilte verzocht in de magistrale ruimte van *Time/Timeless/No Time*, van Walter de Maria. De gouden staven van geschilderd mahoniehout roepen hier de suggestie van orgelpijpen op. Ze weerspiegelen met het bovenlicht en de traptreden verrassend in de enorme glanzende stenen bal, die op het punt lijkt naar beneden te stuiteren.

INFO

www.benesse-artsite.jp
www.setouchi-artfest.jp
Ferry: Shikoku Kisen, tel. 087 821 5100, www.shikokukisen.com; Uno Port-Miyanoura 560 yen, Takamatsu-Miyanoura 990 yen retour.
Fietsverhuur: o.a. bij **Café / Bar Little Plum** 4 (ook kamers op slaapzaal), Miyanoura, tel. tel. 0800 1906 3751. Gewone fiets 500, e-bike 1500 yen p.d.
Art House Project: di.-zo. 10-16.30 uur, per huis 410, combiticket 1030 yen, Ando Museum 510 yen
Benesse House Museum: 8-21 uur, 1030 yen
Lee Ufan: di.-zo. 10-17/18 uur, 1030 yen
Chichu Art Museum: 2060 yen
Naoshima Bath: di.-zo. 13-21 uur, 650 yen

Overnachten en eten

Benesse 1: www.benesse-artsite.jp – de enige grootschalige luxeaccommodatie. Zie voor minshuku en ryokan www.naoshima.net
Guest House Oomiyake 2: Honmura, tel. 087 892 2328; Japanse en westerse kamers.
Kikusui Ryokan 3: 1-24-6 Tamano (Uno, dicht bij de veerterminal), tel. tel. 0863 21 3382.
Eenvoudig en goed: **Iwao's Cafe** 2 en Okonomiyaki Umikko 3.

Kunstbad

Bezoekers kunnen daadwerkelijk een bad nemen in Shinro Ohtakes kunstwerk *Naoshima Bath 'I Love YU'* 6 (Yu is Japans voor heet water). De achtergrondgedachte is uitwisseling tussen bezoekers uit binnen- en buitenland, het badthema is in de decoraties tot in detail doorgevoerd. Het is een beetje Hundertwasser met schrooteffecten. Er zijn allerhande badproducten, T-shirts en andere zaken te koop met Ohtake-signatuur; de kunstenaar liet ook op de documenta 13 in Kassel al van zich spreken.

Naoshima, Chichu Art Museum; © Chichu Art Museum, Fujitsuka Mitsumasa

Praktisch

Veerboten varen in 20 minuten tussen Uno Port en Miyanoura op Naoshima, tussen 6 en 21 uur circa elk uur. Er is een beperkte dienstregeling met Honmura aan de oostkant van Naoshima – zo'n vijfmaal daags. Ook gaan veerboten vanuit Takamatsu naar Naoshima, Shodoshima en Teshima.

Op Naoshima rijden bussen, maar onafhankelijker bent u met een (elektrische) huurfiets. Er zijn enkele pittige heuvels op het eiland. Voor bezoeken aan musea moeten fietsen op daarvoor aangewezen plaatsen gestald worden, wat geregeld een aardige wandeling betekent. Op het uitgestrekte Benesseterrein kunt u eventueel van de gratis pendelbussen gebruikmaken.

Eens in de drie jaar zijn er op de 12 eilanden van de Japanse Binnenzee naast de permanente kunst ook tijdelijke kunstinstallaties, die vinden plaats in het kader van de **Setouchi Triennale**; eerstvolgend in 2019.

Extra dagje: Teshima

Op Teshima is het kunst&natuurleitmotiv van Naoshima in een volgende fase. In de sporen van gevestigde grondleggers ziet u hier de experimenten van de architect Ryue Nishizawa en beeldend kunstenaar Rei Naito in een waterdruppelcomplex – verwijzing naar het waterrijkdom van Teshima. Shinro Ohtake gaf een oude naaldenfabriek een tweede leven. Il Vento is een spectaculair en duizelingwekkend door Tobias Rehberger ingericht café met de titel *Was du liebst bringt dich auch zum weinen*. En luister in het Teshima Yokoo House naar de kloppende harten van Christian Boltanski.

Het eiland Teshima biedt vrijwel geen logies en er rijdt één taxi; (elektrische) fietsen bieden uitkomst. Het eiland is te bereiken vanuit Uno, Miyanoura en Takamatsu.

Overnachten

20 verdiepingen luxe – **JR Hotel Clement Takamatsu:** 1-1 Hamanocho, tel. 087 811 1111, www.jrclement.co.jp. Zoals het een JR-hotel betaamt pal naast het station, hier met uitzicht over de binnenzee. Aziatische en westerse restaurants met uitzicht en een bakker.

Compact – **Hotel Kawaroku:** 1-2 Hyakkenmachi, tel. 087 821 5666, www.kawaroku.co.jp. Zakenhotel in het centrum, tatami en westers kamers met en zonder eigen badkamer; gemeenschappelijke baden binnen en buiten.

Eten en drinken

In Kawaramachi, ten oosten van het centrale stadspark, zijn prima adressen als **Oshokujidokoro Shirunomise Ofukuro** (1-11-12) en – wat eenvoudiger – **Okonomiyaki Fumiya** (2-2-35). Daar vlak bij in Marugamemachi is ook volop keus: **Ikkaku Takamatsu** bijvoorbeeld (4-11 Kajiyamachi).

Winkelen

Geklimatiseerde winkelgalerijen vormen de straten Tamachi, Minami Shinmachi en Marugamemachi, met bijna drie kilometer de langste van het land.

Sanuki

De Sanukivlakte oostelijk van Takamatsu heeft het laagste neerslagcijfer van het land. Regenwater wordt opgevangen in duizenden reservoirs, die zich als kleine meertjes op de kaart aftekenen. Het is er te droog voor rijstbouw, graan gedijt er wel; noedels zijn er de streekdis bij uitstek. In sanukinoedelsoep zit tonijn en zeewier.

Shodoshima ▶ M 12

In de Japanse mythologische ontstaansgeschiedenis verschijnt Shodoshima als een van de eerste borelingen van de goden. Van de eilanden in de Japanse Binnenzee (Seto Inland Sea) is na Shikoku het eiland Shodo het grootste; tussen beide zijn goede verbindingen.

Shodoshima is met Naoshima, Teshima en Inujima locatie van de **Setouchi Triennale:** eens per drie jaar een manifestatie voor moderne kunst. Ook buiten die periode is er een boeiend kunstklimaat.

Toeristen komen er ook voor de stranden, een fraaie kloof, de fotogenieke rijstveldterrassen van Nakayama en een apenpark. Bij eb vormt zich het 'Engelenpad': een idyllisch zandpad tussen drie kleine eilandjes, met aan weerszijden het azuurblauwe zeewater.

De productie van sojasaus en olijfolie zijn bloeiende takken. De grootste plaats op Shodoshima is Tonosho Port; Uchiko-cho heeft traditionele huizen – waaronder galeries, cafés en souvenirwinkels – aan een 600 m lange straat.

Kankakei

Ropeway, 1607 Yasuda-ko, 8.30-17 uur elke 12 min., 980 enkele reis, 1760 yen retour

De kern van Shodoshima wordt gevormd door bergen. Daarin is de Kankakeikloof een woest mooie plek, in het **Setouchi National Park.** Het is de vallei van enerzijds de Hoshigajo en aan de andere kant de Shihozashi. Met de retro ogende kabelbaan is het bereiken van de top op 817 m een eitje, maar wie uitdaging en voldoening zoekt, loopt in een uurtje de circa twee kilometer naar boven; beter nog een halfuur langer voor de route (3 km) die wat oostwaarts ligt, niet zo dicht onder de kabelbaan. Boven vindt u een restaurant en souvenirwinkel; en een parkeerplaats.

Olive Garden

Tel. 0879 82 2200, 8.30-17 uur, gratis, badhuis do.-di. 12-21.45 uur, 700 yen

Sinds begin 1900 zijn er olijfgaarden op Shodoshima, ook wel Olive Island genoemd; de bomen en cultiverings-methoden komen uit het Middellandse Zeegebied. Er staat ook een replica van een Griekse windmolen om nog meer mediterrane sfeer op te roepen: behalve olijven en olijfolie maakt men er zeep, snoep maar ook ijs en noedels mee. Op het terrein is een badhuis gevoed door een thermale bron.

Er is een tentoonstelling gewijd aan de kunstenaar Isamu Noguchi. Tevens vindt u er een café.

Overnachten

Bij veerboot – **Okido Hotel:** 5165-216 Kou, tel. 0879 62 5001. Praktische locatie direct bij de Tonosho-ferry. Niet echt karakteristiek maar comfortabel en de onsen zijn een bonus.

Uitzicht en onsen – **Hotel Green Plaza Shodoshima:** 2464 Tonosho Igisue, Tonosho, tel. 0879 62 2201. Onsen, terras met zeezicht, 's zomers buitenzwembad en gratis pendeldienst met de veerhaven Tonosho. Kamers in westerse en Japanse stijl; goede budgetoptie.

Eenvoudig – **Irifune:** 1171-14 Ko, tel. 0879 62 0590. Eenvoudig adres, zeer gastvrije eigenaren en een huishondje. Gratis pendel met veerhaven (7 min.) en gebruik van visgerei. Vlak bij het strand en Angel Road.

Eten en drinken

Morikuni Brewery & Café: 1010-1 Kou, Umaki, vr.-wo. 9-17 uur, café vanaf 11 uur. Nevenfiliaal van sakebrouwerij in Takamatsu. Is tevens bakkerij, met verse broodjes van rijstmeel en de vaste bestanddelen die bij het maken van sake overblijven; heerlijk gevuld met bonen- of notenpasta.

Info en vervoer

www.my-kagawa.jp
Veerboten vanuit Takamatsu gaan naar vier havens aan de zuidkant van het eiland, het frequentst naar Tonosho; duur oversteek 60-75 min., highspeed ferry 30-45 min. Shodoshima is ook goed bereikbaar vanaf Okayama-Port, Hinase-Port en Himeji-Port, resp. 70, 60 en 100 min. De veerboot vanuit Kobe gaat maar een paar maal per dag en doet er drie uur over. Het openbaar vervoer is matig; ter plaatse kunt u uit de voeten met een auto of fiets, die daar gehuurd kunnen worden.

Marugame ▶ L 13

Havenstad Marugame was in de middeleeuwen van strategisch belang. Ook de Shiwakuarchipel vlak voor de kust valt onder het stadsbestuur. Sommige eilanden daarvan nemen deel aan de Setouchi Triennale. Het meest ontwikkeld is Honjima, waar scheepsbouw tot ontwikkeling kwam en de zeer gerespecteerde vloot van Shiwaku haar basis had. Volgens bewaard gebleven logboeken vertrok hiervandaan het eerste schip voor een succesvolle oceaanoversteek. In de buurt van Marugame liggen de tempels 76-78 van de pelgrimsroute.

Marugame-jo

Marugame Station - 15 min. lopen of busritje van 5 min., dag. 9-16.30 uur, park vrij, toren entree 200 yen.

Het kasteel van Marugame hoort niet tot de grootste, maar wel tot de 12 origineelste, althans wat toren en poortgebouwen betreft. Het ligt hoog in het Kameyama Park waarvandaan men de passages van de Japanse Binnenzee goed in de gaten kon houden. Nu zit daar een brede zone stadsbebouwing tussen. Begin april wordt hier het kersenbloesemfeest gevierd.

Genichiro-Inokuma Museum of Contemporary Art (MIMOCA)

80-1 Hamamachi (bij Marugame Station), tel. 0877 24 7755, www.mimoca.org, dag. 10-18 uur, gesl. bij wisselen collectie, 300 yen, meerprijs speciale tentoonstellingen

In een kleine havenplaats in de buurt van Marugame bracht Genichiro Inokuma (1902-1993) zijn jeugd door. Dit museum is het resultaat van zijn kunstzinnige inspanningen. Het complex is in nauwe samenspraak van Inokuma met architect Yoshio Taniguchi, die ook de renovatie van het MoMA-New York tekende, tot stand gekomen.

De eerste werken ziet u al bij de ingang, een muurschildering met daarvoor abstracte sculpturen. Binnen worden de abstract-expressionistische werken van Inokuma een paar maal per jaar gewisseld uit het zeer grote Inokuma-bezit en zijn er exposities door – meestal jonge en vrij onbekende – hedendaagse kunstenaars. Met museumcafé.

Nakazu Bansho-en

25 Nakazu-cho (tussen de snelweg en het aan zee gelegen Nakazu sportpark), tel. 0877 23 6326, 1200 yen incl. musea

Een park uit de tijd van de daimyo's, met waterpartijen, bonsai, stenen, houten en stapstenen bruggetjes. Kunstnijverheid uit de streek – aardewerk en porselein, glas en beeldjes – zijn te bewonderen in de Gallery of Ceramics. De Marugame Gallery heeft Franse schilderkunst, waaronder Corot, Millet, Rousseau en Courbet.

Wat zou Japan zijn zonder waaiers

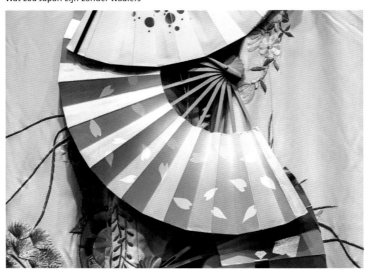

Uchiwa-no-Minato Museum

307 Minatomachi (15 min. lopen van Marugame Station, bij de haven), tel. 0877 24 7055, di.-zo. 9.30-17 uur, gratis toegang

Een *uchiwa* is een waaier. Dankzij de pelgrims op weg naar de Konpira-jinja was er grote behoefte aan waaiers. In Marugame ontstond zo een een bloeiende industrie. Nog steeds wordt 90% van alle Japanse waaiers hier gemaakt, met van oudsher bamboe als het perfect buigzame frame. Allerhande bewerkingen worden uitgevoerd om het papier waterafstotend dan wel insectenwerend te maken. Het waaiermaken is erkend als traditionele kunstnijverheid. Wat er allemaal achter het maken van een goede – en mooie – waaier zit, ziet u hier. Gaat u vervolgens de Konpira-san op, dan volgt u de traditie met een waaier waarop het goud-kanji is afgebeeld.

Eten en drinken

Meer dan koffie – **Good Neighbor's Coffee:** 194 Doki-cho Higashi, tel. 0877 85 7313, dag. 7.30-23 uur. Retrostijl café-restaurant met veel meer dan koffie en een westers georiënteerde kaart.

Eten met uitzicht – **Kaifutei:** 25 Nakazu-cho, tel. 0877 23 2266. Aan de zuidkant van de Nakazu-Bansho-tuin is dit een prima *kaiseki*restaurant. Met uitzicht op de tuinen.

Kotohira ▶ M 13

De tempel van Konpira is de voornaamste reden dat de jaarlijks vier miljoen bezoekers Kotohira aandoen. Al duizend jaar is die gestage pelgrimsstroom in gang.

Kotohira is een prettig gelegen plaats, aan de voet van de 'olifantsberg' Zozusan. Door het centrum stroomt de Kanakura-gawa. In het centrum, vlak bij de toegang tot de Konpira-san, vindt u een sakebrouwerij/museum met Engelstalige video en informatie en kunt u in de Nakano Udon School de befaamde noedels leren maken.

Kotohira-gu

Dag. 8.30-17 uur, terrein gratis toegang, musea en Omote Shoin elk 800 yen entree; er gaan ook ninja's en bussen naar de top

De heilige berg **Kompira** was voor zowel shinto als boeddhisten zo belangrijk, dat wie er zelf echt niet heen kon, het erop waagde en geld of rijst in een tonnetje in zee gooide in de hoop dat de vinder het in zijn of haar plaats alsnog naartoe zou brengen. De populariteit heeft als keerzijde de klassieke entree tot een befaamde tempel: snacks, undonrestaurantjes, offerwaren en souvenirs vormen haast een dorp op zich. De verkopers staan waar vroeger de boeren het privilege hadden hun landopbrengsten te verkopen. Vanaf de ingang gaan 785 treden omhoog naar de hoofdtempel. Het hoofdpad is omzoomd met stenen lantaarns. U passeert een paar kleine musea met religieuze en kunstvoorwerpen. De Homotsukan heeft als voornaamste schat de 11-koppige Kannon van Barmhartigheid. De Takahashi Yuichi-kan is gewijd aan de 19e-eeuwse schilder/tekenaar Takahashi.

De Omote Shoin (1659) is de grote ontvangsthal. Binnen zijn in de 18e eeuw zeer fraai beschilderde kamerschermen en panelen – door Oukyo Maruyama – van achter glas en minimaal belicht te zien; ze behoren tot de grootste tempelschatten. De hoofdtempel is de Hon-gu (1879), waar priesters en monniken in- en uitlopen via de houtomlijste gangpaden. De monniken spelen op 5 mei, 7 juli en eind december een partij *kemari* – de 19e-eeuwse voorloper van voetbal.

Groot verschil: er zijn geen winnaars of verliezers. Er wordt speciale kleding gedragen en de voetbal is gemaakt van met zaagsel gevuld hertenleer. Oorspronkelijk komt kemari uit China en was het daar onderdeel van militaire training; de voetbal was een afgehakt hoofd – zo luiden althans de overleveringen.

Geniet van het uitzicht vanaf de observatieplatforms. De Ema-do is een openluchtverzameling votiefbeeldjes, modelscheepjes en tekeningen: schenkingen van zeelieden die om een behouden vaart kwamen vragen. Ook de eerste Japanse ruimtereiziger – Toyohiro Akiyama, een journalist die voor zijn avontuur in 1990 betaalde – maakte zijn reis met steun van Kompira-san.

Wie de hoogste tempel, de Oku-sha, wil bereiken, wacht nog 583 treden. Maar de beloning is behalve de voldoening en het uitzicht, het veelvoudige geluk dat Kotohira-gu de bezoekers doet toekomen.

Overnachten en eten

In Kotohira moet u toch ergens udon eten? Een favoriet adres is Kompira Udon (810 Kotohira-cho, tel. 087 773 5785, dag. tot 17 uur), vlak bij de toegang tot de Kotohira-gu. Lekker met tempura.
Kleinschalig en authentiek – **Kotobuki Ryokan:** 245 Kotohira-cho, tel. 0877 73 3872. Kleinschalige ryokan, 5 min. lopen van het station, met authentieke kamers en baden. Boek er halfpension, het diner is een aanrader.
Sfeervol onsenhotel – **Kompira Onsen Tsuruya Ryokan:** 620 Kotohira-cho, tel. 0877 75 3154. Ryokan met onsen, geroemd om de sake en de hoge kwaliteit van het eten – geserveerd op de kamer – en diverse kamertypes.
Kamers in het centrum – **Kompira Onsen Kotohira River Side Hotel:** 246 Kotohira-cho, tel. 0877 75 1880. Zowel op zakenlieden als toeristen gericht hotel, westerse kamers, grote onsen; eigen parkeerplaats, gratis voor hotelgasten.

Karakteristieke ryokan: tatamimatten, schuifwanden, lage theetafel

Oboke-kyo en Iya ▶ L 13

Twee beboste kloven – de Oboke- en Koboke – waardoorheen de smalle, smaragdgroene Yoshino-gawa slingert, kolkt en spettert. Ze geven een mooie blik op het binnenland van Shikoku. Oboko – 'grote gevaarlijke stappen' – is het meest bezocht. Daar varen boten tochtjes van een halfuur (dag. 9-17 uur, 1080 yen) over de Yoshino. Passagiers worden vermaakt met de vreemdvormige zandstenen rotsen van de kloof, die bijna alle dierennamen hebben gekregen. In de boten geldt: schoenen uit en op de vloer zitten. Vertrekpunt is vlak bij Oboke Station. Ook worden rafttochten en canyoning georganiseerd (zie en.happyraft.com).

Koboke-kyo – 'kleine gevaarlijke stappen'– is wat minder woest en ligt 3 km stroomafwaarts van Oboke.

Wandelen

De wandelpaden langs de rivier de Yoshino zijn inderdaad smal en de rotsen onverbiddelijk. Vraag ter plaatse bij de hotels naar mogelijkheden, die sterk afhankelijk zijn van de actuele omstandigheden. Wandelen kunt u beter elders – oostelijk –in het **Tsurugi Quasi National Park**. Er gaat een stoeljeslift (1260 yen retour) van Minokoshi een heel eind de Tsurugi-san op waardoor het dan nog slechts zo'n drie kwartier lopen rest naar de top. Wie helemaal loopt, moet ongeveer vier uur uittrekken. De berg was in de 12e eeuw een trainingscentrum voor de cavalerie.

De kloof van de Iya lokt vooral toeristen vanwege de hangbruggen. In vroeger tijden werden die al gemaakt van bamboe en een soort lianen (*shirakuchi*): die konden snel worden weggehakt om vijanden de toegang te blokkeren. De Iya-no-Kazura-bashi is zo'n brug, die nu wel met verborgen staalkabels verstevigd is. Toch moet de 45 m lange hangbrug elke paar jaar vervangen worden. Het is een grote trekpleister. Rustiger is de touwbrug van Oku-Iya-Ni-ju Kazura-bashi, een stuk ten zuiden van Nishi Iya. Een sneeuwtapijt van half november tot begin april belemmert het doorkruisen van het gebied.

Overnachten

Superonsen – **Iya Onsen**: Old Route 32, tel 088 375 2311, www.iyaonsen.co.jp. Stijlvolle ryokan, het hogere segment, traditionele kamers met uitzicht op de rivier, uitstekende diners en rivieronsen die zeer rijk aan mineralen is – als dat aan de troebelheid is af te lezen. Ook niet-hotelgasten kunnen de beneden gelegen onsen in (1700 yen), die met een klein bergtreintje bereikt worden.
Een Iyabrug verder – **Kazuraya**: 78 Kanjo Nishi Irayamamura, Myoshi, tel. 088 387 2831. Bij de Oku-Iyabrug is Kazuraya (10 min. lopen) een prachtige rustplek met uitzichten, goede keuken en zowel binnen- als buitenonsen. Ruime parkeergelegenheid.

Kochi ▶ L 13

In het zuiden van Shikoku ligt de provincie Kochi, met de gelijknamige hoofdstad, aan de Kagamigawa-delta. De stad beroemt zich op veel zonneuren en is met palmenlanen een prettige plek. Soms hoort u nog de voormalige naam van de stad: Tosa. Sinds de bouw van de Kochi-jo heet hij Kochi.

Kochi-jo

Marunouchi, dag. 9-16.30 uur, terrein vrij, 420 yen torenentree
Het kasteel is letterlijk het hoogtepunt van een bezoek aan Kochi. De bouw

ervan begon in 1601 maar het huidige complex dateert van 1748. De toegangspoort en dikke muren laten nog het strategische en militaire belang zien; veel afzonderlijke gebouwen hebben de Meijiperiode niet overleefd. Er is een museum met een collectie samoeraizwaarden en andere toebehoren en een historisch interessante rol (1852) die door Manjiro Nakahama met het Europese alfabet is beschreven. Visser Nakahama was op een onbewoonde vulkaanrots aangespoeld en werd uiteindelijk door Amerikaanse walvisvaarders gered. Hij ging mee naar de VS, studeerde daar en is nog enige tijd adviseur in Tosa geweest. Ga naar de bovenste verdieping van de toren voor een superuitzicht.

Kochi Pref. Museum of Art

353 Takasu, di.-zo. 9-16.30 uur, 360 yen

Yasuhiro Ishimoto

Yasuhiro Ishimoto (1921-2012) werd in Californië geboren, waar zijn Japanse ouders land bewerkten. Het gezin keerde in 1924 terug naar de roots in Kochi. Voor architectuurstudie ging Yasuhiro echter weer naar de VS; in Chicago ontwikkelde hij zijn passie en kunde in de fotografie. Van 1942-1944 was hij geïnterneerd in een kamp in Colorado. (Alle Japanners waren na de aanval op Pearl Harbor gesommeerd zich in een van de tien VS-interneringskampen te vervoegen vanwege een vermeend gevaar van terrorisme.) Ishimoto verdiepte zich verder in fotografie, won prijzen, kreeg tentoonstellingen in New York aangeboden, was nauw verbonden met fotograaf Edward Steichen, schreef en maakte (foto)boeken. Behalve architectuur waren ook tempels en kunstwerken belangrijke onderwerpen in zijn oeuvre.

In bezit is een grote collectie Japanse en westerse kunst (waaronder Chagall), met de nadruk op expressionisten en neo-expresionisten. Aandacht verdienen vooral de werken van Yasuhiro Ishimoto: van de Japans-Amerikaanse fotograaf zijn vooral de architecturale impressies interessant. Er is een no-theater waar zo'n vijftien maal per jaar een voorstelling plaatsvindt.

Yokoyama Memorial Manga Museum

2-1 Kutanda, di.-zo. 9-18 uur, 410 yen
De cartoonist Ryuichi Yokoyama (1909-2001) uit Kochi wordt beschouwd als een van de grondleggers van de manga. Hij richtte de Shinmanga-ha Shudangroep op in 1932, die een nieuw elan gaf aan de stripwereld. In dit museum is Yokoyama's studio nagebouwd en is veel van zijn gesigneerde werk te zien. De leeszaal is vrij toegankelijk.

Chikurin-ji

3577 Godai-san, terrein vrij toegankelijk, Treasure Hall 400 yen
Aan de oostkant van de Kagamigawa, net boven de Uradobaai, ligt een oude tempel op een sfeerrijk terrein. De tempel van Chikurin – nr. 31 op de pelgrimsroute – werd in 724 opgericht. Het hoofdgebouw, uit de Muromachitijd, heeft houtsnijwerk met dierfiguren. De pagode is nog geen halve eeuw oud. In de Treasure Hall treft u een kleine collectie Boeddhabeelden.

Naast het tempelcomplex is de Godai-san-koen, een heuvel- en bosrijk park waar u van bovenaf uitziet over de haven. Een perfecte picknickplek.

Eten en drinken

Katsuo no Tataki is een specialiteit van Kochi: even dichtgeschroeide, maar van binnen rauwe bonitotonijn. Op authentieke wijze wordt het boven een vuurtje van stro geroosterd. Het is in de meeste izakaya's verkrijgbaar. De wijk bij uitstek daarvoor in Kochi is Harimayabashi. Al in de vroege ochtend kunt u terecht in de overdekte markt van Hirome Ichiba (direct ten oosten van het kasteel), met nog meer eetgelegenheden dan winkelkramen.

Evenementen

Van 9-12 augustus viert Kochi het **Yosakoi Matsuri**: een kleurrijke optocht van 20.000 dansers, waarbij traditionele bewegingen – de *yosakoi* – worden gecombineerd met moderne muziek. Het eerste festival vond plaats in 1954. Meer over de kostuums en attributen – zoals een houten ratel – *naruko* – die de dansers in hun handen houden ziet en hoort u in de Yosakoi Joho Koryukan (Harimaya-machi, hele jaar do.-di. 10-18 uur, gratis toegang).

Katsurahama ▶ L 13

Ten zuiden van Kochi, ongeveer een halfuur per auto of bus, heeft Katsurahama een fijn en beschut strand. Zwemmen is vanwege de sterke stroming verboden. In Katsurahama is het Tosa Dog Museum gewijd aan vechthonden, met vechtring, een sport die wordt gezien als sumo voor honden.

Katsurahama Aquarium

778 Urado (Katsurahama Park), tel. 088 841 2437, dag. 9-17 uur, 1200 yen, kind 600 yen

Getrainde zeeleeuwen, dolfijnen, koddige pinguïns, schildpadden en een touchpool met een grote school clownvissen ('Nemo') en anemonen. Niet supergroot maar genoeg voor een paar uur vertier.

Excursies

De kust ten westen van Kochi bestaat vooral uit vissersdorpen. Eeuwenoud is er de walvisvangst. In de 16e eeuw ruilde de plaatselijke daimyo nog walvis tegen rijst met de krijgsheer van Osaka. Hoewel de walvisjacht jarenlang verboden was, kwam de discussie daarover in 2018 weer op gang. Aan toeristen worden spectaculaire walvisexcursies aangeboden. Behalve dolfijnen worden brydevinvissen en zwarte zwaardwalvissen gespot. Drie uur durende tochten doet Ogata Whale Watching, tel. 0880 43 1058.

Op de Shimanto-gawa worden rondvaarten – ook met de traditionele Senbazeilboten, SUP- en kanotours aangeboden; www.soramil.co.jp, www.canoe kan.com en www.kawarakko.com (in het Japans, maar u vindt er wel de resp. telefoonnummers).

Uwajima ▶ K 14

Havenstad Uwajima heeft uiteraard een kasteel en een bezienswaardige tempel, maar een bijzonderheid is er de

Ryoma Sakamoto

Ryoma Sakamoto (1836-1867) was een samoerai van de familie Tosa-Han. Hij had grote belangstelling voor westerse wapens en technologie. Sakamoto veroordeelde het klassensysteem en bond de strijd aan tegen de shogun. Op 31-jarige leeftijd werd Sakamoto vermoord, maar zijn politieke ideeën legden de kiem voor de latere Meijiregering en zijn naam en faam leefden voort. Bij het strand van Katsurahama staat een standbeeld van hem, op de heuvel erboven is een museum (dag. 9-16.30 uur, 700 yen) aan hem gewijd.

verkoop van parels die in tal van winkels liggen te pronken. In de Zee van Uwa worden ze volop gekweekt.

Vechtsport is hier geen sumo met welgeproportionneerde heren of honden maar heeft stieren in de hoofdrol: ushi-zumo – bull sumo.

Uwajima-jo

Marunouchi, dag. 6-17/18.30 uur, park vrij toegang, museum di.-zo. 9-16/17 uur, 200 yen

Wat maakt het kasteel van Uwajima memorabel? De ligging, de achtergrond met de bergen, het metselwerk van de vestingmuren. Het is een van de twaalf authentieke kastelen – van voor de Meiji-reformatie. Het Date Museum is gericht op de Date-clan, die tijdens de Edoperiode over Uwajima regeerde. U ziet er (familie)wapens, handschriften, landkaarten en kamerschermen.

Ten zuiden van het kasteel ligt een 19e-eeuwse tuin, de **Tensha-en** (dag.

Ushi-zumo

Mogelijk hebben Hollanders een rol gespeeld in de populaire stierengevechten. Een Hollandse kapitein zou namelijk in de 19e eeuw stieren hebben geschonken aan de vissers uit Uwajima, die zijn schip in orkaannood gered zouden hebben. Net als bij sumo vechten twee strijders, hier dus twee stieren, tegen elkaar. De dieren worden door hun eigenaren vertroeteld en aangemoedigd, ook het publiek heeft vaak een favoriet. Zeker worden de horens tot elkaar gericht, maar de wedstrijd eindigt er doorgaans mee dat één stier de aftocht blaast en de ander daarmee tot winnaar maakt. Of eigenlijk: diens trainers, die de trofee in ontvangst nemen. Vijfmaal per jaar vinden er stierengevechten plaats, in de ring van Togyu-jo.

8.30-17 uur, 300 yen), met vooral blauweregen (bloeitijd mei-juni) die in een boog over een vijver groeit.

Taga-jinja

1340 Fujie, museum dag. 8-17 uur, 800 yen; onder 20 jaar geen toegang

De tempel van Taga wordt aangezocht voor een lang en gezond maar vooral ook vruchtbaar leven. Noem het voortplanting of seks, de aanwijzingen zijn concreet: grote testes en fallische sculpturen wekken veel bezoekers op de lachspieren, terwijl de insteek serieus is. Uiterst verfijnd zijn de de eeuwenoude netsuke-vruchtbaarheidsfiguren – sommige van ivoor. Er zijn voorwerpen, sommige heel oude, uit diverse windstreken. De bovenverdieping is gewijd aan Japanse erotische literatuur en ukiyo-e uit de Edo- en Meijiperiode. Van een open en expliciete uitbeelding kwam men ook hier daarna weer in een puriteinse fase: de voorwerpen en afbeeldingen variëren dan ook van heel direct tot verfijnd dan wel verhullend.

Museum of Ehime History & Culture

4-11-2 Unomachi, tel. 894 62 6222, di.-zo. 9.30-17.30 uur, 510 yen, Engelstalige audio 200 yen

In Seiyo, zo'n 20 km ten noorden van Uwajima, is dit openluchtmuseum een interessante bestemming. Er staan replica's uit de prehistorie, een straat met winkels als in de Meijiperiode en een tentoonstelling gewijd aan streekfestivals. Ook is er aandacht voor de pelgrimsroutes van Shikoku.

Overnachten

Functioneel – **Uwajima Oriental Hotel**: 6-10 Tsurushima-cho, tel. 0895 23 2828, oriental-web.co.jp/uwajima. Een paar minuten lopen van het station, zeker, een saai ogend gebouw en dito kamers, maar comfortabel, hoofdkussens naar keuze en fietsen voor de gasten.

East meets west – **Kokusai Hotel:** 4-1 Nishiki-machi, tel. 0895 25 0111, uwajima-kokusaihotel.jp.. Ruime, zowel westerse als Japanse kamers. Wat gedateerd ogend maar comfortabel en budgetvriendelijk.

Meerpersoonshuis in stijl – **Kiya Ryokan:** 2-8-2 Honmachioute, tel. 0895 22 0101, kiyaryokan.com. Vooral met een groep tot 10 personen is deze ryokan een bijzondere optie, dan hebt u het stijlvolle pand geheel tot uw beschikking. Sfeervolle gastenkamers, een halfomsloten tuin.

Evenementen

Stierengevechten vinden plaats in januari, april, juli, augustus en oktober. De processie van de **Ushi-Oni Matsuri,** op 24 juli, met draagboten die op de schouders van sterke jongelingen getorst worden – belicht door fakkels – is onvergetelijk. Aan de bamboestokken hangen geluksvoorwerpen waarvoor gestreden wordt. Tromgeroffel zweept de gemoederen op.

Matsuyama ▶ L 13

Weliswaar is Matsuyama de grootste stad van Shikoku, met ongeveer 450.000 inwoners, het is ook een plezierige stad. Er is het vertrouwde plaatje van een kasteel hoog op een heuvel en een reeks tempels, daarbij geven de trams het straatbeeld een grote eigenheid. Dat is het decor van *Botchan*, een beroemde roman van Soseki Natsume (zie blz. 230).

Matsuyama-jo

Marunochi, 9-17 uur, kasteel 510 yen, tuin 200 yen, kabelbaan/stoeltjeslift 510 yen retour

▷ blz. 230

Matsuyama-jo

Shimanami Kaido – fietsen tussen Imabari en Onomichi

Talloze groene eilandjes liggen als uitgestrooid over de Japanse Binnenzee. Pas sinds enkele decennia zijn er vaste brugverbindingen tussen Honshu en Shikoku. Zo zijn vanaf Imabari de eilanden Oshima, Hakatajima, Omishima, Ikuchijima, Innoshima en Mukaishima met elkaar verbonden, zowel voor auto's als – met eigen paden – voor fietsers.

Kaart: ▶ L 13
Fietsverhuur: JR-station Imabari, Onomichi en Cycle Terminals onderweg, v.a. 1000 yen p.d., Giant 4000-13.000. U kunt de fiets ook bij terminals onderweg achterlaten en per bus verder gaan. Vanaf 2019 zal ook bruggentol voor fietsers geheven worden (totaal 500 yen; auto's 5000 yen e.r.). Info en logies: www.go-shimanami.jp.

De Shimanami Kaido is een fietsroute van bijna 70 kilometer over deze zes eilandjes van de Japanse Binnenzee, over zeven bruggen. De fietspaden lopen parallel aan de tolweg voor auto's over de bruggen, met eigen toeritten, maar op de eilanden met lussen weg van het doorgaande verkeer.

Bij Onomichi ziet u geregeld tekenen van industrie en neemt de bevolkingsdichtheid toe. Op één dag is het volledige traject wel veel gevraagd, zeker als u af en toe op een strandje wilt bijkomen van de zomerse hitte of iets wilt bezichtigen. Desgewenst kunt u de route ook met enkele dagen uitbreiden van Onomichi oostwaarts naar Kurashiki. Of voeg er het uitdagende traject tussen Imabari en Takamatsu aan toe.

Imabari-Omishima

In Imabari staan de tempels 54-59 van de pelgrimsroute. Het **Shimin-no-Mori Park** 1 van Imabari is vooral in voorjaar en de vroege zomer een fleurige plek. Aan de Straat van Kurushima torent de **Imabari-jo** 2, waar zeewater in de slotgracht stroomt.

Aan het begin van de Kurushima-Kaikyobrug vindt u een eerste goed **uitzichtpunt** 3: op de 4 km lange, eerste hangbrug (1999). De eilandjes Kurushima en Oshima waren belangrijke marinesteunpunten.

Een terugblik op de brug, horeca en allerlei rozenproducten hebt u bij het **Yoshiumi Rose House** 1. Het uitzichtplatform van **Kareisan** 4 ligt op 232 m en is een van de mooiste van de route. Curries zijn de specialiteit van **Tohmi-Chaya Café** 2 (za.-zo.).

Bij het **Hakata Park** 3 kunt u terecht voor versnaperingen; tevens zijn er een strandje en informatiecentrum.

Vlak bij de Tatarabrug naar Ikuchijima vormt de **Murakami Santo Memorial Hall** 5 een ode aan de kalligraaf wiens werk een kalmerend effect had.

Ikuchijima

Na de brug gaat het fietspad westwaarts langs Setoda Sunset Beach. Aan de nihon-ga-schilder Ikuo Hirayama (1930-2009) is een **museum** 6 gewijd. Hirayama was in Hiroshima toen daar de atoombom viel. De gevolgen die hij zijn hele leven van de straling ondervond hebben zijn focus op het boeddhisme zeker beïnvloed. Hirayama bestudeerde culturen langs de zijderoute en maakte reizen naar afgelegen gebieden tussen Turkije en China, waar hij mensen, situaties en monumenten schetste. Zie ook Nara, Yakushi-ji.

Bij de uitbundige boeddhistentempel **Kosan-ji** 7 zijn de karakteristieke villa en tuin van Choseikaku mooie culturele stops.

Het kasteel van Matsuyama ligt centraal in de stad, op de 132 m hoge Katsuyama. Het is een indrukwekkend complex, zij het in de loop der eeuwen wel her- en verbouwd. U bereikt het lopend vanaf de voet van de heuvel in een kwartier; de oostelijke route komt langs de Shinonome-jinja, met een kabelbaan of stoeltjeslift. Het uitzicht vanaf de donjon over bijgebouwen, de groene heuvel, de uitgestrekte stad en de Japanse Binnenzee is fraai, en niet alleen als de kersenbomen bloeien. In de hoofdtoren ziet u oude kaarten, handschriften, samoeraizwaarden en beschilderde kamerschermen. Aan de zuidwestkant van de heuvel ligt een tweede, lagere, vesting. Van de voormalige gebouwen is niets over maar op de grondvesten is een tuin aangelegd. Zo voeren trappen in deze **Ninomaru** naar verlaagde tuinen en zijn er vijvers binnen deels oude ommuring. Minder geometrisch is het ontwerp aan de heuvelzijde, met een rotstuin, waterval en twee theehuizen.

Dogo Onsen

Dogo Onsen Honkan dag. 6-23 uur, 410-1550 yen, Tsubaki no Yu dag. 6.30-23 uur, 400 yen

Aan de oostkant van de stad staat een van de oudste en mooiste badhuizen van het land. Symbool van de baden is een reiger: volgens overleveringen ervoer een witte reiger als eerste de heilzame effecten van het bronwater. Vervolgens maakten, in de 6e eeuw, prins Shotoku en zijn hofhouding er gebruik van. Daimyo's in de 7e eeuw voerden een scheiding in voor afzonderlijke baden voor samoerai, voor monniken, eenvoudige burgers, voor vrouwen en voor dieren; de laatste dierenbaden werden in 1966 gesloten.

De Dogo Onsen komt voor in *Botchan*, het boek van Soseki, aan wie een tentoonstelling is gewijd in de Dogo Onsen Honkan. Verschillende baadpakketten zijn daar mogelijk: van eenvoudig plonzen tot uitgebreid, met thee en yukata. De baden van de hofhouding

Soseki Natsume

Soseki Natsume (1867-1916) werd geboren in Tokyo als Natsume Kinnosuke. Hij bracht een weinig gelukkige jeugd door, deels bij adoptieouders, studeerde Engels en was zeer in de Chinese klassieken geïnteresseerd. Al vroeg besloot hij schrijver te worden. Na zijn studie in Engeland kwam hij terug naar Japan en werd docent Engelse literatuur aan het Tokyo Imperial University. Intussen had hij de schrijversnaam Soseki aangenomen: Chinees voor koppig.

Hij schreef haiku's, artikelen voor literaire tijdschriften en in 1905 een satirische roman, in het Engels vertaald en uitgegeven als *I Am a Cat*. Zijn faam vestigde Soseki vooral met *Botchan* (1906), een klassieker die heel veel Japanse jongeren in hun schooltijd lazen – en lezen. Het verhaal speelt zich deels af in Matsuyama waar een leraar uit Tokyo zich in een web vol tegenwerking probeert staande te houden, terugvallend op methodes die hij in zijn liefdeloze jeugd had aangeleerd. Het zette Matsuyama in Japan op de kaart.

Terugkerende thema's in het werk van Soseki zijn de strijd tegen armoede, innerlijke conflicten tussen plicht en wens, het staan blijven van een individu binnen een groep: conformeren of isoleren. De achtergrond is het industrialiserende Japan met toenemende invloeden uit het westen.

In het Nederlands uitgegeven is van Natsume *Kokoro: de wegen van het hart* (2014; vertaald door Luk Van Haute).

Badtijd

vooral het poortgebouw en de pagode met drie verdiepingen fotogeniek. De hoofdtempel, via trappen bereikbaar, laat een kenmerkend voorbeeld van de Hachimanstijl zien: twee ruimtes onder één dak. Ook de overdekte gangen, rode zuilen en wanden zijn typisch voor Hachiman. Achter de tempel loopt een duistere en vochtige tunnel met honderden (Boeddha)beelden, waar aan het eind lichtgeknipper en mantra's citerende priesters u nog verder in een andere wereld brengen. Dan komt u boven de tempel uit, waar in het park tussen de beelden een 3D-mandala met gouden koepel staat. Binnen bevindt zich een reeks eigenaardige, sterk seksueel getinte houten beelden. Er is een grote begraafplaats heuvelopwaarts; op de top ernaast waakt een beeld van Kobo Daishi daarover.

Overnachten

Onsen en flaneren – **Spa Ryokan Dougoya**: 6-38 Dogo Tako-cho, tel. 089 934 0661, dougoya.com. Vlak bij het Honkan, eigen warmwaterbronnen (16-22.30 uur), sfeervolle tuin en keurige privékamers en slaapzaal. Yukata om in de winkelstraat te flaneren.

Luxe ryokan – **Umenoya**: 2-8-9 Kami-ichi, tel. 089 941 2570. Comfortabele en stijlvolle, kleinschalige ryokan, gemeenschappelijke lounge en parkeerplaats; hogere prijssegment.

Winkelen

Tussen Dogo Onsen Honkan en het Dogo Onsen Station is een 250 m lange overdekte winkelgalerij, met souvenirwinkels en delicatessen. De meeste winkels zijn er tot laat open en maken het een flaneergebied voor gasten uit omliggende ryokans – in yukata.

zijn niet meer in gebruik, wel zijn de keizerlijke kamers te bezichtigen.

Een alternatief voor de drukbezochte Dogo Onsen is het moderne badhuis **Tsubaki-no-yu** (dag. 6-22.30 uur, 400 yen): dit bad put uit dezelfde bron maar is veel groter en veel rustiger. Ten zuiden van de badhuizen is het Dogo Park een geliefde picknickplek. Noordelijk van Dogo Onsen ligt het Dogo Giyaman Glass Museum, met historisch glaswerk en een Italiaans café-restaurant (459-1 Dogo-Sagidano-cho, 9-22 uur, wo. gesl., 600 yen).

Ishite-ji
Op het altijd open en vrij toegankelijke tempelterrein, een paar honderd meter oostwaarts van Dogo Onsen, zijn

Kyushu en Okinawa

Hoogtepunten ✳

Nagasaki: stad met prachtige night view, Hollands-Japanse banden en een eigen hoofdstuk in de geschiedenis van de atoombom. Zie blz. 239

Op ontdekkingsreis

Handel in Nagasaki: Hollandse verhalen, van lucratieve handel en familiedrama's tot botanische tuinen en een pretpark. Zie blz. 244

Fukuoka

Hollandse sporen

Nagasaki *Kyushu*

Kagoshima

Okinawa

Bezienswaardigheden

Kyushu National Museum: In Dazaifu, oude militaire buitenpost, vindt u een prachtige collectie vooral Japanse kunst. Zie blz. 238

Atomic Bomb Museum: in het Peace Park van Nagasaki wordt in dit museum een breed beeld gegeven van voor, tijdens en na de bom. Zie blz. 243

Dejima: voor Nederlanders niet te missen blik op onze voorvaderen en handelsgeest. Zie blz. 249

Gunkanjime: een eiland van betonnen geraamtes. Verhalen van mijnwerkers en James Bond. Zie blz. 251

Usuki Sekibutsu: Boeddhaverering waar een staaltje steenhouwerskunst getoond wordt. Zie blz. 255

Actief

Naar de top van de Fugen-dake: een stukje kabelbaan of op eigen kracht naar 1359 m. Zie blz. 253

Aso-san: in 2016 roerde de vulkaan zich nog heftig. Bij groen licht wacht wandelaars een weidse hoogvlakte met vijf kraters. Zie blz. 253

Sakurajima: vanwege dagelijkse erupties moet u op afstand blijven, maar ook dan is de Showakrater indrukwekkend. Zie blz. 255

Snorkelen en duiken: Okinawa is een paradijs onder water. Zie blz. 257

Uitgaan

Fukuoka: in deze stad wordt altijd wat gevierd, op pleinen en in parken. Volg de foodtrucks en yataikraampjes, want daar is het te doen. Zie blz. 237

Nagasaki: avondvertier vanaf zonsondergang en verder van de verlichte stad genieten. Zie blz. 251

Rijk in natuur en historie

Kyushu is het zuidelijkste grote eiland van Japan. De Straat van Korea scheidt het van Zuid-Korea, dat voor een gestage stroom toeristen zorgt. Europese waren kwamen hier binnen en het christendom schoot als eerste wortel in Kyushu. Allereerst vestigden christenen zich op Hirado, in het noordwesten. Grote namen waren pater Franciscus Xaverius en kapitein William Adams: de stuurman van het Nederlandse schip *De Liefde* die een vertrouweling werd van shogun Ieyasu Tokugawa.

Hollanders onderhielden intensieve banden met Japan vanuit hun post op Dejima. Die buitenlandse invloeden zijn nog steeds merkbaar. De populatie in de steden van Kyushu is gemengder en uitgelatener dan elders in Japan. Dichtbevolkt zijn de kernen Fukuoka, Kumamoto en vooral het industriële Kitakyushu. Landschappelijk zijn er prachtige delen op Kyushu. Er zijn vulkanen in het zuiden bij Kagoshima; ook de Aso-san, in het centrale vulkaanland, zorgde in 2016 nog voor hevige opschudding. In en rond Beppu zijn als gevolg van thermische activiteit veel bronnen. De baai met Kujuku-Shima (letterlijk 99 eilanden) heeft een paar honderd eilandjes en is tot nationaal park uitgeroepen; parels en oesters zijn het plaatselijke goud. De voornaamste toeristische steden zijn Nagasaki, Beppu en Fukuoka.

Ware onderwaterparadijzen heeft Okinawa, een conglomeraat van eilandengroepen tussen Kyushu en Taiwan. Okinawa leent zich uitstekend voor een strandweek na een rondreis Japan.

INFO

www.welcomekyushu.com

Vervoer

Fukuoka heeft een internationale luchthaven. Shinkansen rijdt van Fukuoka naar Kagoshima. Daarnaast zijn er particuliere treinfirma's. Een goed busnetwerk heeft SunQ; www.sunq pass.jp. Voor intensieve verkenning van het achterland is eigen vervoer onontbeerlijk. Kyushu leent zich vrij goed voor avontuurlijke fietsvakanties.

Leesvoer

Shogun van James Clavell (Engelstalig) – gebaseerd op de brieven van William Adams aan het thuisfront. In *Samoerai William* (Nederlandstalig) van Giles Milton wordt dezelfde periode verteld en staat de factorij op Hirado centraal.

Fukuoka ▶ J 13

Levendig en voor veel toeristen de toegang tot het eiland Kyushu is Fukuoka (1,5 miljoen inwoners). Het is een echte winkel- en festivalstad met een multicultureel karakter. Bezienswaardigheden liggen in deze uitgestrekte stad nogal verspreid. Loop in elk geval rond de Naka-gawa, waar Tenjin het centrale stadspark en veel winkels heeft en aan de andere zijde Canal City ligt, met een interessant staaltje stadsvernieuwing. Langs een groot deel van de rivier, vooral op het eilandje Nakasu, lopen wandel/fietspaden pal langs het water. Westelijk van Tenjin vindt u het zeer uitgestrekte Ohori Park. Het is een van de festivallocaties. Daar staan ook de beperkte overblijfselen van het kasteel van Fukuoka en het Art Museum (heropening in de loop van 2019) met werk van moderne westerse en Japanse

Taiko in het Tenjinpark, Fukuoka; bij taiko gaat het behalve om het instrumentale effect om de houding: armen strekken voor de slag en perfect getimed om de eigen as draaien

kunstenaars, van Rothko tot Kapoor. Fukuoka werd in 1889 gevormd door het samenvoegen van havenstad Hakata – waarin zich onderstaande bezienswaardigheden bevinden – en kasteelstad Fukuoka. De verstedelijking zet zich over een grote afstand voort. Op het noordwestelijk schiereiland, bij Kazan, en oostelijk bij Fukuma zijn stranden.

Hakata

Het JR-station Hakata City is geïntegreerd in Kooten, een enorm winkel- en uitgaanscomplex met een aaneenschakeling van restaurants en een daktuin. Vanaf het station ligt een conglomeraat van tempels op tien minuten loopafstand. Zoals Tocho-ji, uit de tijd van Kobo Daishi, met een groot Boeddhabeeld. Priester Enni-Ben'en van de Jotenji zou de productie van udonnoedels in Japan hebben geïntroduceerd, maar ook de met rode-bonenpuree gevulde broodjes staan op zijn naam – naast dus de verbreiding van het boeddhisme.

Kushida-jinja

1-41 Kamikawabatamachi, museum di.-zo. 10-17 uur, 300 yen
De ingang van de tempel is aan de zuidkant van de winkelgalerij Kamikawabata-dori. Via torii komt u aan de achterkant van het tempelcomplex, thuisbasis van het Gion Yamakasa Festival, de draagbotenrace. In het kleine museum liggen niet de grootste schatten, maar u leert er wel meer over het festival – ook de priesters geven er uitleg. Zoals over de oorsprong van het water sproeien: met gewijd water verdreven de boeddhistische priesters in de middeleeuwen zomerse ziektes.

Aan de oostkant van de tempel staat een museum waarin het 19e-eeuwse Hakata wordt belicht (Hakata Machiya Furusato-kan, dag. 10-18 uur, 200 yen).

Fukuoka Asian Art Museum

3-1 Shimokawabatamachi (bij Nakasukawbata Station), do.-di. 10-20 uur, vast tentoonstelling 200 yen

Op de 7e en 8e verdieping van het winkelcentrum Riverain is eigentijdse Aziatische kunst te zien. Geregeld zijn er workshops.

Nakasu

Het anderhalve kilometer lange en 250 meter brede eiland in de Naka-gawa is één groot uitgaangsgebied, dat zich overigens ook aan de andere oever heeft uitgebreid. Het is een van de favoriete yatailocaties (mobiele eetstalletjes). Overdag is het er niet zo bruisend, maar wel prettig wandelen met meestal een lichte verkoeling van het water.

Tenjin Central Park

Het stadspark is vooral podium voor allerhande festivals, inclusief eetkraampjes. Eraan grenst het ACROS-gebouw, wat staat voor Asian Crossroads, een zeer ruim en upscale winkel- en uitgaanscomplex. Daarin hebben ook de Symphony Hall en een goed geoutilleerd toeristenbureau met café en wifipunt onderdak. Het pand loopt schuin in etagebouw met hoge beplanting af naar Tenjinpark. De hele wijk Tenjin heeft volop winkels en warenhuizen.

Canal City

Iets verder zuidwaarts langs de het water komt u bij Canal City, een modern winkelcentrum met hoog Disneygehalte, ook in zuurstok architectuur. Bij het Grand Hyatt klimt Spider Man omhoog – filmopnames vonden hier ook plaats. Via een winkelpassage loopt u naar het Hakata Station.

Rakusuien-ko

2-10-7 Sumiyoshi, wo.-ma. 9-17 uur, 100 yen

Een koopmansbuitenverblijf maakte in 1995 plaats voor deze Japanse tuin: een mostapijt, bamboe, esdoorns en struiken, waar vooral bij een kop groene matcha van genoten wordt.

Fukuoka, Canal City

Hakata Port Tower

14-1 Chikkohommachi, halte Nishitetsu-bus; gratis

Vlak naast de veerboten – naar de eilanden en Zuid-Korea – is de toren een goede plek om eventuele wachttijd door te brengen.

Momochi

Nog niet zo lang geleden was deze wijk nog zee. Het is in ontwikkeling, maar een vaste waarde zijn de oceaan en stranden. Architecturaal visitekaartje is de spiegelende **Fukuoka Tower** (9.30-21.30 uur, 800 yen), al door de hoogte van 234 m in het oog springend. Het uitkijkpunt op 123 m is een mooie plek om de stad te overzien. De toren heeft primair een telecomfunctie. Aan de oostkant liggen de **Yahuoku Dome** – een baseballstadion waar ook rondleidingen worden gegeven – en het winkel- en uitgaanscentrum Hawks Town Mall.

Fukuoka City Museum

3-1-1 Momochi, di.-zo. 9.30-17.30 uur, 200 yen

De rol van de stad als handelscentrum en de culturele uitwisseling, vooral tussen Japan en Korea, vormen de basis van dit museum. Er is veel Engelstalige achtergrondinformatie.

Eten en drinken

De blik over de grenzen heeft zeker bijgedragen tot de gevarieerde eetcultuur in Fukuoka. De trend van de afgelopen jaren waren de pop-upeetstalletjes (yatai) en rijdende food trucks. Ze verschijnen in het kielzog van het feestgedruis of gewoon waar veel mensen samenkomen. In elk geval in de hoofdstraat van Tenjin en langs de rivier bij Nakasu, vanaf 17 uur.

Fuku – what's in a name – is ook hier heel geliefd: kogelvis, hoewel niet on-gevaarlijk om te eten. Van november tot maart is het top-oesterseizoen. En sashimi van inktvis is niet overal in Japan te krijgen, maar hier wel, evenals kraakverse kabeljauweitjes (*mentaiko*). Er zijn stoofpotjes met vooral kip en groente: een favoriete vleesspies (yakitori) is van buikspek. En ook Fukuoka claimt de oorsprong van de udonnoedel.

Uitgaan en evenementen

In Fukuoka komen zeer geregeld pop-artiesten en dj's van naam en faam. Ook musicals worden er opgevoerd. Zeker in de zomermaanden is er altijd wel een festival gaande in Fukuoka, veel daarvan in de openlucht. Sommige zijn terug te voeren op historische stadsgeschiedenis, maar wees niet verbaasd als u er in een Hawaii- of salsaparty belandt. Zie voor de actuele agenda en blogs www.fukuoka-now.com. In het Hakataza Theatre vinden kabukivoorstellingen plaats (2-1 Shimokawabatamachi, tel. 092 263 5555).

Een van de grootste en spectaculairste festivals is **Hakata Gion Yamakasa** in de 1e helft van juli. Hoogtepunt is op 15 juli nog voor zonsopgang: een optocht met door ninja's een 5 km lang parcours door de stad gedragen boten, waar water voor wordt gesproeid om ze beter te kunnen slepen – en om de sjouwers af te koelen. Deze zeven kazari-yama-boten zijn tot wel 5 m hoog en wegen ruim 1000 kg. Start is de Kushidatempel.

Hakata Dontaku vindt begin mei plaats. Dontaku is afgeleid van het Nederlandse 'zondag', wat hier is vertaald met 'vakantie'. Er voert dan een kleurrijke optocht door de Meiji-dori en er is enerverend straattheater op diverse plekken.

Op Nakasu vindt half september een groots jazzfestival plaats.

Winkelen

Hakata Kawabata is een overdekte winkelgalerij van 400 m. In het weekend gaat men er *kawabata zenzai* eten: adukibonensoep met rijstcakes. Veel warenhuizen en winkels zowel boven- als ondergronds vindt u tussen de metrostations Nishite en Tenjinminami. Een echt Fukuokasouvenir is het Hakata-Oritextiel, dat al bijna acht eeuwen geweven en bedrukt wordt. Ook Hakatapoppen, scharen en aardewerk zijn iets bijzonders, evenals de magemono: doosjes om theebenodigdheden of lunchsnacks in te doen.
Marinoa City Fukuoka, aan de westkant van de stad, bij de ferry naar Nokonoshima, is de grootste outlet mall van Kyushu. Er staat een reuzenrad voor wie het winkelen even beu is.

Info en vervoer

Er is een goed informatiekantoor op de begane grond van het ACROS-gebouw. Opentopdubbeldekkers rijden parcoursen door Hakata en Momochi (haven). Onderweg wordt Engelstalige informatie over de stad en bezienswaardigheden gegeven; kaarten in de bus, per rit 1540 yen. Tenjin is het centrale opstappunt. Fukuoka Hakata Station is een belangrijk schakelpunt tussen Honshu en Kyushu.

Dazaifu ▶ J 13

In Dazaifu bent u slechts 15 km van het drukke stadsgewoel van Fukuoka verwijderd en toch in een andere wereld. De plaats staat op de toeristische kaart vanwege het Kyushu National Museum en de Tenmantempel. Een stuk rustiger is het bij de boeddhistische tempelcomplexen van Komyozen en Kanzeon.

Dazaifu was vanaf de 7e eeuw een militair hoofdkwartier, verantwoordelijk voor de verdediging maar ook voor de handel en diplomatieke betrekkingen met China en Korea. Het belang ervan kelderde in de 12e eeuw.

Tenman-gu

4-7-1- Saifu, dag. 6-18.30/19.30, vr.-za. tot 20.30 uur, museum do.-ma. 9-16.30 uur 200 yen

Tempelgod is de kami van onderwijs. Daarmee geassocieerd wordt Sugawara-no-Michizane, een begaafde leerling die in keizerlijke ongenade viel; om voor zijn rusteloze ziel te bidden werd hier een tempel opgericht. Er komen hier veel studenten rond examentijd om steun te vragen. In het kleine museum ziet u gedichten, portretten en ander materiaal in relatie tot Michizane. Er staat een pruimenboom voor de tempel en een hele boomgaard op het domein. Elke 25e van de maand is er een vlooienmarkt met planten, antiek, speelgoed, plus de nodige eetkramen. Ten zuiden van de Tenman-gu staat de **Komyozen-ji,** een eenvoudig en verstild complex. De stenen in de tuin aan de voorzijde zijn gelegd in de vorm van het kanji voor licht, een verwijzing naar de Boeddha-aureool.

Kyushu National Museum

4-7-2 Ishizaka, www.kyuhaku.com, di.-zo. 9.30-17 uur, 430 yen, gratis audioguide

Inkttekeningen uit de Muromachiperiode, 13e-eeuwse handschriften met verslaglegging van het keizerlijke hof, zwaarden, lakwerk, 15e-eeuwse landschapsschilderingen van de School van Kano, religieuze beelden, aardewerk en porselein worden hier als nationaal cultureel erfgoed bewaard: stuk voor stuk topstukken. Behalve Japans zijn ook Chinees, Koreaans en Egyptisch aardewerk vertegenwoordigd.

Futsukaichi Onsen

Aan de zuidkant van Dazaifu, een paar kilometer van het centrum, is Futsukaichi Onsen. Al sinds de 8e eeuw zoekt men er soelaas voor allerlei kwalen in een reeks badhuizen. Zoals Hakata (300 yen), Gozen-yu (200 yen) en het beduidend grotere Baden House (460 yen) – met buitenbad. Er staan wegwijzers vanaf het station Futsukaichi naar de wijk Yu Machi en Baden House.

Nagasaki ✳ ▶ H 14

Al eeuwen heeft Nagasaki een open vizier naar het buitenland, in vergelijking met veel andere plaatsen in Japan. De havenstad ligt vrij dicht bij het vasteland van Azië. De uitwisseling die op het gebied van handel en cultuur plaatsvond is te merken in de stadssfeer. Er komen veel bezoekers uit Korea en China. En voor Nederlanders liggen er ook interessante hoofdstukken uit de geschiedenis. De baai geeft 's zomers aangename verkoeling.

Geschiedenis in het kort

Portugezen verkenden vanaf halverwege de 16e eeuw het zuiden van Kyushu. In 1570 startten ze handelsbetrekkingen in de haven van Nagasaki. Al spoedig na de eerste ontdekkings- en handelsreizigers kwam de Spaanse missionaris Franciscus Xaverius, gevolgd door al even volhardende jezuïetenpaters. Die werden niet unaniem positief ontvangen; 26 van hen werden in 1597 gemarteld en de vervolging van christenen ging nog eeuwen door.

De VOC kreeg halverwege de 17e eeuw stevig voet aan de grond in Nagasaki. In de daaropvolgende twee eeuwen had Nederland het enige gereguleerde handelscontact tussen de westerse wereld en Japan. Nagasaki was de eerste poort die opening voor buitenlanders, in 1858. De Britten en Amerikanen vestigden diplomatieke zetels ▷ blz. 242

Nagasaki vanaf Nabekanmuri-yama

Nagasaki

Bezienswaardigheden

1 Peace Statue
2 Fountain of Peace
3 Atomic Bomb Museum
4 Urakami Cathedral
5 26 Martyr's Memorial
6 Fukusai-ji
7 Shofuku-ji
8 Nagasaki Museum of History & Culture
9 Suwa-jinja
10 Siebold Memorial Museum
11 Kofuku-ji
12 Sofuku-ji
13 Dejima
14 Nagasaki Prefectural Art Museum
15 Hollander Slope
16 Confucius Tempel & Museum
17 Oura Cathedral
18 Glover Garden
19 Nabekanmuri-yama
20 Inasa-yama Ropeway
21 Gunkanjime / Battleship Island

Overnachten

1 Peria Hotel
2 Fujiwara Ryokan
3 Dormy Inn Nagasaki
4 Hotel Forza Nagasaki

Eten en drinken

1 Yume Town / Yumesaito
2 Hamakatsu Shippoku
3 Chinatown / Kouzanrou
4 Yamakage Soba

Winkelen

1 Oranda Bussankan
2 Bunmeito Sohonten
3 Tatematsuru
4 Prawmai
5 Hamaya
6 Yume Town / Yumesaito
7 Amu Plaza

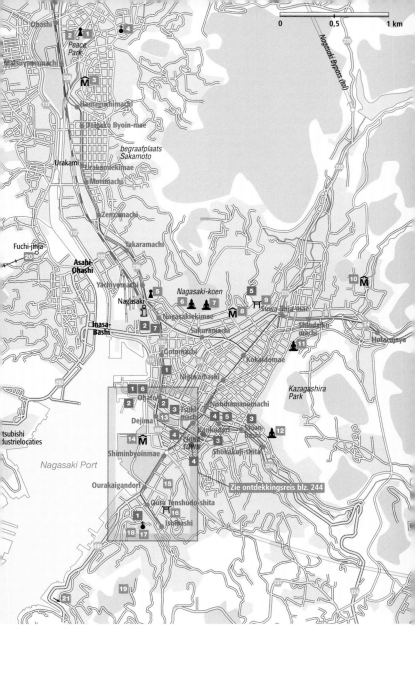

waardoor juist hier de buitenlandse bevolking sterk uitbreidde. Ze namen mee: de drukpers, moderne technieken voor het bouwen van bakstenen huizen en voor scheepsbouw. Begin 20e eeuw was Nagasaki een belangrijke marinebasis met grote munitiefabrieken. Dat maakte het een geschikt doelwit voor de aanvallen van 1945: het bekendste en zwartste deel van de stadsgeschiedenis. Een paar dagen na op Hiroshima werd ook hier een atoombom geworpen waarbij onmiddelijk circa 70.000 mensen de dood vonden en een zelfde aantal aan de directe gevolgen van de straling in de daaropvolgende vijf jaar overleed.

17e-eeuwse rebellen

Chinezen en Portugezen domineerden de handel in de haven van Nagasaki in de jaren 1630. De toenmalige shogun, Hidetada Tokugawa, had vanaf 1616 strakke richtlijnen ingevoerd voor het internationale handelsverkeer. Hollanders wisten zich daarin te mengen door een oorlogsschip te sturen. Hiermee kon de shogun Chinese rebellen onderdrukken die in opstand kwamen tegen de slechte omstandigheden: torenhoge belastingen, wreedheden en religieuze onderdrukking. Omdat de Hollanders en Engelsen geen christelijke missies verrichten maar voor handel kwamen, papte de shogun juist met hen aan. Zo werd ook de Shimabara-opstand (1638) in de kiem gesmoord. De christelijke rebellenleider was een 16-jarige jongen aan wie wonderen werden toegedicht. Zijn 37.000 koppige leger omvatte een groot deel vrouwen en kinderen; de miraculeuze wonderen lieten hem vervolgens in de steek. Hoogstwaarschijnlijk alle opstandelingen kwamen om het leven. Het gaf de doorslag voor de shogun de grenzen te sluiten.

1945 – Big Boy

9 augustus 1945, 11.02 uur: een B29 bommenwerper herkent door een opening in de bewolking de stad Nagasaki en laat zijn Big Boy op 500 meter hoogte boven het stadion vallen. Primair doel was eigenlijk het industriële Kita-kyushu, maar daar waren de weersomstandigheden te slecht; ook brak de beperkte brandstofvoorraad op. Daarmee werd het onmiddellijke lot beslecht van 70.000 mensen, die in de onvoorstelbare hitte en vuurzee direct omkwamen. Van talloze mensen in directe nabijheid van het epicentrum bleven soms nauwelijks asresten over. Zelfs glas smolt en vermengde zich met menselijke resten. De straling, onder meer door het vrijgekomen plutonium, zou nog jarenlang slachtoffers maken en anderen ernstig in hun bestaan hinderen. Toch bleek net als in Hiroshima ook in Nagasaki de veerkracht van de overlevenden enorm.

Peace Park

Een bezoek aan het Peace Park met monumenten en musea is een even informatieve als gruwelijke confrontatie met de atoomaanval. Men heeft hier geprobeerd de feiten en emoties in een mondiale context te plaatsen. En het is net als in Hiroshima een statement voor een anti-nucleaire toekomst, voor vrede. Het eerste symbool daarvan is het **Peace Statue** 1. Hier leest de burgemeester elk jaar op 9 augustus zijn Peace Declaration to the World voor. Het 10 m hoge standbeeld is gemaakt door Seibo Kitamura, uit Nagasaki. Diverse landen hebben in het park de afgelopen decennia eveneens beelden geplaatst als symbool voor vrede, waaronder de zustersteden Porto en Middelburg.

De **Fountain of Peace** 2 is de rustplaats voor de zielen van de slachtoffers, in hun laatste momenten smachtend naar water in de verzengende hitte.

Nagasaki Peace Park, Fountain of Peace en in de verte Peace Statue

Atomic Bomb Museum 3

Dag. 8.30-17.30/18.30 uur, 200 yen

Volg vanaf de fontein de roltrap omlaag en neem aan het eind daarvan links de trappen omhoog naar het museum, geopend bij de 50-jarige herdenking van de atoomaanval. Replica's van ruïneuze muren van de Urakami Cathedral, menselijke resten en hun huisraad, een klok die stil bleef staan op 11.02 uur vormen de eerste illustraties van het drama. Er zijn gruwelijke beelden bij. Dan volgt een technische – interessante – uitleg van de bom, een model van de Big Boy, en de stralings- en hitte-impact. Vervolgens wordt het grotere beeld geschetst. U kunt interviews beluisteren van tal van getuigen. Zoals van de Australische krijgsgevangene die in de Mitsubishifabriek werkte en door de bom vrij kwam. Conclusies dat de atoombom ver over de schreef van het menselijke was gegaan. Volgens sommigen was het de enige optie om de eindeloos voortdurende oorlog en de expansiedrift van Japan te stoppen. Lees er over diploma-tieke onderhandelingen en onderlinge pacten van mogendheden. De Peace Memorial Hall is een bezinningsruimte en bevat de namen van de slachtoffers.

Urakami Cathedral 4

Op 500 meter afstand van het epicentrum van de bom raakte de kathedraal zwaar beschadigd, hoewel sommige heiligenbeelden er met geblakerde delen van af kwamen.

26 Martyr's Memorial 5

De werken van de eerste Portugese en Spaanse missionarissen wierpen spoedig vruchten af; aan het eind van de 16e eeuw telde Japan zo'n 300.000 katholieken. Dat was voor de shogun een bron van ergernis. Een groep van zes paters en twintig volgelingen werd opgepakt en van Kyoto en Osaka naar Nagasaki overgebracht. Daar werden ze in 1597 aan het kruis gehangen.

Toch bleven veel christenen trouw aan hun geloof, zij het ondergronds. In de 19e eeuw, 250 jaar ▷ blz. 248

Handel in Nagasaki – Hollands welvaren

Twee eeuwen lang waren Nederlanders de enige buitenlanders waarmee door Japan structureel handel werd gedreven. Dat had ook weerslag op de taal: veel Japanse woorden zijn terug te voeren op het Nederlands. Toen de grenzen opengingen, stond 'Holland' nog lang synoniem voor 'buitenland'. Omgekeerd vonden via Dejima veel zaken hun weg in Europa.

De losbandigheid van de eerste Hollandse handelspost, op **Hirado**, wilde de shogun voorkomen. Daarom legde hij strakke regels op voor de handelaren in Dejima. Hij koos ervoor om alleen met Hollanders te handelen omdat die niet zoals Portugese en Spaanse delegaties een stroom missionarissen in hun kielzog hadden en daarmee een bedreiging vormden voor het boeddhisme.

In 1642 openden de eerste pakhuizen op het eilandje Dejima, nog geen anderhalve hectare groot. Er mochten nooit meer dan twintig Hollanders tegelijk verblijven en de leiding moest na een jaar wisselen om nauwe vriendschappelijke banden –en corruptie – te voorkomen. Begraven was niet toegestaan, wie daar overleed, kreeg een zeemansgraf.

De enige vrouwen op Dejima waren Japanse schoonmaaksters/prostitués. Deze situatie duurde voort tot in 1859 de grenzen opengingen. Het legde de Hollanders bepaald geen windeieren. Tal van zaken – goederen maar ook wetenschappelijke ontwikkelingen – maakten hun entree in Japan via Dejima.

Bloemen en paarden

Toch kwam een Hollandse missie geregeld Japan binnen: jaarlijkse hofreizen naar Edo werden zelfs aangemoedigd. Dat werkte op den duur met een verlanglijstje: de shogun had graag horloges, telescopen, textiel, exotische dieren en uiteenlopende rariteiten. De delegatie toog meestal met vooral kimono's huiswaarts. Deze trips duurden al gauw drie maanden, van februari tot mei, waarvan 2-3 weken aan het hof doorgebracht werden. Bij terugkomst bereidde men het handelsjaar voor en in juli-augustus kwamen de schepen uit Holland aan, op de seizoenswinden. Tegen kerst werd koers gezet naar de VOC-basis op Batavia.

Op de grote haikumeester **Basho** (1644-1694) maakten de Hollanders ook indruk. Hij schreef onder meer: 'Ook de Hollanders / kwamen naar kersenbloemen / het paard gezadeld.'

Hollands weerzien

Een bezoek aan **Dejima** 1 (zie ook 13 op blz. 249) hoort hoog op uw lijstje als u in Nagasaki bent. De pakhuizen daar voeren u langs suikerspinnen, het Melkmeisje van Vermeer, pijpen uit Gouda, Hollandse stuivers, een zonnewijzer van H.C. Kastens en een door toenmalig kroonprins Willem-Alexander in 1990 geplante boom.

Op de **Hollander Slope** 2 streken de buitenlanders neer nadat de grenzen geopend waren. Voor Japanners waren alle niet-Aziaten Hollanders. Aan de voet van de heuvel, aan Holland Street (Oranda-dori) staat **Hotel Monterey** 1, de oude vleugel nog vol Portugese kenmerken: majolica, meubilair en restaurant Saudade (tel. 095 827 7111, www.hotelmonterey.co.jp). Het Siebold Restaurant aan Holland Street heeft louter de naam geleend.

Kenmerkende panden uit de late 19e eeuw zijn het **Western Style House** 3, nu vooral informatiecentrum en (westers) theehuis, en het rijtje huizen waarin het **Museum of Photography** 4 is ondergebracht. Ook de camera was een Hollands handelsgoed. U ziet een kleine tentoonstelling historisch materiaal en wat serviesgoed onder de noemer *Dutch and Chinese junk trade.* Hoewel meer Frans, vertoont de **Oura Cathedral** 5 herkenbare elementen.

Leenwoorden

biiru – bier
buriki – blik
garasu – glas
gasu – gas
hamm – ham
kohii – koffie
kokku – kok
koppu – kopje
kompasu – kompas
lenzu – lens
mesu – mes
pompu – pomp
rampu – lamp
randoseru – ran(d)sel; rugtassen van Japanse schoolkinderen heten nog zo

Flora en fauna japonica

Een grote rol in de Hollands-Japanse betrekkingen had Philipp Franz von Siebold. Hij was als arts en wetenschapper door het Nederlandse leger aangesteld om het land te bestuderen. Vooral de Japanse flora had zijn bijzondere belangstelling. Hij verzamelde en noteerde, zaaide en plantte. Terug in Nederland (Leiden) stelde hij de uit Japan meegebrachte en nagezonden collectie tentoon, wat uitgroeide tot het eerste Japan Museum/Sieboldhuis (Leiden), met groot onderzoekscentrum. Zo bracht Van Siebold de blauweregen, magnolia, hortensia, hosta, clematis, skimmia en diverse coniferen naar Europa. De *Hydrangea Otaksa* noemde hij naar zijn Japanse geliefde Otaki. Aardbeien, selderij en narcissen zijn enkele van de producten die een omgekeerde route volgden.

Eerherstel

Von Siebold hield zich in Japan tevens bezig met het verlenen van geneeskundige zorg aan Japanners, waaronder inentingen en staaroperaties. Dat leverde hem aanvankelijk privileges op. Zijn leerling Johan Pompe van Meerdervoort wordt gezien als oprichter van de – westerse – medische faculteit van de Universiteit van Nagasaki. Von Siebold was op verdenking van spionage in 1828 uit Japan verbannen. Als eerherstel aan hem is in Nagasaki posthuum het **Siebold Memorial Museum** 6 opgericht (zie 10 op blz. 248).

Dejima Wharf

Dejima Wharf 1 heeft café-restaurants, met terrassen, winkels en galeries aan het water. Strategisch logeeradres is hier **Hotel Belleview** 2 (tel. 095 895 5775, www.hotel-belleview.com).

Reizende Friezin ...

Titia Bergsma (1786-1821) was een dochter van een hoge Nederlandse rechter. Ze trouwde in 1815 met Jan Cock Blomhoff en kreeg van hem een zoon, Johannes. Blomhoff was pakhuismeester geweest op Dejima en werd er aangesteld als hoofd. Het gezin ging er heen, met kindermeisje Petronella Muns. De reis duurde bijna een jaar. Bij aankomst in juli 1817 verleende de gouverneur van Nagasaki de vrouwen op 16 juli 1817 toestemming om aan wal te gaan. De shogun weigerde echter een verblijfsvergunning te verlenen; in december reisden Titia, Johannes en Petronella terug naar Nederland. Daar stierf Titia een paar jaar later, naar verluidt van verdriet. Cock Blomhoff kwam twee jaar daarna terug, na een fortuinlijke handelsperiode. Hoewel haar présence in Japan zeer kort was, had Titia Bergsma indruk gemaakt.

... wordt kunstobject

Ze staat op talloze Japanse vazen, zelfs hofschilders kwamen naar Dejima om de roodharige buitenlandse vrouw te portretteren. De eerste olifant die een paar jaar eerder in Japan was aangekomen, had voor nauwelijks meer beroering gezorgd. Na haar vertrek uit Japan werd Titia nog lang als model in prenten en schilderingen gebruikt en verscheen ze in porselein, vaak met de kleine Johannes aan haar hand. Diverse musea in Japan hebben Titia-objecten in bezit – evenals het Museum Prinsessehof in Leeuwarden. Ook als souvenir circuleert ze nog rond.

Een verre nazaat, René Bersma, schreef in 2003 na uitgebreide onderzoekingen over haar lotgevallen in *Titia, de eerste westerse vrouw in Japan*. Dat werd de basis voor een tv-documentaire van Paul Kramer en René Mende (2008).

Nadagen

Van handelspost werd Dejima een consulaat. De shogun was geïmponeerd door de schepen van de VOC en liet na de grensopening onder Nederlandse leiding een trainingscentrum in Nagasaki opzetten. Ook technieken in de scheepsbouw werden geïmplementeerd, wat uiteindelijk zou uitgroeien tot de Mitsubishi Heavy Industries. Waterwerken zijn door Nederlandse experts in alle delen van het land uitgevoerd.

Huis Ten Bosch

Een recent project waterwerken ligt ten noorden van Nagasaki, aan de kop van de Baai van Omura, richting **Sasebo**. Daar werd een polder ontwaterd, werd het water gerecycled en een stadsproject op duurzame uitgangspunten verrees: 'Wassenaar' heeft hier appartementen aan de grachten. De plaatselijke ondernemer was zo gefascineerd door het Nederlandse waterbeheer, dat hij het grote publiek er op wil attenderen … Zo'n vier miljoen bezoekers komen er naar **Huis Ten Bosch**, een in 1992 geopend pretpark met Hollands aangezicht. Hier staan in Breukelen de Kinderdijk-molens tussen de bloembollenvelden. In Paleis Huis Ten Bosch begint al vroeg in september het Oktoberfest. Kortom: ook voor Nederlanders is er veel te leren. Maar de Dom staat er in Utrecht en Amsterdam heeft rondvaartboten, de Dick Bruna Shop en winkels met kaas, klompen en bloemen.

Er wordt een film vertoond over de eerste Hollanders die in Japan kwamen.

Rond Eschers oneindige trappen en gangen is een zoetsappige 3D-film gemaakt en u ziet er een simulatie van een enorme overstroming. Er is een Robot House met de laatste nieuwtjes over robottechnologie maar ook robot-entertainment en een robotrestaurant. Zie www.huistenbosch.co.jp.

later, bleken er nog steeds christelijke geloofsgemeenschappen in Japan te zijn. De 26 martelaren werden in 1862 door paus Pius IX heilig verklaard. Een monument met klein museum verrees een eeuw later.

Fukusai-ji 6

2-56 Chikugomachi, dag. 7-16 uur, 200 yen

Een reuzenschildpad à la Jan Fabre met daarboven een 18 m hoge Kannon omringd door peuters. De slinger van Foucault staat symbool voor het eeuwige gebed voor vrede. Het beste ziet u het beeld vanaf de heuvel/begraafplaats achter de tempel. De originele zentempel uit 1628 werd door de bom verwoest. Binnen ziet u de graven van 16.500 Japanners die tijdens WOII omkwamen. Om 11.02 uur luidt de klok – de enige die wonderbaarlijkerwijs intact bleef.

Shofuku-ji 7

3-77 Tamazonomachi, dag. vrij toegankelijk

Deels bemost en begroeid is deze zentempel uit 1677, die nog typisch Chinese kenmerken vertoont. Zoals de waterspuwers. Een Boeddha met de kenmerken van een sumoworstelaar lacht bezoekers toe.

Nagasaki Museum of History & Culture 8

1-1-1 Tateyama, www.nmhc.jp, dag. 8.30-19 uur (3e ma. van de maand gesl.), 600 yen

In dit mooie gebouw worden zeer uiteenlopende kunst- en gebruiksvoorwerpen getoond, alsook allerhande documentatie die de multiculturele ontwikkelingen van Nagasaki laten zien. Er zijn maquettes, afbeeldingen van schepen, handelsartikelen en een interessante tentoonstelling gewijd aan de rol van tolken in de interactie met Hollandse handelaren op Dejima.

Suwa-jinja 9

18-15 Kaminishiyamamachi

277 treden vormen de – vrije – toegang tot de belangrijkste shintotempel (1614) van de stad. De tempel was een component in de strijd tegen het katholicisme dat in Nagasaki veel aanhangers had. Kam-krachten werden ingezet tegen de christelijke god. Er werden feesten georganiseerd om katholieken te ontmaskeren: zij zouden immers niet aan de ceremoniën deel kunnen nemen zonder hun geloof te verloochenen. Nog steeds zijn er bij de Suwa-jinja veelvuldig festivals, met elementen uit de christelijke, boeddhistische en shintoleer.

Van 7-9 oktober is de **Kunchi Matsuri**. De eerste versie daarvan vond plaats in 1633, met twee courtisanes die in een no-voorstelling speelden. Bij hoge uitzondering mochten er Hollanders uit Dejima bij aanwezig zijn. Gestaag kwamen er Hollandse invloeden in het feest: er zijn draken, maar ook boten met Hollandse kenmerken.

Siebold Memorial Museum 10

2-7-40 Narutaki, di.-zo. 9-17 uur, 100 yen

Het aan de Duits-Nederlandse arts en botanicus Philipp Franz von Siebold (1796-1866) gewijde huis is een replica van het Sieboldhuis in Leiden. Het klaslokaal en de operatiekamer zijn er heringericht. Siebold werkte voor het Nederlandse leger en was na Batavaia in Dejima gestationeerd (zie blz. 246). Hij kreeg bijzondere vrijheden en woonde met de Japanse Otaki aan de rand van de stad en kreeg met haar een dochter, O-Ine, die ook een befaamde arts werd. Siebold moest in 1828 het land uit. Over diens periode op Dejima schreef Rijndert van Woudenberg de prachtige opera *Dejima*, die door een Japans-Nederlandse cast wordt uitgevoerd en van 2018-2021 in zowel Japan als Europa toert (dejima-opera.com).

Kofuku-ji 11

4-32 Teramachi, dag. 7-17 uur, 300 yen

Een van oorsprong Chinese tempel met bijnamen als Nanjing tempel en rode tempel. Hiervandaan ontwikkelde zich de Obaku-zenleer in Japan. De tempel werd gebouwd door Chinese handelaren, in 1620. Enkele decennia geleden is hij in Japanse stijl herbouwd. Het booggewelf van de galerij is typisch Obaku (Chinees), evenals het raammaaswerk. De contacten via de Kofuku-ji tempel leidden tot de introductie van allerlei goederen. Een van de priesters liet in 1634 de Spectacles Bridge bouwen: bij hoogtij reflecteren de twee brugbogen en doen ze denken aan brillenglazen.

De Chinese roots van de **Sofukuji** 12 (7-5 Kajiyamachi, dag. 8-17 uur, 300 yen), eveneens van de Obaku-zenschool, zijn wat duidelijker aanwezig.

Dejima 13

Dejimamachi, tel. 095 821 7200, dag. 8-18/19 uur, 510 yen

De VOC-handelspost op Dejima is mooi gerestaureerd – er wordt nog steeds uitgebreid – en niet alleen de originele maar ook een informatieve plek om in de Japans-Nederlandse geschiedenis te duiken. Hoofdtoegang is het voormalige protestantse seminarie; er is een respectabele souvenirwinkel met (VOC)serviesgoed, papier en lakwerk. Daarachter ligt een botanische tuin met maquette van de 17e/18e-eeuwse nederzetting en een monument als eerbetoon aan Von Siebold. In de barakken en opslagruimtes vindt u tentoonstellingen met betrekking tot de woonomstandigheden en specifieke handelswaren. Zo was suiker een heel belangrijk goed: in de rest van Japan heel exclusief maar in Dejima ruim voorradig. Suiker wordt ook wel deshima genoemd. Hier in het museum staat een suikerspinapparaat. Daarnaast waren er koeien, geiten, apen, bloemen en geneeskrachtige

planten. Hollanders brachten koffie, chocolade maar ook spelen als badminton en biljarten naar Japan. Tolken waren tevens diplomaat en handelaar. Het Japans woord voor tolk is *Oranda-tsuji*: 'Nederlands-vertalers'.

Nagasaki Prefectural Art Museum 14

2-1 Dejimamachi, tel. 095 833 2110, www.nagasaki-museum.jp, dag. 10-20 uur, gebouw vrij toegankelijk, vaste collectie 400 yen

Het uit twee met elkaar verbonden panden bestaande museumcomplex is een intrigerende, transparante blikvanger van architect Kengo Kuma; zijn huisstijl laat oude Japanse tradities zien in een 21e-eeuwse vertaling. Kuma schrijft ook interessante boeken en essays over architectuur. Op het dakterras staan enkele bronzen beelden en is het uitzicht over de haven prachtig.

Ten grondslag aan het museum ligt de privécollectie van een Japanse diplomaat die enige tijd in Madrid was ge-

Oura Cathedral

stationeerd en daar – Spaanse – kunst begon te verzamelen. Dat werd een snoepdoosje van – de meeste anonieme – Spaanse oude meesters maar ook een mooie Dalí, Picasso en Miró. Tevens werken van kunstenaars uit Nagasaki of die de regio als onderwerp hebben.

Madame Butterfly

Overbekend is de opera van Giacomo Puccini: *Madame Butterfly* (1903). Puccini baseerde zich daarbij op circulerende verhalen over – Amerikaanse – militairen en Japanse maîtresses. Het was gebruik geworden bij in Japan gestationeerde mannen om een persoonlijke geisha te onderhouden, hetgeen het risico op geslachtsziekten aanzienlijk verminderde. Dat daarmee de hechtheid en duurzaamheid van de relatie aan vrouwelijke zijde anders werd geïnterpreteerd, leidde meermaals tot een voor de vrouwen dramatische afloop. U weet toch nog hoe het Madame Butterfly verging? Toen haar luitenant Pinkerton weer naar de VS overgeplaatst werd, nam hij haar niet mee. Haar 'huwelijk' met een blanke man had haar haar relatie met het geloof en de familie gekost en kwam haar zwaar te staan. Na zijn vertrek beviel ze van zijn zoon. Een paar jaar later kwam Pinkerton met zijn kersverse Amerikaanse echtgenote terug en ontmoette haar opnieuw. Haar misère ziende, en het kind, bood hij aan zijn zoon te adopteren. Butterfly stemde in, vroeg hem later terug te komen. Toen Pinkerton en zijn vrouw kwamen om het kind te halen, omhelsde Butterfly haar zoon en stortte zich in een onder haar kleding verstopt zwaard.
Hetzelfde verhaal, maar met als locatie Vietnam, is gebruikt in de latere musical *Miss Saigon* (1989) van Claude-Michel Schönberg.

Hollander Slope 15

Zie 2 blz. 245.

Confucius Temple & Museum 16

10-36 Ouramachi, dag. 8.30-17 uur, 600 yen

De in 1893 opgerichte Confuciustempel is meer dan een heiligdom: binnen is een museum gewijd aan de beroemde Chinese filosoof Confucius en zijn invloed op Japan, maar ook aan Chinese (kunst)geschiedenis in brede zin. Het is The Place to Be tijdens het Chinese Nieuwjaar.

Oura Cathedral 17

In 1864 werd deze katholieke kerk door Franse paters ingewijd. Met de openstelling van de Japanse grenzen en de onder internationale druk ingevoerde geloofsvrijheid, kwamen Japanse katholieken, nazaten van de twee eeuwen eerder bekeerden, uit hun lange ondergrondse belijdenis. Daarop werd de Oura Cathedral gewijd aan de 26 martelaren; zie 5. Het is een sober kerkje; ook enkele ruimtes van het erachter gelegen seminarie kunnen worden bezocht en bevatten christelijk-historisch materiaal.

Glover Garden 18

8-1 Minami-Yamatemachi, tel. 095 822 8223, dag. 8-18, hoogseizoen tot 21.30 uur, 610 yen

Toen de grenzen geopend waren, kwam jonge Schot Thomas Blake Glover (1838-1911) naar Nagasaki. Hij werkte in de scheepsbouw, theehandel en steenkoolmijnen, en richtte de Glover Trading Company op. Hij bracht een aantal technieken naar Japan en droeg bij aan de ontwikkeling van het bier brouwen. Glover trouwde met een Japanse met wie hij een zoon kreeg; hij zou zich werpen op stoomtrawlers – en het eerste golfterrein van Japan. Het huis van de Glovers op de Minami-Yamateheuvel is met naastgelegen 19e-eeuwse panden ingericht als openluchtmuseum. Daar leest u ook over de Walkers die de Kirin-brouwerij vestigden. Maar ook over de grote drijfveren achter Mitsubishi: de gebroeders Iwasaki, en de succesvolle theeimporteur William Alt. Daartussen liggen souvenir- en snackzaakjes.

Nabekanmuri-yama 19

Tramstation Ishibashi, lift of trappen omhoog; vrij toegang

De stadsheuvel Nabekanmuri geeft een schitterend uitzicht over de – verlichte – stad. Er is een panorama-promenade in 2016 geplaatst. Ga er wel voor zonsondergang omhoog om u te kunnen oriënteren, en zorg voor een zaklantaarn/telefoonlampje voor de terugweg.

Inasa-yama Ropeway 20

Kabelbaan 9-22 uur, 1230 yen retour; betaald parkeren

Aan de westkant van het centrum schermt de berg Inasa (333 m) Nagasaki af. Er gaat zowel een weg als kabelbaan omhoog. Het is een drukbezochte plek met observatieplatform en tribune, waar men vooral van de zonsondergang geniet: uitzicht naar de stad en over zee.

Gunkanjime/Battleship Island 21

Informeer bij uw hotel of de tourist info naar excursies, er zijn volop concurrerende firma's met verschillende vertrekplaatsen en haltes; prijzen vanaf 3000 yen, duur drie uur

Ramptoerisme doet het altijd goed. Leprozeneilanden, onder vulkaanas bedolven dorpen – in dit geval een eiland dat tot 1974 door mijnwerkers van de door Mitsubishi gekochte steenkoolmijn – en hun gezinnen – werd bewoond. De woonomstandigheden van de vooral Koreaanse en Chinese werknemers, onder wie soms krijgsgevangenen, waren bar en boos. In 1959 woonden er ruim 5000 mensen. Het werd gesloten nadat petroleum het belang van steenkool had overgenomen.

De afgelopen jaren is het nu onbewoonde Hasjima een van de populairste toeristische bestemmingen van Nagasaki geworden. Dat de opeengepropte betonnen panden van een afstandje de contouren van een oorlogsschip hebben, draagt zeker bij aan de populariteit. Het eiland figureert ook in de James Bondfilm *Skyfall* (2012). U hoeft niet sprekend op Daniel Craig te

Gunkanjime – Battleship Island

lijken om een veelgeschoten fotomodel te blijken: man en blond is al voldoende.

Goed zicht op het eiland hebt u zonder het water op te gaan vanaf de Route 499 die van Nagasaki zuidwaarts voert. Langs die weg liggen ook wat strandjes zonder of met beperkte faciliteiten.

Overnachten

Prijs versus kwaliteit – **S Peria Hotel** [1]: 5-35 Gotomachi, tel. 095 826 1211, www.s-peria.com. Alle gemakken met goede prijs-kwaliteitverhouding.

Japanse stijl – **Fujiwara Ryokan** [2]: 6-12 Uwa-machi, tel. 095 822 2378, www. nagasaki-fujiwara-ryokan.jimdo.com. Japanse kamers, tien min. lopen van het JR-Station. Met wasserette en parkeerplaats. Binnen veel aantrekkelijker dan u buiten zou verwachten.

Ruim baden – **Dormy Inn Nagasaki** [3]: 7-24 Doza-machi, tel. 095 820 5489, www.hotespa.net. Goede locatie, Japans-westers ontbijt en grote baadruimte. En op de late avond de Dormy-Inn-Soba-Service (kom ramen).

Modern comfort – **Hotel Forza Nagasaki** [4]: 4-11 Hama, tel. 095 816 2111, www.hotelforza.jp. Rookvrij westers hotel (2014), meeste kamers zeer ruim.

Eten, drinken en uitgaan

Shippoku is een traditionele dis uit Nagasaki: een combinatie van veel kleine gerechtjes uit de Japanse, Chinese en westerse keuken. Een stuk eenvoudiger is champon: een eenkomsgerecht van varkensvlees met garnalen en dikke noedels in bouillon. Fusion van oost en west is ook toruko rice: spaghetti, rijst en een varkensschnitzel. De Dejima Wharf is een moderne flaneerkade. Uitgaanswijk is Shianbashi – het wordt daar pas laat levendig.

Topdineren – **Yume Town Yumesaito** [1]: uitrusten van het winkelen of rechtstreeks naar de hooggelegen food floor om te genieten van het uitzicht op de haven en stad.

Varkensmaal of kaiseiki – **Hamakatsu Shippoku** [2]: 6-50 Kajiya-machi, dag. 11-20.30 uur. Favoriet is de kanuni (gegrild varkensbuikspek), maar ook tonkatsu. Het Hatakitemenu bestaat uit elf verschillende gerechtjes.

Een keer Chinees – **Chinatown** [3]: Shinchimachi is de spil van de kleine Chinese wijk. Ruwweg staat overal op de kaart hetzelfde; kunt u niet kiezen, ga naar **Kouzanrou** op nr. 12-2.

Pelgrimsdis – **Yamakage Soba** [4]: Suwa-jinja, onderdeel van het tempelcomplex. Eenvoudige maaltijden, zoals soba; ook buiten (9-17 uur. vr. gesl.).

Winkelen

Hollandse souvenirs – **Oranda Bussankan** [1]: Hollandse waren en afgeleiden daarvan als souvenirs.

Cake – **Bunmeido Sohonten** [2]: 1-1 Edomachi. Historisch pand dat in de 17e eeuw opende: daar moeten wel Hollandse banden mee zijn. Maar hoofdthema is hier spongecake; u hebt vast nooit eerder de machaversie gegeten.

Tenugui – **Tatematsuru** [3]: 2-19 Edomachi, tenugui souvenirs, de Japanse katoenen handdoekjes dus (35/90 cm); ook typische cadeau-inpakdoekjes. Bij kendobeoefenaars zijn ze geliefd als zweetband. Veel bijzondere designs.

Aziatisch handwerk – **Prawmai** [4]: 10-3 Dejimamachi. Handwerk uit Thailand en Laos, kettinkjes, hangers en mooi geweven doeken.

Gekoelde winkelcentra – **Hamaya** [5]: 7-11 Hamamachi), Yume Town Yumesaito [6] (10-1 Motofunamachi) en **Amu Plaza** [7] (JR-station; taxfreewinkels) zijn op hete zomerdagen winkeloases.

Shimabara ▸ H 14

Het schiereiland Shimabara Hanto dankt zijn ontstaan aan de Unzen-dake, een vulkaangroep die nog steeds morrelt, gromt en blaast. De recentste grote oprispingen vonden plaats begin jaren negentig: zeer hete gassen ontsnapten en modderstromen kwamen omlaag. Het **Heisei Shinzan Nature Center** (wo.-ma. 9/10-16/17 uur, gratis) laat de gevolgen zien van de ramp.

De plaats **Shimabara** heeft een karakteristiek 17e-eeuws wit kasteel. De werken die hiervoor nodig waren, vormden mede de aanleiding van de Shimabara-opstand (zie blz. 242). Nu is het er prettig toeven in het omringende park. In een bijgebouw wordt een film vertoond over de Fugen-dake. De **Seibo Memorial Hall** zoomt in op de beeldhouwer Seibo Kitamura, die het vredesbeeld voor het Nagasaki Peace Park maakte.

Excursie

De **Fugen-dake** (1359 m) behoort tot de hoogste pieken. Voor benadering van

Kurokawa Onsen

de stomende Heisei-shinzan zijn restricties. Er gaat een tolweg de Nita-toge pas op, met aan het eind de Unzen Ropeway (8.30-17 uur, 1260 yen retour). Vanaf het eind van de kabelbaan is het nog een uur lopen naar de Fugen-dake; loopt u vanaf de parkeerplaats, dan hebt u ongeveer een halfuur meer nodig. De befaamdste onsen zijn die van Unzen, met uitgesproken zwavelgeur. Authentieke uitstraling heeft de openbare Kojigoku Onsen-kan (9-21 uur, 420 yen).

Kumamoto ▸ J 14

Kumamoto is een uitgestrekte stad, westelijke entree tot de Aso-san en strategisch gelegen tussen Fukuoka en Kagoshima. Voorjaar 2016, toen de Aso-san de aarde deed schudden, bracht dat ook schade toe aan Kumamoto.

Aso-san

Binnen de zeer wijde kraterrand van de Aso, 18 bij 24 km, bevinden zich akkerbouwgebieden en vijf caldera's. Zie voor de actuele situatie van de toegangswegen www.aso.ne.jp/~volcano/eng/. De kabelbaan naar de Aso-caldera: www.kyusanko.co.jp/aso. Aso is een goede uitvalsbasis voor wandelaars, met hotels en hostels; in het nationale park bevinden zich kampeerplaatsen.

Informatie en vervoer

Ferry Kumamoto-Shimbara: snelle dienst 30 min., auto's tot 5 m circa 4700 yen; gewone dienst 60 min., 3800 yen.

Kurokawa Onsen ▸ J 14

Noordwaarts van Aso is een interessant landschap. U passeert de **Kurokawa Onsen**, waar de (bad)huizen praktisch in de rivier staan. Een van de bijzondere adressen daar is Oyado Noshiyu (659-1 Mangaji, Aso-gun, Minamiogunimachi, tel. 0967 44 0308): sfeervolle Japanse kamers, rotemburo (buitenbad) en theehuis.

Een mooie kloofroute voert naar Hita. Bij Hita/Ukiha zijn de rijstterrassen van **Tsuzura** zeker de moeite waard om voor om te rijden.

Beppu ▶ J 13

De kustplaats Beppu (circa 125.000 inwoners) is de overtreffende trap van (thermale) badplaats. Stoom komt omhoog uit gaten, pijpen en wateroppervlakken. Dagelijks voeden miljoenen liters bijna kokend water er huizen, hotels, baden en ziekenhuizen. Een deel wordt vanwege de medicinale werking gebruikt, een deel als verwarming – ook om eten te stomen of te koken. De *Hells of Beppu* zijn niet om in te baden maar spectaculair om naar te kijken.

Echt aantrekkelijk is de stad niet; veel van de bebouwing is uit de jaren zeventig toen toeristen nog en masse kwamen. Inmiddels heeft het tien kilometer landinwaarts gelegen **Yufuin**, in de shaduw van de berg Yufu, beduidend meer aantrekkingskracht en uitstraling.

Kannawa

Dag. 8-17 uur, 550 yen per locatie, 2100 voor alle acht

Dit is de wijk, aan de oostkant van Beppu, van de Jigoku (Hells). Het indrukwekkendst zijn de borrelende modderpoelen van Oniishibozu Jikogu en de stomende, troebelblauwe bronnen Umi Jigoku. Iets oostwaarts ligt Shibaseki, met de roestbruine 'bloederige hellevijver' Chinoike Jigoku en de geiser Tatsumaki Jigoku, die door een blok steen in zijn halfuurlijkse eruptie getemperd wordt.

Umitamago Aquarium

3078-22 Kanzaki-uto, Oita, dag. 9-18 uur, zomer en vakanties tot 21 uur, 2200 yen. Monkey Park dag. 8.30-17 uur, 510 yen

Buiten Beppu, richting Oita, vindt u een groot aquarium met dolfijnen, otters, zeeleeuwen, walrussen, pinguïns en aquaria met roggen en tropische vissen. Behalve voedertijden zijn de trainingstijden – meestal om 15 uur – erg leuk.

Vlakbij is het **Takasikiyama Monkey Park**, aan de voet van de Takasaki (628 m), met een populatie van 1500 makaken, over twee troepen verdeeld. Het park is in de jaren vijftig geopend om de overlast van de dieren voor omwonenden te beperken (5 min. lopen vanaf de parkeerplaats, of neem de monorail).

Info en overnachten

Wend u voor een uitgebreide lijst onsenadressen tot het toeristenbureau. De meeste voetenbaden zijn vrij toegankelijk. Een populair en groot bad in Beppu is **Tanayu**, in het Suginoi Hotel (9-23 uur, 1200-2000 yen), waar ook faciliteiten zijn voor gemengd baden in badpak. **Takegawara** is een authentiek complex uit de late 19e eeuw en biedt ook zandbaden (6.30-22.30 uur, 100 yen, zandbad 1030 yen). Mooie voorbeelden van ryokan-onsen zijn in **Yufuin** het op een heuvel gelegen **Shoya no Yakata** (baden publiek toegankelijk do.-di. 9.30-18.30 uur, 800 yen) en net wat boven het dorp **Musouen** (openbaar toegang 10-15.30 uur, 700 yen).
Veerboten gaan vanuit Beppu naar Shikoku (Yawatahama); www.aferry.com.

Eten en drinken

In het **Jigokumushi Kobo Steam Cooking Center**, niet ver van de Hells, kunt u zelf eten stomen. De natuurlijke mineralen zouden niet alleen gezond zijn, maar geven ook smaak. U kunt zelf eten meenemen of daar kopen. Vrijwilligers helpen u, keukengerei is uiteraard voorhanden; een halfuur stomen kost 510 yen. Bij sommige jigoku worden gestoomde puddinkjes verkocht.

Usuki ▶ K 14

In een nabije vallei vervaardigden in de 12e-14e eeuw steenhouwers een serie van 60 Boeddhabeelden in het vulkanische tufsteen: de Usuki Sekibutsu.

Het VOC-schip *De Liefde* bereikte in 1600 Japan, als eerste Nederlandse schip, en meerde af in Usuki. De Britse stuurman William Adams bleef er zijn resterende jaren wonen, evenals koopman Jan Joosten van Lodensteyn. In Hirado werd in 1609 een handelspost opgericht. Van de aanvankelijke 110 bemanningsleden die uit Rotterdam vertrokken waren en bij aankomst nog 24 in leven, slechts enkelen van hen waren nog in staat te lopen. De route ging via Chili en de Straat Magellaan. *De Liefde* was het enige schip van een vloot van vijf van de Magelhaense Compagnie dat het uiteindelijke doel, een route naar Oost-Indië, bereikte. *De Hoop* verging in een storm, *Het Geloof* keerde na muiterij terug naar Nederland, *De Trouwe* kwam tot Chili, *De Blijde Boodschap* werd door Spanjaarden in beslag genomen.

Usuki Sekibutsu

804-1 Fukata, tel. 0972 65 3300, dag. 6-18/19 uur, 540 yen, museum 300 yen

Een indrukwekkende reeks beelden bevindt zich 5 km ten zuidwesten van het centrum van Usuki. De oudste beelden werden nog in de Heianperiode gehouwen en in wisselende staat bewaard gebleven. Bij sommige ziet u nog veel

detail en verfresten. De Boeddhabeelden zijn over vier clusters verdeeld, op korte loopafstand van elkaar. en deels overkapt om verdere erosie te voorkomen. In ongeveer een halfuur loopt u het gehele traject, over een gemakkelijk wandelpad.

Het **Yamako Usuki Art & Historical Museum** heeft aardewerk, porselein en beeldjes uit nabije opgravingen, daterend van de Kamakura- en Muromachi-periode.

Kagoshima ▶ J 15

Met zusterstad Napels heeft Kagoshima gemeen: palmbomen en de nabijheid van vulkanen. Ook schijnen de inwoners naar Japanse maatstaven meer dan gemiddeld temperament te hebben. Een van de sterkste voorbeelden daarvan was rebellenleider Saigo Takamori (1827-1877), die een groot leger op de been bracht en een van de fakkels was in de Meiji-hervormingen.

Temperament heeft in elk geval ook de vulkaanketen: de Sakurajima behoort tot de actiefste vulkanen ter wereld. Primeurs van Kagoshima waren de eerste voetstappen van de Spaanse missionaris Franciscus Xaverius, de eerste gasverlichting, stoomschepen, elektrische verlichting en fotografie.

Sakurajima

Ferry 24/7 elk uur, van 6-19 uur elk kwartier, oversteek 15 min., 160 yen

Dagelijks zijn er wel erupties uit de Showakrater, afhankelijk van de windrichting is Kagoshima een stad in stoom en zijn de huizen, straten en auto's er bedekt met een aslaagje; ook mensen ontkomen er niet aan. Er zijn diverse uitzichtplaatsen – waaronder met uw voeten in de vrij toegankelijke baden van Nagisa Park – en wandelplatforms om de activiteit te bekijken.

Dichter dan 2 km van de krater kunt u nooit komen.

Kagoshima Aquarium

Kagoshima Suizokukan, dag. 9.30-18 uur, 1500 yen

Naast de Sakurajima-veerhaven staat dit aquarium, gericht op het onderwaterleven in de nabije wateren. U ziet otters, dolfijnen (in een binnenbadtheater, soms mogen ze in de buitenkanalen), reuzenkrabben, koraalrif en mangrove.

Sengan-en & Shoko Shuseikan

9700-1 Yoshino-cho, tel. 099 247 1551, dag. 8.30-17.30 uur, 1000 yen, rondl. huis 600 yen, Ijinkan 200 yen

Deze Japanse landschapstuin profiteert mede van het uitzicht op de Sakurajima. Halverwege de 17e eeuw werd de tuin aangelegd, met daarin tevens het buitenverblijf van de heersende Shimadzu. De tuinelementen zijn vijvers, beken, tempels en een bamboebos. Het **Shoko Shuseikan Museum** staat op het domein en belicht de inspanningen van de Shimadzu op het terrein van industrialisatie. Het heeft UNESCO-bescherming. De **Ijinkan** is de voormalige residentie van de buitenlandse ingenieurs die hielpen bij het opzetten van een textielfabriek.

Kagoshima aardewerk

Kagoshima heeft een oude aardewerkcultuur. Legerleider Hideyoshi viel in 1592 Korea binnen en nam bij terugkeer naar Japan meesterpottenbakkers mee. Sindsdien ontwikkelde zich de aardewerkcultuur in Japan. Satsumaporselein is zeer geliefd, de oude stijl heeft kenmerkend craquelé, een zachte ivoorkleur en helder glazuur met rode, blauwe, goudgele, of groene decoratie.

Reimeikan

7-2 Shiroyama, di.-zo. 9-18 uur, 310 yen

Op de voormalige locatie van het kasteeldomein, aan de voet van de Shiroyama, is een museum gewijd aan de stads- en streekgeschiedenis. Er zijn maquettes en archeologische vondsten en er is veel aandacht voor regionale festivals, waarbij de invloed van naburige eilanden opvallend is. Achter het museum gaat een pad de groene Shiroyama op. In ongeveer 20 minuten bent u boven en geniet u van het uitzicht op de stad en de vulkaan Sakurajima.

Overnachten

Sober Japans – **Nakazono Ryokan:** 1-18 Yasuicho, tel. 080 3906 8010. Sobere uitstraling en inrichting, Japanse kamers bij zeer behulpzame gastheer. Dicht bij de veerboten naar Sakurajima.

Westers – **Hotel Gasthof:** 7-1 Chuocho, tel. 099 252 1401. Mengeling van westerse stijlen. Een paar minuten lopen van het JR-station.

Modern – **Sun Days Inn:** 9-8 Yamanokuchi, tel. 099 227 5151. Modern hotel met redelijk formaat kamers en voordelig ontbijtbuffet. Sommige kamers met uitzicht op de Sakurajima.

Eten en drinken

In Kagoshima zegt men de beste shochu van het land te maken. De meeste worden gemaakt van zoete aardappel in plaats van rijst, wat meer smaak en een hoger alcoholpercentage oplevert. Enkele huizen maken shochu van mais. Het wordt puur, met ijs, heet water of spuitwater/tonic gedronken; elk huis heeft zijn favoriete aanbeveling.

Op de menukaarten staan satsumaage (viscakes), kibinago (rauwe haring, ook in tempura) en tonkotsu (schnitzel).

Winkelen

Mooie souvenirs uit Kagoshima en omgeving zijn de zijden stoffen, in verfbaden gekleurd en sommige nog handgeweven. Als een van de grootste bamboeproducenten van het land worden daar tal van manden, potten en andere artikelen van verkocht. Zeer oude cederbomen mogen niet gekapt worden, maar van overgebleven stronken en gevallen hout worden potjes en vaasjes gedraaid.

De regio Satsuma, ten noorden van Kagoshima, is de bakermat van bijzonder aardewerk en glas. Er wordt nog antiek materiaal verkocht maar ook nieuw gemaakt.

Kirishima National Park ▶ H-J 16

Tussen Kagoshima en Miyazaki ligt een vulkaangebied met hoogvlaktes, kraters en onsen. Hier regeerde de god Ninigino-Mikoto – kleinzoon van zonnegodin Amaterasu – en installeerde een Japans keizergeslacht. Hij kwam via de Takacho-no-mine naar de aarde. Sinds de eruptie van de Shinmoe-dake in 2011 mogen wandelaars niet dichter dan 1 km van de krater komen. De pittige Kirishima Ridge Trail volgt de bergkam van Ebino Kogen tot bezoekerscentrum Takachiho-gawara; 12 km, trek 6 uur uit.

Okinawa ▶ Kaart 2

Okinawa bestaat uit 160 kleine en grotere eilanden van de Nansei- of Ryukyu-archipel, tussen Kuyshu en Taiwan. Het ligt volledig in de subtropen en een warme golfstroom draagt bij aan een aangename winter. In zomer en najaar kunnen wel orkanen optreden. De stranden en de tropische koraalriffen zijn de voornaamste bestemmingen en trekken vooral duikers. De beste infrastructuur hebben daarvoor het hoofdeiland Okinawa, de Kerama-eilanden en de Yaeyama-eilanden.

Geschiedenis

Tot er vanuit Kyushu in 1609 bezit werd genomen van Okinawa, was het een onafhankelijk koninkrijk. Het fungeerde als handelsdoorgeefpost tussen Japan en China in de periode dat de Japanse grenzen gesloten waren. Bij het aantreden van de Meiji-regering werd het geannexeerd. Het verzet daartegen werd beantwoord met een grote militaire basis, later een belangrijke strategische schakel in de Pacifische Oorlog. Daar-

door kreeg het gebied het zeer zwaar te verduren. Bij de Battle of Okinawa (1945) die 82 dagen duurde, kwamen naar schatting 77.000 Japanse soldaten, 100.000 burgers en 12.500 Amerikaanse

Koraalduivel

soldaten kwamen om. Behalve door direct oorlogsgeweld stierven veel inwoners van Okinawa door hongersnood en – in het licht van de overgave – massale zelfmoord.

Okinawa kwam na de oorlog onder Amerikaanse jurisdictie en bleef dat tot 1972. De op hoofdeiland Okinawa nog altijd aanwezige Amerikaanse legerbasis is geregeld onderwerp van discussie.

Okinawa

Hoofdeiland Okinawa heeft de meeste faciliteiten, gedenkplaatsen en feesten. **Naha** is de hoofdstad – dat was het genaamd **Shuri** al meer dan vierhonderd jaar van het koninkrijk Ryuku. Het *Shuri-jo* is UNESCO Werelderfgoed en verdient zeker een bezoek. In de wijk Tsuboya zijn (keramiek)galeries.

Ten westen van **Nago** in het **Chura-umi Aquarium** (dag. 8.30-18.30/20 uur, 1850 yen) ziet u van achter een enorme glaswand enkele walvishaaien en mantaroggen zwemmen. Het complex staat in het Ocean Expo Park, met groots vuurwerk tijdens de zomerfeesten.

Kerama-eilanden

Zamami-jima is een juweel van de Kerama-eilanden. Per veerboot (1 uur) bereikbaar vanaf Okinawa-Naha, fraaie stranden en snorkelmogelijkheden tot ver in het najaar. Bultruggen komen er in de winter om te paren. Het grootste eiland is Tokashiki-jima.

Miyako-eilanden

De beste stranden – Maehama, Yoshino en Sunayama – en een fraai koraalrif zijn te vinden aan en rond de Miyako-eilanden. Het is een vrij vlak terrein met veel suikerrietplantages. Een brug verbindt Miyako met twee kleinere buureilanden.

Yaeyama-eilanden

Hoofdeiland Ishigaki is waar reizigers arriveren, met vrij goed bereikbare koraalriffen. Iriomote-jima is bovengronds een groene jungle. Yonaguni-jima is de uiterste punt (zie hiernaast).

Eten en drinken

Goyachampuru is een roerbakschotel van varkensvlees, ei en goya – een soort meloen; er zijn variaties met tofu (*fu champuru*). Een smakelijke zeeslak is de yakogai. Haast te mooi om op te eten is de rood- en geelgestreepte shimahate-vis. Maar dat geldt ook voor de papegaaivissen (*irabucha*). De soba-variant van Okinawa is soki soba: met varkensribben en flinters gedroogde bonita (tonijn). Een borrelhapje bij de lokale sake, awamori (30-50%), is *sukugarasu*: tofu met een gezouten visje. Laat u niets wijsmaken over groene kaviaar, *umi bodo* is een zeewier; geserveerd met sashimi.

Veel buitenlandse invloeden zijn er uit Korea, China en de VS.

Winkelen

De handelsvoorgeschiedenis van Okinawa liet bijzondere spullen achter. Er zijn mooie geweven en geverfde stoffen (bingata), lakwerk en aardewerk (yachimun) te koop. Het Ryukyu-glaswerk is gerecycled en verwerkt tot nieuwe vormen.

Info en vervoer

www.visitokinawa.jp en beokinawa.jp. Hoofdstad Naha op Okinawa is de voornaamste toegang tot de Okinawa-eilanden; daarvandaan wordt door diverse luchtvaartmaatschappijen doorgevlogen.

Vooral van juni tot oktober kunnen kwallen een plaag vormen. Op de meeste eilanden komen adders voor.

Favoriet

Yonaguni-jima ▶ A 22

Op 2000 km van Tokyo, vrijwel de uiterste hoek van de Okinawa-eilanden
en bijna met één been in Taiwan.
Bij Yonaguni-jima liggen vooral in de
wintermaanden ultieme kansen op
het zien van groot zeewild: hamer-
haaien, mantaroggen en zeeschildpadden.
De zeebodem heeft hier bovendien een permanente verrassing.

In 1986 werden ruïnes aangetroffen
die duiden op een oude Aziatische
beschaving. Stenen trappen van 80
bij 50 m en een hoogte van 20 m vertonen sporen van menselijke arbeid,
maar veel is erover ongewis.
De stroming rond Yonaguni-jima
is geregeld fors. In de wateren
rond Iriomote-jima is het koraalrif
gemakkelijker toegankelijk.

Hokkaido

Hoogtepunten ✳

Daisetsuzan National Park: het grootste nationale park van Hokkaido, een aanschakeling van vulkanische verrassingen. Zie blz. 275

Op ontdekkingsreis

Sounkyo – een trap naar de top: eerst de Kurodate op, dan liefst nog verder naar de kraterrand. Het land van eeuwige sneeuw en bruine beren. Zie blz. 276

Wandelen op vulkanen · Daisetsuzan NP

Hokkaido

Sapporo

Niseko

Bezienswaardigheden

Hakodate: de koloniale wijk Motomachi. In het City Museum of Northern Peoples kunt u zich in de Ainu-cultuur verdiepen. Zie blz. 262

Yuki Matsuri: het sneeuwfestival van Sapporo is een kleurrijke internationale gebeurtenis. Zie blz. 274

Tokachi-dake: een stomende bergwand lonkt uitdagend. Zie blz. 278

Akan National Park: merkwaardige algenbollen en pruttelende modderbaden maken een kleine omweg de moeite waard. Zie blz. 280

Kraanvogels in Kushiro Shitsugen National Park: de aanblik van dansende kraanvogels is onvergetelijk. Zie blz. 282

Actief

Shikotsu-Toya National Park: oude en nieuwe kraters en kratermeren, sporen van modderlawines. Naar de Usu-zan gaat een kabelbaan. Zie blz. 267

Sfeervol genieten

Yunokawa Onsen: als het tijd is voor een verwendag: ... de baden in en heerlijk eten. Zie blz. 264

Toya-ko: van mei tot september elke avond vuurwerk. Geen ordinaire zevenklappers maar een verhaal in de lucht, afgestoken vanaf boten op het meer. Zie blz. 268

Kitara Concert Hall: de concertzaal van Sapporo is vooral tijdens het zomerfestival een buitenkans voor liefhebbers van klassieke muziek. Zie blz. 272

Uitgaan

Sapporo: Hokkaido's feeststad. Van de aaneenschakeling van biertuinen in het Odori Park, blz. 269, tot de vele bars in Susukino. Zie blz. 274

Vulkanen en vele tinten sneeuw

Hokkaido is het noordelijkste hoofdeiland van Japan. Hier beperken de lange winters de toeristische mogelijkheden, anderzijds bepalen sneeuw en ijs dan juist de bestemmingen. Een skigebied met ideale powder snow is Niseko, ongeveer 100 km ten zuidwesten van Sapporo.

Natuur is het hele jaar een belangrijk reisthema. Er zijn grote en afwisselende natuurparken met – actieve – vulkanen, draslanden en unieke flora en fauna. In de oostelijke gebieden worden vooral 's winters kraanvogels gespot. In de zomermaanden hebt u in Daisetsuzan maar ook andere natuurgebieden kans bruine beren te zien. Sapporo is bij verre de grootste stad, heel levendig, met in februari een groot sneeuwfestival en in de zomer bierfeesten. Tussen Sapporo en Hakodate, in het zuiden, wordt volop hop verbouwd. Hakodate heeft interessante historische banden. Deze stad is per trein de toegangspoort tot Hokkaido middels de bijna 54 km lange Seikan(trein)tunnel, waarvan een traject van 23,5 km onder zee.

Het zomerklimaat is aangenaam, koeler en minder vochtig dan in het zuiden maar nog steeds zijn temperaturen van rond 30°C niet ongewoon.

Ainu

Hokkaido hoort nog niet zo lang bij Japan. Het was sinds jaar en dag het land van de Ainu, die in kleinere gemeenschappen ook in het noorden van Honshu woonden, op de Koerilenarchipel en in het zuiden van het eiland Sachalin. Er zijn sinds de Muromachiperiode geregeld conflicten geweest tussen het shogunaat en de Ainu. In 1882 nam de shogun het gezag in Hokkaido officieel over.

Omdat de Ainu tot die tijd een vrij geïsoleerd bestaan van de rest van Japan hadden geleid, zijn er duidelijke culturele verschillen. Tempels zijn er vrij weinig, in elk geval niet ouder dan zo'n 150 jaar. De natuur was een fundamenteel onderdeel van het Ainugeloof. In Hakodate en Nibutani zijn interessante musea te vinden voor wie meer over de Ainu te weten wil komen.

Hakodate ▶ R 5

In het uiterste zuiden van Hokkaido ligt vissers- en havenstad Hakodate. Het heeft een historische mijlpaal behaald door als eerste op het eiland Hokkaido buitenlandse handel toe te staan. Russen hadden de primeur, spoedig gevolgd door Britten. Getuigenissen van die periode bevinden zich in de wijk Motomachi, met een combinatie van pioniers- en victoriaanse stijlen. Aan de voet daarvan zijn bakstenen pakhuizen een nieuw leven in gegaan als winkel of horeca. De steile straten en ratelende tram zijn gedroomde over-

INFO

Het JR-spoornetwerk bedient alle windstreken en hoofdattracties van Hokkaido. Shinkansen komt tot Hakodate, vanuit Tokyo in circa vier uur. De verlenging tot Sapporo staat gepland voor 2030.
Er zijn volop luchtlijnen tussen Tokyo (Narita en Haneda, maar ook andere grote steden) en Sapporo-Chitose Airport, ook budgetmaatschappijen als Jet Star, Peach en Vanilla.

eenkomsten met San Francisco. Langs de kust ten noorden en oosten van Hakodate wordt op uitgebreide schaal zeewier gewonnen en verwerkt; Route 278 passeert veel van die bedrijfjes.

Kanemori 1

14-12 Suehirocho

De rode bakstenen pakhuizen (1909) hebben hier een nieuwe bestemming gekregen: er zit een vijftigtal restaurants en souvenirwinkels. Ertegenover is een grote Starbucks. Het wijkje is flaneergebied bij uitstek.

City Museum of Northern Peoples 2

21-7 Suehirocho, 300 yen. Alle musea, 2 - 5 9-19, nov.-mrt. tot 17 uur, combi-tickets verkrijgbaar - waaronder drie musea voor 720 yen

Het museum biedt een diepgaand inzicht in het leven van de Ainu en de verwante Aleut, zij het in een wat gedateerde presentatie. Er zijn prachtige gewaden die aan de 'noordelijke zijderoute' geliefde handelsobjecten waren. Motieven en accessoires waren zeker niet alleen een esthetische uitdrukking, maar gaven ook persoonlijke- en seizoensonderwerpen weer. Het boek met de *Reize van Maarten Gerritsz Vries* uit 1648 ligt nieuwsgierigmakend gesloten in een vitrine; aan de uitgave (1858) van Frederik Muller leverde ook Von Siebold een bijdrage. De Vries was ontdekkingsreiziger en commandeur van de VOC.

Museum of Literature 3

Het Museum of Literature is een ode aan de schrijvers die Hakodate voortbracht, onder wie (tanka)dichter Takuboku, Yasushi Sato (1949-1990) van wie drie boeken in het Engels verfilmd zijn, en de uiteenlopend kunstzinnige broers en zus Hasegawa.

Uitzicht vanaf de Goryokaku Tower

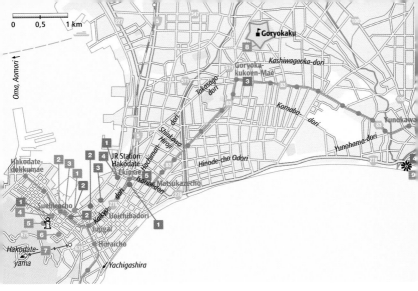

British Consulate

In het voormalige Britse Consulaat liggen documenten en enkele persoonlijke bezittingen van de consul Richard Eusden en zijn vrouw en worden historische wapenfeiten gedocumenteerd. Waaronder een van de eerste gemengde liaisons: die van geoloog/seismoloog John Milne en Tone Horikawa. Populair is de Britse tearoom Victorian Rose waar Japanse thee en Britse zoete lekkernijen geserveerd worden.

Old Public Hall

In de Old Public Hall loopt u langs de voor het bezoek van kroonprins Yoshihito (1911) en de keizer en keizerin in 1989 opgepoetste kleed- en slaapvertrekken. Vrouwelijke reisgenoten kunnen tegen betaling een Meiji- of galajurk lenen en zich in de balzaal of op het bordes laten fotograferen. Verder leest u over stadsdrama's als de scheepsramp met de *Toya Maru* in 1954 waarbij 1155 opvarenden omkwamen. Veel gefotografeerd is het steile straatje bij de **Russian Orthodox Church** .

Hakodate-yama Ropeway

Dag. 10-22, okt.-apr. tot 21 uur, 1280 yen retour

Boven Motomachi ziet u de kabelbaan de 334 m hoge Hakodate-yama bestijgen, vooral een geliefde plek by night. Er is een restaurant op hoogte. De weg naar boven is voor auto's van 17 uur tot zonsopgang niet toegankelijk.

Goryokaku Tower

Dag. 8-19, okt.-apr. tot 18 uur, 900 yen

De toren in zijn huidige hoedanigheid werd in 2006 geopend. Het bovenste observatieplatform is op 90 m hoogte. Daarvandaan is de bastionvorm van het oude fort Goryokaku goed zichtbaar. Maquettes en modellen geven de wapenfeiten van het handelsverleden.

Het fort werd in 1853 gebouwd als militair en diplomatiek steunpunt.

Yunokawa Onsen

Yunokawa Onsen is het onsen-resort van Hakodate, ten noordoosten van de stad. Het is het verwengebied van de streek zowel wat baden als culinaire

Hakodate

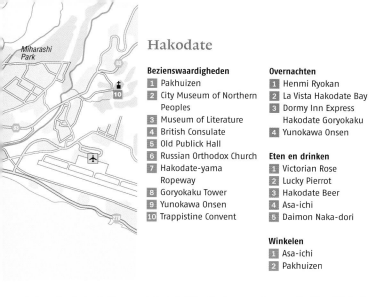

Bezienswaardigheden
1. Pakhuizen
2. City Museum of Northern Peoples
3. Museum of Literature
4. British Consulate
5. Old Publick Hall
6. Russian Orthodox Church
7. Hakodate-yama Ropeway
8. Goryokaku Tower
9. Yunokawa Onsen
10. Trappistine Convent

Overnachten
1. Henmi Ryokan
2. La Vista Hakodate Bay
3. Dormy Inn Express Hakodate Goryokaku
4. Yunokawa Onsen

Eten en drinken
1. Victorian Rose
2. Lucky Pierrot
3. Hakodate Beer
4. Asa-ichi
5. Daimon Naka-dori

Winkelen
1. Asa-ichi
2. Pakhuizen

geneugten betreft. De meeste hotels **4** hebben eigen thermale baden; logies is er vrij prijzig.

Trappistine Convent **10**
346 Kamiyunokawa-cho
Landinwaarts van de kuurplaats Yunokawa Onsen is het Trappistine Convent een verrassende verschijning. Er staan in de tuin beelden van Jeanne d'Arc, de aartsengel Michael en een Lourdesgrot. Hier wonen trappisten-nonnen in een klooster dat door een Franse bisschop in 1898 werd gesticht. Er is een klein museum en er worden zoetigheden verkocht als madeleine-cakes.

Overnachten

Onberispelijk – **Henmi Ryokan 1**: 4-6 Wakamatsucho. Gastvrije ontvangst, kamers in tatamistijl. Met restaurant (krab heeft er geregeld een hoofdrol), halfpension aanbevolen. Vijf min. van Hakodate Station, tevens voor gasten gratis parkeren.

Baden op 13 hoog – **La Vista Hakodate Bay 2**: 12-6 Toyokawacho, tel. 0138 23 6111. Groot luxehotel bij de pakhuizen. Prachtige onsen op de 13e verdieping, ook in de openlucht en met uitzicht op de stad/haven.

Veel extra's – **Dormy Inn Express Hakodate Goryokaku 3**: 29-26 Hon-cho, tel. 0138 35 5489. Veel extra's, waaronder gratis taxi naar en van Spahotel La Vista en daar gebruik van de baden. Westers georiënteerd ontbijt; parkeergarage.

Eten, drinken en uitgaan

Ga voor kraakverse sushi en donburi naar de Asaichi-ochtendmarkt. Lokale specialiteiten zijn *kani* (crab), *ika* (inktvis) en *ramen* met schelp- en schaaldieren. Voordelige eetgelegenheden en bars bevinden zich bij Goryokaku. Levendig is het 's avonds ook bij de haven: de pakhuizen en de Hakodate-brouwerij.

English tea – **Victorian Rose 1**: in het voormalige Britse Consulaat wordt een authentieke tea geserveerd.

Populair snackadres – **Lucky Pierrots** 2: 23-18 Suehirocho, meer filialen. Op Amerikaanse leest geschoeid: snelle hamburgers en curries met Japanse twist.

Brouwerij-restaurant – **Hakodate Beer** 3: Brouwerij-interieur, proeverij van de eigen bieren, op de menukaart een mix van de Japans-Amerikaan-Duitse keuken. Geregeld livemuziek (meestal piano en dwarsfluit met gouden classics).

In de rij voor zee-egels – **Asa-ichi** 4: Op de markt. Daar vlak bij is **Uni Murakami** (22-1 Otemachi, wo. gesl.), een speciaal adres voor zee-egel. Drukbezocht, kom voor 18 uur ...

Restaurantstraatje – **Daimon Yokocho** 5: Daimon Naka-dori/Takasagodori is The Place to be voor izakayas, ramen, sushi en grill.

Winkelen

Verse en gedroogde vis, thee en andere artikelen vindt u op de ochtendmarkten Asa-Ichi 1 en – aangrenzend – Ekini bij het station. De bijnaam van Hakodate is Squid City: pijlinktvis wordt gevuld met rijst en vacuüm verpakt als *ikameshi*, ingemaakt in zout (*shiokara*) en gedroogd (*surume*); als de gedroogde surume in sliertjes is: *sakiika*. Vacuüm zijn ook de curries. Pijlinktvissen zijn er trouwens volop in speelgoedbeestvorm te vinden. Allerhande souvenirs vindt u in de pakhuizen 2, de Brick Houses; daar zijn ook warenhuizen.

Zeep wordt in de regio gemaakt van zeewier en lavendel. *Makonbu* wordt in Hakodate gemaakt, het is een topkwaliteit kelp. In eetbare vorm is het verkrijgbaar als *konbumaki*: gekookte zalm plus eitjes in kelp; ook vacuum.

Gevangenen in Hakodate houden zich ledig met het maken en bedrukken van textiel, waaronder tassen. Deze **Marugoku**-artikelen, waaronder ook etuitjes, zijn populair, de bedrukking is een kanji-karakter voor 'gevangenis'. Te koop in diverse souvenirwinkels.

Informatie en vervoer

De Tourist Info vindt u naast de Old Public Hall in de wijk Motomachi; tel. 0138 23 5440.

Bussen en trams rijden door de verschillende stadsdelen.

Minato Matsuri: havenfestival 1-5 augustus, met optochten van dansers (16-21.30 uur) en vuurwerk. De inktvisdans is zo eenvoudig dat toeschouwers aanhaken.

Onuma Park ▶ R 5

Japanners brengen hier graag hun zondag door, in het Quasi National Park, ten noorden van Hakodate. Vooral met waterfietsen, roeibootjes of in een rondvaartboot op het Onumameer, het grootste van de drie in het park. Paden voeren over bruggetjes en eilandjes, 's zomers is het water deels een waterlelietapijt. Wie even de benen wil strekken – met een ijsje toe – is hier op de goede plek.

Snack- en souvenirwinkels en een badkuip om uit te vissen kunnen niet verhullen dat we hier weer met een bijzonder vulkaanlandschap te maken hebben. Als het zicht goed is, vormt de vulkaan Komagatake het indrukwekkende decor. De vulkaan is ook verantwoordelijk voor de vele eilandjes in de meren. Van juni tot oktober is de klim naar Umanose, de vulkaanrand, toegestaan. In de wintermaanden is ijsvissen op het Junsainumameer geliefd. Een mooi uitzichtpunt langs Route 5 is het Mount Higurashi Observation Deck (303 m).

Shikotsu-Toya National Park ▶ R 4

De kern van dit park wordt gevormd door twee meren: Toya en Shikotsu. Daarvan lokt Toya veruit de meeste toeristen. Er zijn diverse vulkanische vormen en verschijnselen waar te nemen. Ook zijn er thermale baden. De Usuzan is een nog actieve vulkaan.

Toya-ko

De levendigheid die de G8-top in 2008 met zich meebracht naar Toyako, zal het plaatsje niet snel weer beleven. Tenzij zich weer een groots natuurverschijnsel voordoet, want daar heeft Toyako patent op. In 1977, 2000 en 2007 deden zich grote aardverschuivingen voor, met vulkaanuitbarstingen en verwoestende modderstromen. Een gelukkig bijkomend verschijnsel

was dat men er de Toyako Onsen voor 'terugkreeg': de warme bronnen die een nieuwe stroom toeristen lokt.

Het **Science Museum** (9-17 uur, 600 yen) is gewijd aan de activiteiten van Usu-zan en modderstroombeheersing, vooral gericht op jeugd. Tevenover het museum ziet u preventieve maatregelen tegen nieuwe modderlawines.

In de plaats Toyako zijn voeten- en handenbaden, de meeste hotels hebben onsen met thermaal water voor uitgebreider badderen. Toch hebben veel bewoners en uitbaters hun heil inmiddels elders gezocht en staan er meer panden verlaten bij dan door bevingschade alleen te verwachten zou zijn.

Het Toya-ko is een kratermeer met een omtrek van 43 km. In het midden ligt het eiland Nakajima waarop een rondwandeling te maken is. Een veerboot gaat er frequent heen – en cirkelt tevens om twee kleinere eilandjes.

Toya-ko vanaf Silo

Mooi uitzicht over het meer, de Usu-zan en de Showa Shinzan hebt u aan de noordwestkant van het meer bij Silo. Het is tevens de start voor helikoptervluchten van 3, 6 of 12 minuten, respectievelijk 5000, 10.000 en 20.000 yen; de langste gaat over de krater. Bij dit uitzichtpunt is een grote souvenirwinkel.

Er is geen openbaar vervoer tussen het Toya- en het Shikotsumeer.

Usu-zan

Ropeway dag. 9-16, zomer 17.30 uur, 1600 yen retour

De Usu-zan hoort in het rijtje van de actiefste vulkanen van Japan. Een tochtje naar de krater maakt u met een kabelbaan. Daarvóór bent u door een straatje met souvenirwinkels geleid. Vanaf het uitzichtplatform is er bij goed weer mooi zicht op de rode rots Showa Shinzan, die in 1943-1944 ontstond. Interessant is de **Masao Mimatsu Memorial Hall**, met de minutieuze verslaglegging van de man die de Showa Shinzan observeerde en het stuk vulkaangrond kocht. Ook is er een **berenpark** (8/8.30-16.20/17 uur, 850 yen) met ongeveer 100 bewoners. Aan de achterzijde van de bergen ligt een vruchtbaar landbouwgebied.

Overnachten

Luxehotel met veel vertier – **Toya Sun Palace:** 7-1 Aza Toyako Onsen, Soubetsu-cho, tel. 0142 75 1111, karakamikankou.jp. Zeer groot resorthotel met mooie onsen, ook in de openlucht pal aan het meer. Ook niet-hotelgasten kunnen daarvan gebruikmaken (10-15 uur, 850 yen, weekend en vakanties 1500 yen). Groot speelzwembad, speelhoek, schoonheidssalon, barshows, en eersterang voor het vuurwerk. Zowel westerse als Japanse kamers, meer dan 450 in totaal. Gratis shuttlebus vanuit Sapporo (duur 2 uur; reserveren).

Eenvoudig Japans adres – **Daiwo Ryokan:** 105 Toyako Onsen, tel. 0142 75 2415. Een paar straten van het meer vandaan, ruime Japanse kamers en onsen. Geen ontbijt, slechts drankautomaat.

Superonsen aan het Shikotsu-ko – **Marukoma Onsen:** 7 Poropinai, tel. 0123 25 2341. Sfeervol adres bij het Shikotsumeer met thermaal bad in de openlucht, gemengd baden (badpak), ook open voor niet-logerende gasten (10-15 uur, 1000 yen). Daarnaast conventionele onsen.

Veel keus heeft **Noboribetsu Onsen**. Alle hotels tappen daar water uit de Jigokudanibron.

Wandelen

Achter het Science Museum start een illustratieve wandeling van enkele kilometers. Volg tot T7-8, tot het indrukwekkende uitzicht in een van de tientallen nieuwe kratermeren die in 2000 ontstonden. Keer dan terug, het 180 graden panorama is namelijk veel interessanter dan het pad vervolgen tot een rondwandeling waarvan de laatste kilometers over asfalt gaan.

Ten westen van Toya-ko, waar nog duidelijk schade aan wegen en panden zichtbaar is, gaan de wandelingen naar uitzichtpunt Konpira en de wandelpromenade Nishiyama (daar wordt entreegeld geheven).

Wandeldoelen bij het Shikotsu-ko zijn de toppen van de Tarumae-zan (1041 m) – circa een uur vanaf het 7th Station – en de Eniwa-dake (1320 m), bij de Marukoma Onsen, circa 2,5 uur.

Info en evenementen

Zie www.laketoya.com
Vuurwerk elke avond van mei tot eind september; aanvang afhankelijk van

Sapporo Odori Park

het invallen van de duisternis, duur circa 20 minuten. Wordt vanaf boten op het Toyameer afgestoken.

Sapporo ▶ R 4

Sapporo is een stad met twee miljoen inwoners. De plaats speelt zo'n anderhalve eeuw een rol in de wereldgeschiedenis, maar staat sinds de Olympische Spelen in 1972 pas echt op de kaart en het netvlies. Een betrouwbare hoeveelheid sneeuw maakt er het wintertoerisme een belangrijk thema. In de stad trekt dan het ijssculpturenfestival veel bekijks.

In de zomer is het Odori Park een aaneenschakeling van biertuinen en is 'het München van het Oosten' een passende bijnaam. Uitgaan is hier een wezenlijk deel van het culturele leven. De Universiteit van Hokkaido neemt een groot deel ten noordwesten van het JR-station in beslag. Het centrum, ten zuiden van het station tot en met de uitgaanswijk Susukino, leent zich prima voor gewoon wat rondlopen.

JR Tower 1

Dag. 10-23 uur, 720 yen

Als het u om een heuse toren te doen is, ga dan naar de 38e verdieping van de JR-Tower, op 133 m hoogte.

Former Hokkaido Government Office 2

Het voormalige gouvernementsgebouw van Hokkaido heeft de bijnaam Akarenga – rode bakstenen. De omringende parktuin met bonsai, bamboe en bloeiende planten is (gratis) toegankelijk.

Botanical Gardens 3

Mei-okt. di.-zo. 9-16/16.30 uur, 420 yen; nov.-apr. alleen de kassen ma.-vr. 10.15.30, za. tot 12.30 uur, 120 yen

Een reden om de botanische tuin in te gaan zou vooral zijn om het museum aldaar te bezoeken, dat is gewijd aan dominee John Batchelor die van het bestuderen van het Ainu-volk zijn levenswerk maakte.

Odori Park 4

Het langgerekte park heeft in de zomer veel meer stoelen dan bomen. Alle grote

Sapporo

Bezienswaardigheden
1. JR-Tower
2. Former Hokkaido Government Building
3. Botanical Gardens
4. Odori Park
5. Clock Tower
6. Sapporo TV Tower
7. Sapporo Factory
8. Sapporo Beer Museum
9. Maruyama-Okurayama
10. Moiwa-yama
11. Nakajima Park
12. Nopporo Park /

Historical Village of Hokkaido
13. Sapporo Dome

Overnachten
1. JR Tower Hotel Nikko Sapporo
2. Nakamuraya Ryokan
3. Hotel Okura Sapporo
4. Nest Sapporo Odori

Eten en drinken
1. Higenoushi
2. Odori Park

3. Ramen Alley
4. Nijo Fish Market
5. Iyogai Market

Uitgaan
1. Susukino
2. Sapporo Concert Hall

Winkelen
1. Daimaru
2. Stellar Place
3. Tokyu
4. Tanuki-koji
5. Sapporo Factory

biermerken hebben er dan hun eigen 'tuin': Sapporo, Kirin, Asahi en Suntory maar ook Duitse en Deense hofbrouwers. Ter hoogte van 9e straat is een kinderparadijs met speel- en picknickplekken, de grote betonnen sculptuur fungeert als glijbaan. Ook andere evenementen, van lichtspel tot jazz, vinden er plaats; in de winter het fameuze Snow Festival, met enorme beelden en bouwwerken van sneeuw en ijs, een 100 m lange glijbaan en een sneeuwlabyrinth.

Clock Tower 5

Dag. 8.45-17 uur, 4e ma. van de maand gesl., 200 yen

Midden in het centrum staat een typisch Amerikaans huis met een klokkentoren. Het is het symbool voor de ontwikkeling van de stad in de tweede helft van de 19e eeuw, waarbij veel westerse technici en docenten betrokken waren. Beneden waren klaslokalen en onderzoekskamers, boven de sportzaal en ceremoniële ruimtes.

Sapporo TV Tower 6

Dag. 9-22 uur, 720 yen

De Sapporo-TV-Tower is 147 m hoog; het observatieniveau is op 90 m.

Sappory Factory 7

2-4 Chuo-ku

De voormalige locatie van de eerste bierbrouwerij van Japan is eveneens een 'akarenga': roodbakstenen gebouw. Er is nog een kleine brouwerij/proeverij, maar vooral tot groot winkel- en uitgaanscentrum verbouwd.

Sapporo Beer Museum 8

Tel. 011 748 1876, di.-zo. 11-20 uur, gratis toegang

Ongeveer een kilometer ten oosten van het station is de Sapporo Beer Garden met het Beer Museum gevestigd. U ziet en hoort er het bierproductieproces, dat hier in 1876 een aanvang nam onder een in Duitsland getrainde Japanse brouwer. En er is aandacht voor de stadsgeschiedenis – voor zover die aan hop gerelateerd is.

Maruyama-Okurayama 9

Zoo: Miyagaoka, 3-1 Chuo-ku, 15 min. lopen van metrohalte Maruyama-koen, tel. 011 621 1426, 9.30-16.30 uur, elke 2e en 4e wo. van de maand gesl., 600 yen, t/m 14 jaar gratis
Sapporo Olympic Museum: 9/9.30-17/18 uur, 600 yen, tot 14 jaar gratis)

Boegbeeld de ijsbeer is een ware stads-icoon, maar te zien is die alleen in de **Maruyama Zoo** (9.30-16 uur, 600 yen, tot 14 jaar gratis). Vrij recent geopend is de Waku Waku Asian Zone, met fraaie behuizing voor onder meer de amoer-tijger en honingbeer.

Aan de noordkant van het Maru-yama Park ligt de Hokkaidotempel, ex-tra bezienswaardig van 1-3 januari, tij-dens de kersen- en pruimenbloesem en gedurende de festivaldagen half juni. Westelijk van het park is de skispring-schans. U kunt met een stoeltjeslift

(500 yen) op starthoogte komen. De skischans wordt het hele jaar gebruikt voor trainingsdoeleinden. Aan de voet van de schans ligt het Sapporo Olympic Museum. Daar ziet u flashbacks van de Olympische Spelen en zijn achtergronden en simulaties van diverse wintersporten.

Moiwa-yama

Tram tot halte Ropeway; kabelbaan 10.30/11-22 uur, 1700 yen. Parkeren boven 660 yen

De 531 m hoge berg, met winterse skipiste, is een majestueus uitzichtpunt over de stad. Het interessantste is het blikveld na zonsondergang, tijdens de bloesem of herfstkleurentijd. De weg naar boven is alleen in de zomer, tot 17 uur, toegankelijk.

Nakajima Park

Metrohalte Nakajima-koen. Concertzaal www.kitara-sapporo. or.jp; Museum of Literature di.-zo. 9.30-17 uur, 500 yen, gratis parkeren

Groen en water vormen de basis van het Nakajima Park. Tevens staat daar een concertzaal, **Kitara Concert Hall**, volgens Simon Rattle de beste moderne concertzaal ter wereld, met een groot Alfred Kern & Fils-orgel. Tevens bevinden zich in het park een astronomisch observatorium, een sportcomplex en een aan literatuur gewijd museum, met een uitgebreide collectie haiku's en andere dicht- en essayvormen, ook van Ainu. En Nijntje is present.

Het Nakajima Park heeft een grote recreatieve functie, maar ook de nabijgelegen groenzones langs de rivier de Toyohira zijn geliefd voor picknick, sport en spel.

Kaitenzushi: sushi aan de lopende band, Sapporo

Nopporo Park [12]

Bus 22 tot eindhalte Kaitaku-no-mura, di.-zo. 9-16.30/17 uur, Historical Village 800 yen; Museum of Hokkaido 600 yen

In het park ligt het openluchtmuseum **Historical Village of Hokkaido**, met uit alle windstreken van Hokkaido hierheen verplaatste huizen en werkplaatsen, van de Meijiperiode tot de beginjaren onder keizer Hirohito. Daaronder is ook een haringvissershuis uit Otaru. De geschiedenis tot in de prehistorie wordt met veel archeologische vondsten geschetst in **The Museum of Hokkaido**.

Sapporo Dome [13]

Hitsujigaoka, tel. 011 850 1000 (rondl. Dome en info observatorium, resp. 1050 en 520, combi 1250 yen)

Het stadion (1998) is de thuisbasis voor Sapporo's professionele honkbal- en voetbalteams en gepland als locatie voor voetbalwedstrijden van de Olympische Spelen 2020. In 2019 is er WK-Rugby. Op de tribunes zijn afhankelijk van sport of evenement 40.000 tot ruim 53.000 plaatsen beschikbaar. Het mobiele kunstveld heeft naam en faam, het elliptische dak wordt door een op hoge druk gehouden luchtstroom omhoog gehouden. Tevens vinden er muziekconcerten plaats.

Overnachten

Er is veel accommodatie in Sapporo, maar tijdens grote evenementen, waaronder het Snow Festival, komt daar grote druk op te staan. Dan is uitwijken naar **Otaru** – slechts een halfuur per trein – of daar voorbij in **Yoichi** een alternatief. Een groot cluster hotels bevindt zich in de wijk Susukino, ten zuiden van het station, midden in het eet- en uitgaansgewoel. Er gaat een shuttle-bus tussen vliegveld New Chitose en Sapporo met een een halte in Susukino.

Stationstoren – **JR Tower Hotel Nikko Sapporo** [1]: 5 Kita, tel. 011 251 2222, www.jrhotels.co.jp. In de indrukwekkende stationstoren biedt Hotel Nikko westerse luxe en comfort met op de 22e verdieping mooie onsen met uitzicht.

Japanse stijl – **Nakamuraya Ryokan** [2]: Kita 3, Nishi 7, tel. 011 241 2111, www.ryokan.or.jp. Sobere tatamikamers met eigen badkamer en gemeenschappelijke baden, ontbijt in de kamer.

Vijfsterren – **Hotel Okura Sapporo** [3]: 1 Minami-jo, tel. 011 221 2333, www.okura-nikko.com. Vijfsterrenhotel, prijzen fluctueren sterk, van middenklassetarieven tot ruim het dubbele. En dan kiezen tussen de vijf restaurants en de veelvoud daarvan in de aangrenzende uitgaanswijk Susukino.

Comfortabel en efficiënt – **Nest Hotel Sapporo Odori** [4]: 5-26-1 Minami, tel. 011 242 1122, www.nesthotel.co.jp. Modern hotel, niets op aan te merken. Met schuifdoosgarage.

Eten en drinken

Tot het beste dat Sapporo culinair te bieden heeft, horen kraakverse sushi/sashimi, curries met veel groente en kip of vis/schaaldieren en djengiskan: diverse soorten lamsvlees – naar keuze – die u zelf op een bolle grillplaat boven houtskool roostert. Die tafelgrill heeft wat weg van een Mongoolse strijdershelm, vandaar de naam djengiskan (of jingisukan).

In en grenzend aan de JR-Tower: **Stellar Dining**: een variëteit aan adresjes voor kleine, grote, zoete en hartige trek. Of een kop koffie met croissant bij Paul. *Bata-kan* is een eigen versie van Sapporo ramen, met bouillon, boter en mais.

Djengiskan – **Higenoushi** [1]: Minami 3-jo, Nishi 5-chome. De temperatuur loopt al snel op van alle tafelbarbecues, kom liever vroeg op de avond. Vooral het gezouten lamsvlees is erg mals.

Hele zomer Oktoberfest – **Odori Park** [2]: aaneenschakeling van biertuinen, drukbezocht, maar om 21 uur is het feest voorbij. Groepen bestellen tafelvaten, in een paar maten verkrijgbaar. Met zowel Duits als Japans fingerfood.

Noedelstraat – **Ramen Alley** [3]: bijvoorbeeld: **Ramen Yokocho**, 5 Minami. Voor een snel en altijd smakelijk maal: een kom met noedels en extra ingrediënten naar keuze.

Vismarkt – **Nijo Fish Market** [4]: 1 Minami 2-jo Higashi. Populair is **Donbury-chaya** (7-17.30 uur). Niet alleen pijlinktvis in soorten en variaties, ook krab en allerhande vis.

Straatmarkt – **Jyogai Market** [5]: zo'n 80 eet- en winkelkramen. Vooral vis: krab, zee-egel, zalmeitjes en inktvis.

Uitgaan

In uitgaanswijk **Susukino** [1], een woud van neonverlichting, is alles te vinden van respectable restaurants tot hostess clubs van geprezen en verguisd allooi. Zodra er termen als *soap land* en *sugar babies* worden genoemd, is er waarschijnlijk een groot deel van uw vakantiebudget mee gemoeid.

De concertzaal **Kitara** [2] is thuisbasis voor het Sapporo Symphony Orchestra en een van de locaties van het Pacific Music Festival in juli

's Zomers verslaat vrijwel niets de populariteit van de biertuinen in **Odori Park**; zie [4].

Winkelen

Het mooie warenhuis **Daimaru** [1] zit aan het JR-station vast. Daar vindt u ook winkel- en restaurantcomplex **Stellar Place** [2] met eveneens de chiquere labels: mooie mode, accessoires en sportkleding. **Tokyu Store** [3] ligt schuin aan de overkant.

Tanuki-koji [4] is een overdekte winkelstraat, de oudste in zijn soort van Hokkaido; 's zomers een koele flaneerplek met cafés tussen de winkels. Een blok zuidelijker gaat het winkelen ondergronds door. De **Sapporo Factory** [5] heeft 160 winkels waarvan een groot deel gericht op sport en outdoor, ook souvenirs en bierkelder.

Evenementen

De 2e week van februari is het grootse Sapporo Snow Festival, **Yuki Matsuri**, waarbij teams van over de hele wereld

Nikka

In het hele land ziet u advertenties voor Nikka-whisky. Ook Joseph Beuys, Rod Stewart en Orson Welles waren in het verleden reclameboegbeelden. De oprichter van het bedrijf, Masataka Taketsuru, had in Schotland het distillatieproces bestudeerd en bracht zijn kennis in de jaren twintig mee terug naar Japan. Daarvoor brouwde men wel iets onder de naam Japanse whisky, maar dat had weinig weg van echte whisky. Taketsuru werkte eerst voor een opdrachtgever in Kyoto. Zijn eigen bedrijf, pas later Nikka genoemd, vestigde hij in **Yoichi**, ten westen van Otaru, onder meer vanwege de goede waterkwaliteit.

Nikka produceert zowel een blended als single malt. Sinds 2001 speelt Japan mee in internationale kwalificatie van Schotse whisky, waarbij Nikka al geregeld zeer hoog in de prijzen viel. Bezoekers zijn welkom op het filiaal in **Yoichi**, voor proeverij en rondleidingen.

grote bouwwerken creëren. Sneeuwfiguren – 's avonds verlicht – staan in het Odori Park, ijssculpturen in Susukino – sommige met daarin vis en schaaldieren verwerkt! Een derde locatie is in het pretpark Satorando (Satoland) in Higashi-ku, Noordoost-Sapporo.

Informatie en vervoer

Tourist Info aan de noordwestkant van het station; ook voor een gratis wifipas, voordelige attractiepassen en excursies. Er zijn drie metrolijnen die alledrie onder het Odori Park samenkomen; ritprijs vanaf 200 yen, dagpas 830 yen. De stadstram rijdt een ronde tussen het conferentiecentrum (NTT Hokkaido Seminar Center) en Odori Park, tevens een halte op loopafstand van de kabelbaan (of neem de gratis busshuttle).

Een JR- trein verbindt de stad in ongeveer 40 minuten met New Chitose Airport (50 km).

Otaru ▶ R 4

Haringvisserij bracht Otaru begin 20e eeuw grote voorspoed. Lang niet alle haring was geschikt voor menselijke consumptie; een deel werd gedroogd en tot mest verwerkt. Er kwam een spoorlijn tussen de haven en Sapporo. De (haring)pakhuizen en de kade langs het kanaal zijn nu vooral toeristendomein. Het **Snow Light Path Festival** is een kleine variant van het sneeuwfestijn in Sapporo, hier in dezelfde periode. De sneeuwsculpturen staan langs het kanaal opgesteld. In de zomer vertrekken er boten bij de Asakusa-bashi.

Sommige haringvissers maakten fortuin en konden zich een villa buiten de stad veroorloven. Te bezoeken is de **Nishi Goten** (Herring Mansion; 3-228 Shukutsu, tel. 0134 22 1038, apr.-nov.

dag. 9-17 uur, 300 yen), op een heuvel een paar kilometer ten noorden van het centrum. En mooi is de **Kihinkan Villa** (Aoyama Vila; 3-63 Shukutsu, tel. 0134 24 0024, dag. 9-16/17 uur, 1080 yen), van de Aoyama, de grote haringmagnaten van de 20e eeuw. Behalve aan inrichting spaarden ze kosten noch moeite voor een prachtige collectie nihon-ga. De mooie houten villa wordt door een decoratieve tuin omringd.

Daisetsuzan National Park ✳ ▶ S-T 3

Een groot middendeel van Hokkaido wordt ingenomen door het Daisetsuzan National Park. Daarin ligt ook het hoogste punt van Hokkaido, de Asahi (2291 m). Het is niet de enige piek boven 2000 m en op een aantal daarvan ligt ook 's zomers sneeuw. Er zijn bossen en kloven, alpieneweides en hoogveen, maar vooral interessant zijn er de zichtbare vulkanische verschijnselen. De Ainu noemden het *Kamuimintara*: het speelterrein van de goden.

Ook bruine beren hebben hier hun leefgebied; neem voorzorgsmaatregelen om onaangename ontmoetingen te voorkomen als u een wandeling of trekking gaat maken. De kans dat u vossen tegenkomt is echter vele malen groter; een groot deel van die populatie heeft een parasiet, de Echinococcus. Mensen lopen gevaar besmet te raken als ze hier onbehandeld water uit de beken en rivieren drinken of wilde planten eten waar de eitjes van de parasiet op aanwezig zijn. Uiteraard houdt u afstand van de vossen, ook al zijn de zwakke en zieke dieren erg tam.

In de wildernis van Daisetsuzan zijn drie kerngebieden. Het dichtst bij **Furano** is de Tokachi-kam, ten noorden daarvan de Omote Daisetsu – het hoofdgebied van het ▷ blz. 279

Op ontdekkingsreis

Sounkyo – een trap naar de top

Een letterlijke topplek in het Daise-tsuzan National Park is de beklimming van de Kurodake. Daar komen geen touwen aan te pas – behalve de kabels van de ropeway en de stoeltjeslift die het eerste deel van de route flink vereenvoudigen. Dan volgen stapstenen en houten treden.

Kaart: ▶ T 3
Duur: kabelbaan 10 min. of 2,5 uur lopen heen, 1,5 uur terug; stoeltjeslift 15 min. of lopend resp. 40 en 20 min. Dan 70 min. lopen tot Kurodake, terug 50 min. Desgewenst nog 1,5 uur verder tot de kraterrand.
Praktisch: start kabelbaan in Sounkyo, 1950 yen retour; stoeltjeslift 600 yen retour. Als u tot de kraterrand wilt komen, start dan uiterlijk rond 10.30 uur bij de kabelbaan. Logies is mogelijk in grote onsenhotels als **Choyo Tei** ▮ en **Choyo Resort Hotel** ▮, maar er is ook een hostel. Net voorbij de Kurodake is een **camping** ▮, in het hele park zijn **trekkersplaatsen** ▮.

Doel: Kurodake

Om de groene berg, waar in brede plateaus het water omlaag stort, hangt vaak een nevelkroon. Op het bergstation van de kabelbaan is een eerste uitzichtplatform. Een klein deel van de bezoekers kuiert de paar honderd meter naar de stoeltjeslift. Mensen met hoogtevrees zullen zich daar niet aan de rit willen wagen, het feit dat er geen voorbarrière bij de stoeltjes aanwezig is, helpt ook niet echt. Daarentegen gaan de stoeltjes behalve bij de stations zeer laag boven de grond, lange benen voelen soms het opgeschoten onkruid.

De hulplijnen brengen u wel fris aan de start van de klim. Over de voor u oprijzende 400 hoogtemeters loopt u ongeveer vijf kwartier. Echt moeilijk is het pad alleen onder natte omstandigheden. Wacht dan een beter moment af.

's Zomers geven bloemen afleiding: veel bekenden als fluitekruid, bosanemoon, klokjesbloem en monnikskap, hoger ziet u ook gentiaan en dophei. Tot de top is er maar één pad mogelijk. De laatste paar honderd meter leest u bemoedigend – in het Japans – hoe nabij uw doel is. Op het rotsachtige plateau staat de mijlpaal die voor veel klauteraars hun Himalaya betekent, inclusief 360 graden panorama.

Door naar de kraterrand

Maar het weidse panorama met kleurrijke vlaktes, sneeuwvelden en alpenweides smaakt naar meer. In de verte doemt een duidelijke kraterrand op. Een keiig pad daalt af tot vlak voor een eenvoudige camping. Als u daar het rechterpad aanhoudt, vlak/licht stijgend, komt u na 3,5 km bij de kraterrand. Onderweg ziet u links van u in de kloofwand aan de kleuren en de rookpluimen dat de aarde hier niet rust.

Voorzorgsmaatregelen

Het weer kan in de bergen snel omslaan. Vooral mist kan u nopen tot het moeten wachten op opklaringen. Neem altijd warme en waterdichte kleding mee, ook op zonnige dagen. En extra eten en water. Alle voedselresten neemt u weer mee, het terrein is berenleefgebied. Waarschuw beren door een belletje aan uw rugzak te binden. Draai om als u verse sporen aantreft en ziet u een beer: niet wegrennen of aankijken. De dieren zijn in principe niet in u geïnteresseerd.

Watervallenbonus

Drie kilometer ten oosten van Sounkyo zijn twee mooie watervallen, de *Ginga no taki* (melkweg) en de *Ryusei no taki* (vallende sterren) die over de 100 m hoge klifwanden storten. Ze zijn het beste te zien vanaf het uitzichtplatform, 15 minuten lopen van de parkeerplaats.

Favoriet

Tokachi-dake ▶ S 3

Bij de Bogakudai Observatory, met nieuw bezoekerscentrum, ziet u als er geen nevel om de top hangt aan de rokende flanken dat de Tokachi nog niet in diepe rust is. Het wandelpad daarheen gaat gestaag omhoog maar is bij droog weer goed te doen. Tot de shelter is het 2,5 km, tot de kraterrand nog een extra 3,5 km. Een langere trekking is mogelijk door te starten bij Tokachi-dake Onsen; reken daarvoor 3,5 uur heen en 2,5 uur terug.

U bereikt de Tokachi-dake vanuit Kamifurano over Route 291, vervolgens Route 966 langs de vrij toegankelijke Fukiage-rotenburo (openluchttonsen). Als bonus komt Route 966 nog langs de wijdvertakte Shirahige-waterval en de fotogenieke Aoiike (Blue Pond; zie foto blz. 5).

park – en ten zuidoosten daarvan de Higashi Daisetsu, met minder hoge pieken maar met bergmeren.

Furano & Tokachi-dake ▶ S 3

De grote meerderheid van de (bus)toeristen gaat naar Furano voor de lavendelvelden, meloen- en aardbeienvelden, waar volop heerlijkheden van worden gemaakt. Als het lavendelpaars niet op zijn top is, neemt men selfies voor de afrikaantjes en salvia's. De vruchtbare bodem is een gift van de vulkanen, die een prachtig decor vormen. Daaronder is de Tokachi-dake (2077 m).

Omote Daisetsu ▶ S 3

Asahi-dake Onsen is in hoofdzaak een wintersportstation. Skiërs nemen er dan de kabelbaan omhoog, maar ook 's zomers is die in gebruik en dat geeft een goede start voor een mooie wandeling. Het vulkaanlandschap met stomende waterpartijen en vreemdvormige rotsen ziet u al heel mooi vanaf het bergstation van de kabelbaan op een 2 km lang wandelpad. Om de top te bereiken wacht een algauw 1,5 tot 2 uur durende klim- en klauterpartij. Maar dan hebt u ook uitzicht. Daarvandaan is het mogelijk door te lopen naar Sounkyo (zie blz. 276) meer iets voor backpackers dan dagtoeristen.

Diverse rivieren komen samen in **Asahikawa**, een vrij uitgestrekte stad met een sneeuwsculpturenfestival, bloeiende sake-industrie en enkele bezienswaardigheden. Een bescheiden collectie Ainuvoorwerpen is te zien in de Kawamura **Kaneto Ainu Memorial Hall** (Hokumon-cho, tel. 0166 51 2461, 9-17 uur, 500 yen).

Hoogtepunt van de **Asahiyama Zoo** (tel. 0166 36 1104, 9.30-16.30/17 uur, 820 yen) is de glazen tunnel van waaruit bezoekers pinguïns zien zwemmen. Ook op ijsberen en wolven wordt een nabije toeschouwersblik gegund en populair zijn de rode panda's, apen en grote katachtigen.

Het Disneyachtige domein van het **Hokkaido Folk Arts & Crafts Village** (dag. 9-17 uur, per museum 450-650 yen), op een heuvel, is gebouwd in en rond een textielfabriek. Er worden demonstraties weven en stoffen verven gegeven en er worden bijzondere kleden getoond, ook historische Belgische wandtapijten. Het Snow Crystals Museum is een kitscherige interpretatie van sneeuw en ijs.

Info en overnachten

Asahikawa en Furano zijn het best met het openbaar vervoer te bereiken en hebben de meeste accommodatie, in Sounkyo en Asahi-dake staan grote onsenhotels. Kleinschaliger kunt u terecht in Kamifurano en Biei.

Op hokkaido.env.go.jp/nature/mat/park/en/daisetsu/ zijn informatieve – Engelstalige – pdf's te downloaden.

Rishiri-Rebun-Sarobetsu National Park ▶ R 1

Twee eilandjes en een stukje vasteland vormen samen dit nationale park. Enkele tientallen kilometers scheiden Rebun van Russisch grondgebied. De kern van Rishiri wordt gevormd door de 1721 m hoge Rishiri-Fuji, met een kenmerkende vulkaantop. Die is haalbaar in een stevige dagtocht. Per auto kunt u tot aan het 5th Station komen. Alternatief doel is de Pon-yama (444 m), één tot anderhalf uur lopen van Hime Pond.

Het aantrekkelijkst is een bezoek in de maanden juni-augustus, wanneer de flora uitbundig is. Het wilde bloementapijt is de grote aantrekkingskracht van Rebun; er komt ook een soort edelweiss voor. Behalve toerisme is visserij voor de eilanden van belang. Befaamd zijn de uni (of unagi: aal) en het konbu (zeewier).

Info en overnachten

Rishiri ligt 20 km buiten de kust van Hokkaido. Veerboten gaan een paar maal per dag van Wakkanai naar Rebun en Rishiri, respectievelijk in 115 en 100 min., 2470 en 2240 yen. Ook tussen beide eilanden gaan 1-2 maal per dag veerboten. Op Rishiri is een beperkt busnetwerk; een huurfiets is daar een goede optie.

Logiesmogelijkheden zijn Tanakaya Hinageshikan in Rishiri-fuji, met thermale baden, en de ANA Crowne Plaza Wakkanai bij het JR-station.

Shiretoko National Park ▶ U 2

Het ecosysteem en de biodiversiteit gaven het park een plek op de UNESCO Werelderfgoedlijst. Shiretoko is het schiereiland aan de uiterste oostkant van Hokkaido.

Een bijzonder fenomeen zijn de ijsschotsen (*ryuhyo*) die 's winters van de Zee van Ochotsk afdrijven. Dat geschiedt van eind januari tot begin april; de beste tijd om de ijsschotsen te zien is de tweede helft van februari. Ze kunnen vanaf de weg vaak worden waargenomen. Zekerheid biedt een ice walk tour in **Utoro**, met gids op de ijsvelden of -schotsen in de baai; wetsuits worden verstrekt.

Tijdens zomerexcursies op rondvaartboten ziet u de prachtige kust, de watervallen Kamuiwakka en Furepe. Geregeld worden bruine beren op de rotsen waargenomen. Langs de weg van **Shari** naar Utoro loopt een wandeltrap naar de watervallen Oshinkoshin-no-taki. **Shiretoko go-ko** is een serie van vijf kleine meren die gevoed worden door onderaardse bronnen. Tot het eerste meer gaat een vlonderpad. Om verder te lopen door dit door beren bewoonde gebied zijn er beperkingen: u krijgt instructies en betaalt 250 yen toegang. Van 10 mei tot 31 juli kunt u er alleen met gids lopen (5000 yen). Bij berenactiviteit worden de paden gesloten.

Tussen Utoro en Rausu gaat een pas van circa 30 km; u ziet dan de 1661 m hoge Rausu, het hoogste punt van Shiretoko. De weg is van november tot eind april gesloten. Beklimmen van de Rausu-dake kan vanaf het Iwaobetsu Youth Hostel; reken op 4,5 uur naar boven. Zwaarder is de tocht naar de top van de Io-zan (8 uur retour), een actieve vulkaan; start is Shiretoko Ohashi, de brug net na de toegang tot de Kamuiwakkawaterval.

Info, vervoer, overnachten

Zie www.goko.go.jp/fivelakes/
Treinen gaan tot Shari, daarvandaan bussen naar Utoro en minder frequent naar Rausu.

Volop accommodatieaanbod heeft **Shari**. Daarnaast zijn logiesmogelijkheden in Utoro (het grote Shiretoko Hotel, tel. 0152 24 2131) en Rausu (Rausu Daiichi Onsen Hotel, tel. 0153 87 2259). Noordelijk van Utoro, bij Iwaobetsu Onsen, is een hostel.

Akan National Park ▶ U 3

De hoofdstructuur van het nationale park wordt gevormd door vulkanen en drie grote kratermeren: Akan, Mashu en Kusharo. De Oan-dake is met 1371 m de hoogste berg.

Modderbad bij Akanko

Akan-ko ▶ U 3

Een bijzonder verschijnsel vormen de marimo, de algenballen van het Akanmeer. Ze komen op meer plaatsen voor in Japan, maar hier op uitgebreide schaal. Deze algensoort leeft in zoetwater, is een plant uit de orde der Cladophorales en de enige bekende mossoort die in bolvorm groeit. Door zonlicht ontwikkelt een kluwen algen zich, en rolt geleidelijk en onder invloed van stroming naar dieper water. De bal neemt in omvang toe, maar eenmaal in dieper water zal de bal door gebrek aan licht uiteenvallen. Komen die brokjes weer in ondieper water, dan kan de marimo weer groeien. Er is een onderzoekscentrum voor marimo-algen op **Curui**, een eilandje in het meer. Akan Onsen (Akanko of Akankohan) is het toeristische centrum van de streek. Hotels aan het meer trekken vooral badgasten vanwege de minerale bronnen. Op de hellingen van Haku-tousan wordt 's winters geskied.

U komt meer te weten over de marimo en over de oorspronkelijke bewoners, de Ainu, in het **Eco Museum Center** (wo.-ma. 9-17/18 uur, vrij toegang; vraag aan de bali naar de gratis i-pad met Engelstalige info). Tevens zijn er aquaria met marimo en inheemse vissen. Achter het museum voert een wandelpad in tien minuten naar *bokke*: borrelende modderpoelen, aan de rand van het meer. In de plaats worden marimosouvenirs verkocht, maar ook kleine algenballen in een flesje water; waarschijnlijk – hopelijk – worden die handgerold van algen elders.

Aan de oostkant van het dorp is een folkloristisch museum gewijd aan de Ainu. In het Ainutheater zijn soms dans- of poppentheatervoorstellingen.

Mashu-ko

Met glashelder en heel diep water staat dit meer hoog op de lijst mooiste meren van Japan. Als u geluk hebt, hangen de wolken boven of achter de berg en niet boven het water. Het dichtst komt u bij het meer op een van de observatieplatforms; bij Observation Deck 3 is het vrij parkeren en het beste uitzicht op de Mashu-dake.

Kusssharo-ko

Het grootstse meer van de drie, met een omtrek van 57 km. Vissen, kajakken en fietsen zijn geliefd, maar niet in de laatste plaats de onsen (rotenburo) die langs de oevers te vinden zijn en vrij toegankelijk. Zoals Ikenoyu, Kotan en Wakoto. Wandelmogelijkheden zijn er vooral bij het schiereiland Wakoto.

Wandelen

Vanaf Akan-ko voeren wandeltochten van elk een halve dag naar de vulkaanbergen Oakan ('Meneer Berg'), aan de oostkant van het meer, en Meakan ('Mevrouw Berg'), aan westelijke zijde. Vooral mevrouw stoot nog geregeld zwavelige gassen uit. Van juni tot oktober zijn deze paden doorgaans goed begaanbaar, daarbuiten is het sneeuwseizoen.

Bij Observation Deck 1, Mashu-ko, gaat een wandelpad langs de kraterrand, tot de top van de Mashu-dake (7 km, 2,5/3 uur enkele reis).

Overnachten

Slapen in stijl – **Lake Akan Tsuruga Wings:** Akanko, tel. 0154 67 4000, www.tsurugawings.com. Veel minerale baden, stijlvol interieur – Japanse kamers en westerse met Japanse sfeer – en uitstekend eten.

Shangri-La – **New Akan Hotel,** 2-8-8 Akanko, tel. 0154 67 2121, www.new akanhotel.co.jp. Groot hotel, onder Shangri-La-keten, met ruime Japanse en westerse kamers, mooie spa en lounge met meerzicht.

Tegenover het Ainutheater in Akanko is een camping.

Info en excursies

Openbaar vervoer is beperkt in deze contreien, een (huur)auto onontbeerlijk. Fietsen is ook vrij goed mogelijk. Akan Sightseeing Cruise Company, tel. 0164 67 2511, www.akankisen.com. Rondvaart- en speedboten op Akan-ko naar Curui en de waterval, mei-begin nov. 7-10 maal per dag, 1900 yen.

Kushiro Shitsugen National Park ▶ U 3

Dit park omvat het grootste draslandgebied van Japan. Het is het resultaat van fluctuerende temperaturen en wisselend waterpeil sinds de laatste ijstijd, 6000-10.000 jaar geleden. Destijds lag dit gebied onder zeeniveau. De rivier de Kushiro meandert door het gebied, dat veel rietbegroeiing heeft.

Kraanvogels

Van januari tot maart fourageren hier Chinese kraanvogels (*tanchozuru* of *tsuru* in het Japans). Kraanvogels kwamen in Kushiro enkele decennia geleden nauwelijks nog voor. Ze worden op drie plaatsen bijgevoerd: het Tancho Observation Center, de Tsurui Ito Tancho Sanctuary en bij Tsuruimidai (direct naast Route 53). Een fenomeen is het dansen van de kraanvogels. Dat doen niet alleen baltsende, maar ook jonge en onvolwassen dieren. Het werkt aanstekelijk, op elkaar en op omstanders.

Kushiro Shitsugen

Kraanvogels hebben een extra plek in het hart van Japanners, als symbool voor geluk, trouw, een lang leven en vrede.

Als er geen kraanvogels in Kushiro Shitsugen zijn, zit de aantrekkingskracht grotendeels in verborgen natuurverschijnselen. Zo zijn er tal van klein onderaardse, ronde plasjes ontstaan doordat het wortelsysteem van cypergrassen tijdens vorst omhooggeduwd wordt en daaronder zich smeltwater verzamelt.

Akan International Crane Center

Dag. 9-17 uur, 470 yen, inclusief Tancho Observation Center
Hier is een opvang- en broedcentrum waar het hele jaar kraanvogels te zien zijn. Veel uitleg is er in het Engels.

Kushiro City Marsh Observatory

6-11 Hokuto, Route 53, dag. 8.30/9-17/ 18 uur, 470 yen

Het observatorium oogt als een Europese bunker met op de bovenste verdieping een glazen panoramaruimte; u krijgt er achtergrondinformatie over draslanden. Vrij toegankelijk zijn het vlonderpad en de trappen, waarover u in 20 minuten naar twee uitzichtpunten loopt. Een compleet vlonderrondje, door een bos met zwarte els, bamboe en veenmos, beslaat 2,5 km.

Info en overnachten

Kushiro City is een grote stad met veel accommodatie en voorzieningen.
Natuurlijk nest – **Hickory Wind:** Tsurui, tel. 0154 64 2956, hickorywind. jp. Landelijk adres met uitzicht op het kraanvogelreservaat, de eigenaar is een perfect Engelstalige natuurgids. Pendeldienst met bushalte of vliegveld. Onsen vlakbij, uitstekend eten in de lodge.

Toeristische woordenlijst

Algemeen

ja	hai
nee	iie
OK	oke
alstublieft (geven)	dozo
alstublieft (vragen)	kudasai, onegai shimasu
graag gedaan	do itashimashite
dank u	domo arigato
hartelijk dank	arigato gozaimasu
goedemorgen (vóór 10 uur)	ohayo gozaimasu
goedendag/hallo	konnichiwa
goedenavond	kombanwa
welterusten	oyasumi nasai
tot ziens	sayonara
pardon	sumimasen

Onderweg

bus	basu
trein	densha
station	eki
metro	chikatetsu
kaartje	kippu
enkele reis	kata-michi
retour	ofuku
auto	kuruma
vliegtuig	hikoki
vliegveld	kuko
veerboot	ferii
taxi	takushii
fiets	jitensha
benzine	gasorin
volle tank	man-tan
rechts	migi
links	hidari
rechtdoor	massugu
noord	kita
oost	higashi
zuid	minami
west	nishi
informatie	joho
telefoon	denwa
mobiele telefoon	keitai
internet	intanetto
stadsplattegrond	chizu

straat	michi
snelweg	kousoku
tolweg	kaido
ingang	iriguchi
uitgang	deguchi
open	eigyo-chu
gesloten	heten
strand	biichi
brug	hashi
toilet	toire

Tijd

10 uur ('s ochtends)	gozen juji
10 uur ('s avonds)	gogo juji
vandaag	kyo
nu	ima
morgen	ashita
overmorgen	asatte
gisteren	kinoo
ochtend	asa
avond	yugata
maand	gatsu
jaar	nen
vroeg	havai
laat	osoi
maandag	getsuyobi
dinsdag	kayobi
woensdag	suiyobi
donderdag	mokuyobi
vrijdag	kinyobi
zaterdag	doyobi
zondag	nichiyobi
feestdag	kyujitsu

Noodgevallen

Help!	taskete
politie	keesatsu
dokter	isha
tandarts	haisha
apotheek	yakkyoku
ziekenhuis	byoin
ongeluk	jiko
pijn	itami
autopech	kuruma ga kowareta
ziekenwagen	kyukyusha
noodgeval	kinkyu

Overnachten

hotel	hoteru
pension	ryokan
eenpersoonskamer	shinguru rumu
tweepersoonskamer	daburu rumu
met twee bedden	tsuin rumu
met/zonder badkamer	basurumu-tuki (-nashi)
douche	shawa
ontbijt	choshoku
sleutel	kagi
halfpension	choshoku / yushoku komi
bagage	sutsukesu
rekening	okanjo

Winkelen

winkel	mise
geld, contant	okane, genkin
geldautomaat	etiemu
creditcard	kurejitto kado
paspoort	pasupoto

bakkerij	panya
duur	takai
goedkoop	yasui

Getallen

1	ichi	17	juunana
2	ni	18	juuhachi
3	san	19	juukyuu
4	yon	20	nijuu
5	go	21	nijuuichi
6	roku	30	sanjuu
7	nana/shichi	40	yonjuu
8	hachi	50	gojuu
9	kyuu	60	rokujuu
10	juu	70	nanajuu
11	juuichi	80	hachijuu
12	juuni	90	kyuujuu
13	juusan	100	hyaku
14	juuyon	150	hyaku gojuu
15	juugo	1000	sen
16	juuroku	10.000	man

Belangrijke zinnen

Algemeen

Spreekt u Engels?	ego hanashi masuka.
Ik begrijp u niet.	wakarimasen.
Ik spreek geen Japans.	nihonga hanase masen.
Ik heet ...	watashi no namae wa ... des.
Hoe heet jij /u	o namae wa.
Hoe maak(t) je/u het?	ogenki desu ka.
Dank je/u, uitstekend	genki desu.
Prettig kennis te maken	hajimemashite.
Hoe laat is het?	ima nanji desu ka.
Het is 10 uur.	juji desu.

Onderweg

Hoe kom ik bij ...?	... wa do ikeba iidesuka.
Pardon, waar is ...?	sumimasen, ... wa doko desu ka.
Kunt u mij alstublieft ... laten zien?	sumimasen, ... o misete kuremasen ka.

Noodgevallen

Kunt u mij alstublieft helpen?	taskete kudasai.
Ik heb een dokter nodig.	oisha-san ga hitsuyo desu.
Het doet hier pijn.	koko ga itai desu.

Overnachten

Hebt u een twee persoonskamer vrij?	daburu rumu wa arimasu ka.
Hoeveel kost de kamer per nacht?	ippaku ikura desu ka.
Ik heb gereserveerd	yoyaku shiteimasu.
-niet gereserveerd	yoyaku shiteimasen deshita.

Winkelen

Wat kost ...?	... ikura desu ka.
Ik heb ... nodig.	... hitsuyo desu.
Wanneer gaat ... open?	... wa nan-ji kara desu ka.

Culinaire woordenlijst

Algemeen

restaurant	restoran
ontbijt	asa-gohan
lunch	hiru-gohan
meeneemlunch	bento
diner	ban-gohan / yushoku
eetstokjes	hashi
vork	foku
mes	naifu, mesu
lepel	supun
glas	koppu, gurasu
menukaart	menyu
haute cuisine	kaiseki-ryori
vegetarisch	bejitarian
brood	pan
ei	tamago
frites	furaido poteto
kaas	chizu
suiker	sato, deshima
pinda's	pinattsu
rijst	gohan
zout	shio

Dranken

bier	birru
koffie	kohi
melk	miruku
thee (groene)	ryoku cha
thee (groene poeder-)	matcha
thee (zwarte)	kocha
vruchtensap	jusu
water	mizu
whisky	uisuki
wijn	wain

Op de menukaart

Vis, schaal- en schelpdieren

amago, yamame	forel
anago	congeraal, zeepaling
ankimo	zeeduivel-lever
ebi	garnalen
ise-ebi	kreeft
hirame	zeetong
hotate	sint-jakobsschelp
ika	inktvis
ikura	kaviaar van zalm
kaini	schaaldieren
kaki	oester
kani	krab
karei	tarbot
kuruma-ebi	reuzen(steur)garnalen
maguro	tonijn
mekajiki	zwaardvis
ohyo	heilbot
saba	makreel
sakana	vis
sake, saamon	zalm
tara	kabeljauw
tsuno-garei	schol
unagi	aal (zoetwater)

Vlees en gevogelte (algemeen)

butaniku	varkensvlees
gacho	gans
gyuuniku	rundvlees
kamo	eend
koushi	kalfsvlees
niku	vlees
ramu	lamsvlees
toriniku	kip
usagi	konijn

Gerechten en schotels

chahan	gebakken rijst
chawanmushi	garnalen, kip, champignons, gestoomd
donburi	rijst met vis/vlees/groente
hamu	ham
kohitsuji	lamsvleesschotel
kushiage	gefrituurd vlees/vis of groente op een stokje
natto	gefermenteerde soja
okonomiyaki	pannenkoek van groente/vlees/noedels
onigiri, omusubi	rijst in zeewier (nori)
ramen	noedels (Chinese)
soba	boekweitnoedels
kake-soba	in warme bouillon
zaru-soba, mori-soba	koude noedels
yakisoba, yakiudon	gebakken noedels

rebaa	lever	ninniku	knoflook
shabu shabu	dun rundvlees/groente gegaard in grote pot	piman	paprika
		retasu	sla
shichimencho	kalkoen	tsukemono	ingelegde groente
soseji	worstje	yasai	groente
sukiyaki	gestoofd rundvlees/ groente		

Fruit

supearibu	spare ribs	anzu	abrikoos
tempura	groente/vis in deeg- jasje gefrituurd	budo	druif
		ichigo	aardbei
teriyaki	in sojasaus met sake gegaard vlees	meron	(honing)meloen
		momo	perzik
tofu	tofu (soja)	nashi	peer
tonkatsu	varkensschnitzel	orenji	sinaasappel
tsukuri	plakjes rauwe vis	painappuru	ananas
udon	dikke noedels	ringo	appel
yakiniku	rosbief met groente	sakuranbo	kers
yakitori	gegrild vlees / kip op stokje	sumomo	pruim
		umeboshi	zoutzure pruim
		remon	citroen

Groente en bijgerechten

Desserts en gebak

enoki	champignon	kasutera	cake
kyabetsu	kool	mizumono	bessentoetje
kyuuri	komkommer	pankeki	pannenkoek
nasu	aubergine	wagashi	Japans (zoet) koekje
ninjin	wortel		

In het restaurant

Kunt u een restaurant aanbevelen?	ii restoran oshiete kudasai.
Ik wil een tafel voor 2 pers. reserveren.	futari no yoyaku o onegai shimasu.
Voor 5 personen.	gonin desu
Niet roken a.u.b.	kinenseki o one gaishimasu.
Hoe lang is de wachttijd?	dono kurai machimasu ka.
Hebt u een Engelse menukaart?	eigo no menyu ga arimasu ka.
Eén bier a.u.b.	birru o onegai shimasu.
Proost!	kanpai.
Ik wil graag bestellen.	chumon o onagai shimasu.
Dat was heerlijk.	oishi katta desu.
De rekening a.u.b.	okanjo o onegai shimasu.
amuse/voorgerecht	zensai
soep	supu
hoofdgerecht	mein kosu
dessert	dezato
drank	nomimono
ober /serveerster	ueita
Waar zijn de toiletten?	toire wa doko desu ka.
Kunt u een taxi voor mij bestellen?	taksi o yonde kuremasu ka.

Tip: Als u allergisch bent voor vis, schaaldie- ren, soja of andere dieetbeperkingen hebt, print dan een 'allergy card' uit van internet

Notities

Fotoverantwoording en colofon

Omslag: Fuji-san vanaf het meer van Kawaguchiko (Shutterstock)

Angela Heetvelt: blz. 5, 7, 9, 11, 12lb, 12rb, 12lo,
12ro, 13lb, 13rb, 13ro, 16-17, 27, 45, 46, 48, 50, 51,
53, 54, 56, 58, 59, 60, 62, 64, 66-67, 68-69, 70l,
71, 77, 80, 82, 84, 87, 88-89, 90, 92, 93, 94, 96,
98, 101, 104, 109, 112, 114, 117, 121, 122, 124, 125,
128, 130, 132, 134 (2x), 135, 137, 141, 142, 144-145,
147, 148, 149, 150-151, 154, 157, 164, 166, 169, 177,
181, 184, 186, 189, 191, 194, 196, 199, 202,205,
207, 208, 212, 220, 222, 231, 232 (2x), 233, 235,
236, 239, 243, 244, 247, 249, 251, 260 (2x), 261,
263, 267, 269, 272, 276, 278, 281, 283

Anne Ten Kate: blz. 34, 42-43, 70r, 107, 110, 160,
172, 174
Carien Miedema: blz. 204r, 228
Chichu Art Museum: blz. 204l, 214 (Mitsue
Nagase), 217 (Fujitsuka Mitsumasa)
Els Andriesse: blz. 36-37, 103
JNTO: 227
Joost Daniels: blz. 13lo, 257, 259
Wiki Media: blz. 253

Hulp gevraagd!
De informatie in deze reisgids is aan verandering onderhevig. Het kan dus wel eens gebeuren
dat u ter plaatse een andere situatie aantreft dan de auteur.
Is de tekst niet meer helemaal correct, laat ons dat dan even weten.

Ons adres is:
ANWB Media
Uitgeverij reisboeken
Postbus 93200
2509 BA Den Haag
anwbmedia@anwb.nl

Productie: ANWB Media
Coördinatie: Els Andriesse
Tekst en opmaak: Angela Heetvelt, Sint-
Michielsgestel
Eindredactie: Marcel Marchand, Amsterdam
Ontwerp binnenwerk: Jan Brand, Diemen
Ontwerp omslag: DPS, Amsterdam
Grafisch concept: Groschwitz/Blachnierek,
Hamburg
Cartografie: DuMont Reisekartografie,
Fürstenfeldbruck